财政部规划教材

"十四五"职业教育规划教材

金融法规与职业道德
（第2版）

主　编　盘长丽　沈立君

副主编　廖玲玲

中国财经出版传媒集团

中国财政经济出版社

图书在版编目（CIP）数据

金融法规与职业道德／盘长丽，沈立君主编．－－2版．－－北京：中国财政经济出版社，2023.5（2025.6重印）
财政部规划教材 “十四五”职业教育规划教材
ISBN 978－7－5223－2110－3

Ⅰ.①金… Ⅱ.①盘… ②沈… Ⅲ.①金融法－中国－中等专业学校－教材②金融工作者－职业道德－中等专业学校－教材 Ⅳ.①D922.28②F83

中国国家版本馆 CIP 数据核字（2023）第 052273 号

责任编辑：蔡 宾　　　　责任校对：胡永立
封面设计：陈宇琰

金融法规与职业道德
JINRONG FAGUI YU ZHIYE DAODE

中国财政经济出版社 出版
URL：http：//www.cfeph.cn
E－mail：cfeph@cfeph.cn

社址：北京市海淀区阜成路甲 28 号　邮政编码：100142
营销中心电话：010－88191522　编辑部门电话：010－88190666
天猫网店：中国财政经济出版社旗舰店
网址：https：//zgczjjcbs.tmall.com
北京密兴印刷有限公司印刷　各地新华书店经销
成品尺寸：185mm×260mm　16 开　16.25 印张　374 000 字
2023 年 7 月第 2 版　2025 年 6 月北京第 2 次印刷
定价：39.00 元
ISBN 978－7－5223－2110－3
（图书出现印装问题，本社负责调换，电话：010－88190548）
本社质量投诉电话：010－88190744
打击盗版举报热线：010－88191661　QQ：2242791300

前 言

Preface

为了适应中等职业教育发展的需要，落实立德树人根本任务，推动习近平新时代中国特色社会主义思想进教材、进课堂、进头脑，同时提高金融事务专业学生发现问题、解决问题以及运用金融法学知识的能力，根据新修订的《中华人民共和国职业教育法》、教育部等九部门关于印发《职业教育提质培优行动计划（2020－2023年)》的要求和全国金融行业指导委员会的安排，我们重新修订了《金融法规与职业道德》教材。

根据我国《中等职业学校金融事务专业教学标准》的要求，《金融法规与职业道德》是中等职业学校金融事务专业的专业核心课程，是金融专业学生必修课之一。

本教材紧紧围绕中职生的学习特点，把抽象的法律和职业道德知识通过多种形式表现出来，使其形象而具体。如教材通过大量的案例、拓展知识、学习互动、提炼项目要点和学习检测等多种形式让读者加深对理论知识的理解和运用；同时本教材严格按照《职业院校教材管理办法》的要求，把德育教育蕴涵于专业知识教育中，把知识目标、德育目标与职业素养、学习任务融入整个教材体系中。

本教材的鲜明特色还在于突出法律的应用性和可操作性。教材摒弃了深奥的纯法学理论和道德说教，以现行的最新法律和规范为主线，将金融法学知识按照立法文件的体例，通过现实发生的案例导入教材中，重点培养读者学会运用法律解决实际问题的能力。

本教材由全国金融行业指导委员会委员单位、承担教育部中等职业教育金融事务专业教学标准起草任务的广西银行学校牵头编写。主编盘长丽为法学博士，阅历丰富，身兼高级讲师、高级经济师、律师多种角色，法学理论和实践成果丰硕，教学科研成果显著，本教材的法律理论和案例的审定、具体编写内容的审核、校对由其负责。主编沈立君教授曾担任广西金融职业技术学院（广西银行学校）的书记，是中等职业教育金融事务专业委员会理事长，本教材编写由其统筹，课程思政元素的导入由其审核、定稿。参与编写的其他人员有教学成果显著的甘肃银行学校高级讲师张辽圣以及参加中等职业教育金融事务专业教学标准起草的一线骨干教师廖玲玲、李瑞盟、柳欢、易海霞等。教材编写团队具有丰富的教学、科研和实务工作经验，这不仅奠定了本教材扎实的专业基础，也在一定程度上体现了本教材的应用性和权威性。

本教材于2015年首次出版后，由于国内外金融市场以及金融法律制度的巨大变化，尤其是互联网金融的快速发展，在原版基础上的一般修补已经无法满足金融发展现实与法律制度变化的需求，再加上教育部印发的教材〔2019〕3号文件对职业教育教材编写的大思政课要求，我们对原教材进行了大量的修订或增删工作，如根据金融监管制度的变化，重写了“项目一 金融监管与中国人民银行法律实务”，新增了“项目十 互联网金融法律实务”等章节内容。

本教材具体编写、修订工作分工如下（按照撰写项目先后为序）：

编者	项目	内容
沈立君	导论	走进“金融法规与职业道德”
盘长丽	项目一	金融监管与中国人民银行法律实务
	项目二	商业银行法律实务
	项目八	保险法律实务
	项目十	互联网金融法律实务
张辽圣	项目三	其他金融机构管理法律实务
	项目七	证券投资基金法律实务
李瑞盟　廖玲玲	项目四	银行信贷法律实务
李瑞盟　易海霞	项目五	金融担保法律实务
	项目九	反洗钱法律实务
廖玲玲	项目六	证券法律实务
柳　欢　盘长丽	项目十一	金融职业道德实务

虽然我们竭尽全力，力图达到理想的目标，但因水平所限，本教材仍会存在不尽如人意之处，我们诚恳地希望读者提出建议和意见，以便改进完善。

编　者

2023年5月1日

目 录

Contents

导 论 走进“金融法规与职业道德”

一、认识这门课程

（一）关于金融和金融法

一般来说，金融主要是指货币资金的融通。金融有广义和狭义的之分。广义的金融指全社会的货币资金的筹集、分配、借贷、使用和管理活动的总和，包括财政融通和信用融通。在金融学和金融法意义上，金融仅指信用融通，即狭义的金融。

金融是国民经济的命脉，金融业是国民经济的核心产业，因此，规范金融关系的金融法无疑在我国市场经济法律体系中居于重要的地位。金融法有着规范金融行为，营造良好金融秩序，保持货币币值稳定，促进经济发展，保护投资者的合法权益等方面的作用。

“金融法”这个词，我们在日常生活和工作中经常遇到，但是，在许多不同场合，这个词会有不同的解释，因为它被赋予了不同的含义。

首先，金融法不仅是一个课程的名称，它还代表着一个法律和市场监管的领域，它概括了有关金融的法律和法规。同其他部门法一样，金融法有着自己的体系。金融法的体系是指金融法的制度体系，是现实的规范金融关系的法律规范所组成的有机统一整体。我们可以按照一定的标准或主线，将金融法的制度体系贯穿起来。按照立法效力，构成金融法的渊源体系；按照调整对象，构成金融组织法、金融交易法、金融调控法和金融监管法的体系；按照现实的立法体系，或按照立法文件形式，可以分为银行法、货币法、票据法、证券法、期货法、保险法、信托法、银行业监管法等。

其次，金融法还在不断发展之中，所以它的边界经常是不固定的。本教材仅根据立法文件形式和金融实务内容将金融法规部分分成十大项目来学习，尽可能集中这个领域中所包括的各种法律与制度。具体包括：中国人民银行与银行业监管法律实务、商业银行法律实务、其他金融机构法律管理实务、银行信贷法律实务、金融担保法律实务、证券法律实务、证券投资基金法律实务、保险法律实务、反洗钱法律实务以及互联网金融法律实务。

（二）关于金融职业道德

道德是指以善恶为标准，通过社会舆论、内心信念和传统习惯来评价人的行为，调整人与人之间以及个人与社会之间相互关系的行动规范的总和。道德具有调节、认识、教育、导向等功能。道德与法律有密切的关系。法律是对人们行为标准的最低要求，道德则是对人们行为和思想的较高要求。

青年时期是道德形成和发展的重要阶段，在这个时期形成的道德观念对中职生一生的影响都很大。职业道德是从事一定职业的人在职业生活中应当遵循的具有职业特征的道德要求和行为准则。《新时代公民道德建设实施纲要》（以下简称《纲要》）指出，弘扬社会主义道德，必须坚持以为人民服务为核心、以集体主义为原则，推进社会公德、职业道德、家庭美德、个人品德建设。职业生活中的道德规范，即职业道德，是指从事一定职业的人在职业生活中应当遵循的具有职业特征的道德要求和行为准则，涵盖了从业人员与服务对象、职业与职工、职业与职业之间的关系。《纲要》同时指出，要把以“爱岗敬业、诚实守信、办事公道、热情服务、奉献社会”为主要内容的基本职业道德规范作为岗前和岗位培训的重要内容，帮助从业人员熟悉和了解本职工作相关的道德规范，培养敬业精神。从金融行业来说，则是要使金融员工明确和牢记金融职业道德的基本要求和规范。

金融职业道德建设是金融行业文化建设的重要内容，也是提高金融行业服务水平和质量，保障法律得以全面贯彻实施的重要内容和具体要求。因此，对金融行业来说，明确职业道德要求，规范职业道德内容，强化职业道德教育，控制职业道德风险，在当前应对金融动荡，确保金融业安全稳健运营方面，具有极其重要的意义。

本教材“项目十一”专门就金融职业道德实务进行了编写。根据社会对金融从业人员职业道德要求的共性和特殊性，教材区分金融职业道德模块和银行从业人员、证券从业人员、保险从业人员职业道德模块。

二、如何学好这门课程

“金融法规与职业道德”是中等职业学校金融事务专业的核心课程，根据课程教学标准要求，同学们应熟练掌握经济金融方面常见常用的法律法规，包括：中国人民银行法、商业银行法、保险法、证券法、证券投资基金法、反洗钱法、银行业监督管理法、刑法有关金融犯罪与处罚的规定等，并能运用所学的知识进行案例分析。同时掌握职业道德的基本概念，掌握金融职业道德操守等。

为了方便学习，本教材在编写过程中，除了强调必须掌握的理论知识外，还通过大量案例、拓展知识、学习互动和检测等多种途径帮助学生巩固和加深理解所学知识。

学好这门课，首先需要认识课程的重要性。

俗话说，没有规矩，不成方圆，尤其是在我们事关国家经济命脉的金融行业，学习金融行业的各种“规矩”很重要。这些“规矩”包括金融法律、法规以及其他规范性文件和职业道德要求。我们只有熟悉了这些“规矩”，领会了“规矩”的要求，才能在具体的金融实务操作中不逾越法律的红线，才能更好地服务于人们，避免走上犯罪的道路。

学好这门课，其次要注重理论联系实际。

什么是“实际”呢？实际就是现实生活，就是现实存在的金融交易，真实的法院审判的金融案例，就是社会中发生的重大金融事件，就是老百姓最关心的金融问题。

“纸上得来终觉浅，绝知此事要躬行”，学习法律的目的在于灵活运用。法律法规本身是枯燥的，但我们把它运用于实践的时候，它就体现出了强大的生命力。因此，在学习过程中，应尽可能结合我们已经学过和正在学的金融专业知识，同时将所学的道德和法律知识运用到具体的实际生活中去。

项目一 金融监管与中国人民银行法律实务

【知识目标】

通过本项目学习，了解金融监管的基本知识，知悉金融监管的必要性，了解金融监管体系的变更与金融业发展的关系，掌握“一行一局一会”的内涵，熟悉中国人民银行的性质、法律地位和职权。

【德育目标和职业素养】

通过对金融监管必要性的学习，自觉遵守金融监管制度，在工作岗位上主动维护金融安全和稳定，保护投资者（包括存款人）的合法权益。

【学习任务】

1. 认识金融监管和中央银行。
2. 掌握金融监管的必要性。
3. 熟悉金融监管的历史与现状。
4. 掌握金融监督管理总局的职责。
5. 熟悉中国人民银行的业务。

模块一

一行一局一会——金融监管新体系

【导入案例】

拒绝非法“校园贷”，青春不负“贷”

“爸，妈，我跳了，别给我收尸，太丢人。爸，妈，来世做牛做马报答你们。”这是大学生小郑（化名）发给父母的最后一条短信，在发完这条短信后他跳楼结束了自己的生命。由于迷上了网络赌球，小郑先后通过某借贷平台共计借款6万元，这笔钱利滚利，慢慢地，小郑就无力还款了。虽然借贷平台宣传贷款“无利息”，但其实他们巧立名目，偷换概念，将利息换成了所谓的手续费、违约金、迟延履约金、保证金等，加在一起，高出国家规定的银行同期利率的10倍、20倍甚至更多。走投无路之下，小郑偷偷用同学的身份信息去贷款还债。他先后用28名同学的身份证借钱，然而，这并没有缓解小郑的还贷压力。同学陆续收到催款电话，直到这时，他们才知道自己的身份信息被小郑用来贷款。最终，欠款像滚雪球一样越滚越大，变成了60多万元。小郑不仅要偿还巨额贷款，还面临着来自家庭和同学的压力。重压下，他最终以自杀来逃避。

从2015年开始，一些网络借贷平台不断向高校拓展业务，部分不良网络借贷平台采取虚假宣传的方式和降低贷款门槛、隐瞒实际资费标准等手段，诱导学生过度消费，甚至陷入“高利贷”陷阱，侵犯学生合法权益，造成不良影响。校园贷的疯狂滋生，给很多大学生带来致命的危害。为进一步完善校园贷相关规则，针对大学生缺乏还款能力以及网贷机构信息披露不充分、虚假宣传等问题，中国银监会（现改为中国银保监会）在《网络借贷信息中介机构业务活动管理暂行办法》（中国银监会令2016年第1号）中明确规定借款人还款能力评估及借款项目信息披露与风险揭示等相应条款。同时，银监会先后多次会同教育部等相关部门印发通知明确要求：2016年10月印发《关于进一步加强校园网贷整治工作的通知》（银监发〔2016〕47号），明确校园网贷“四个不得”禁止性行为，为规范整治校园网贷行为提供制度保障。为进一步加大整治力度，从源头上治理行业乱象，2017年5月银监会会同教育部等部门再次印发《关于进一步加强校园贷规范管理工作的通知》（银监发〔2017〕26号），针对各类放贷主体进入校园贷市场，缺乏相应制度和监管约束，以及放贷主体自身风险控制机制缺失等问题，明确规定未经银行业监督管理部门批准设立的机构不得进入校园为大学生提供信贷服务，鼓励商业银行及政策性银行加大对校园贷业务的支持，坚持标本兼治、疏堵结合，彻底杜绝高利贷、暴力催收等违法违规行为。同时，银监会呼吁有关立法部门积极推进互联网金融领域立法进程，进一步提升相关制度的法律层级，为网贷行业明确准入门槛和行政处罚、行政强制措施等。

资料来源：1.《非法校园贷危害典型案例分析》，万安县人民政府网站，网址：非法校园贷危害典型案例分析_万安县人民政府 http://www.wanan.gov.cn/4697561/4715623.html，发布时间：2019年1月22日。

2.《中国银监会对政协十二届全国委员会第五次会议第2851号（财税金融类281号）提案的答复》（银监函［2017］161号）。

【思考】

（1）这个案例给我们什么启示？

（2）金融监管机构对“校园贷”作出了哪些监管规定？

【分析】

（1）这个案例是一个活生生的非法校园贷引发的惨案，正是由于非法校园贷的存在，使小郑能够轻而易举获得贷款，从而无所顾忌地延续其网络赌球的恶习；正是因为非法校园贷的高额利息，导致小郑难以还清贷款本息，只能从不同的平台借钱，甚至偷偷用同学身份证借款，拆东墙补西墙，贷款雪球越滚越大；也正是因为小郑对金融法律法规不了解，在遭遇非法高利贷时，不知道去寻求学校、公安部门以及金融监管部门的帮助，正当地维护自身合法权益，致使自己无法承受重压，选择自杀。这个案例告诉广大学生，要远离网络赌博、远离非法校园贷，万一陷入非法校园贷陷阱，要第一时间寻求学校、家长帮助，如遇到威胁、恐吓或暴力催收，要及时报警，依法维护自身合法权益。

(2) 中国银监会在《网络借贷信息中介机构业务活动管理暂行办法》(中国银监会令2016年第1号) 中明确规定借款人还款能力评估及借款项目信息披露与风险揭示等相应条款。同时，银监会先后多次会同教育部等相关部门印发通知明确要求规范校园网贷。如2016年10月印发《关于进一步加强校园网贷整治工作的通知》(银监发〔2016〕47号)，明确校园网贷“四个不得”禁止性行为，为规范整治校园网贷行为提供制度保障。为进一步加大整治力度，从源头上治理行业乱象，2017年5月银监会会同教育部等部门再次印发《关于进一步加强校园贷规范管理工作的通知》(银监发〔2017〕26号)。

一、金融监管与金融监管法

(一) 金融监管

金融监管是金融管理和金融监督的合称，是指金融监管主体为实现金融业合法、稳健运行等目标，而利用相应手段和措施对被监管主体所采取的一种积极主动的干预和调控活动。

金融监管有狭义和广义之分。狭义的金融监管是指国家法定的监管机关对金融机构及其行为所进行的外部监督管理。广义的金融监管除了包括狭义的金融监管之外，还包括金融机构内部监管、同业自律组织的监管和社会中介组织的监管等。一般我们说金融监管的时候，都是采用狭义的理解。

(二) 金融监管法

金融监管法是调整金融监管主体在监管金融业运行过程中所形成的金融监管关系的法律规范总称。它包括银行业监管法、证券业监管法和保险监管法等。我国目前尚无统一的金融监管法。金融监管的法律规范分散在《中国人民银行法》《银行业监督管理法》《商业银行法》《证券法》《保险法》《信托法》等法律及其他行政法规、规章中。

金融监管法具有以下特点：

第一，金融监管法是强行法。从金融监管法的内容看，金融监管法基本属于强制性规范，而没有任意性规范或授权性规范；同时，在监管活动中，监管主体代表国家行使监管权力，依法对被监管主体实行监管，被监管主体必须服从。

第二，金融监管是行为法。金融监管法本质上是国家对金融活动监督和管理的规范，其内容主要是明确监管主体的职能和活动方式，规范其行为，具有行为法属性。

第三，金融监管法是实体法与程序法的结合。实体法是规定权利、义务的具体内容，而程序法是规定权利行使及义务履行的程序。在金融监管法的内容中，明确监管主体金融监管的目标，确定金融监管机构的地位和职责，规范金融监管的方式和手段，规定金融违法行为的惩处措施等，这些规定体现了实体性规范与程序性规范的结合。

我国金融监管法律体系主要包括金融法律、金融行政法规、金融行政规章。此外，广义的金融监管法律体系还包括自律性规范。

二、金融监管的必要性

（一）保障金融业的合法与稳健经营

金融业是高风险行业，并且由于金融业的特殊重要地位，金融风险直接影响到一国的经济基础和社会稳定。一方面，金融机构具有高杠杆经营的特点，金融机构以信用为基础进行经营，而信用本身包含了许多不确定因素，这就决定了金融机构的经营具有内在风险；另一方面，信用危机的连带性、传染性导致金融风险的连带性、传染性，某一金融机构陷入危机往往使整个金融体系陷入危机，“多米诺骨牌”效应明显。同时，在经济全球化时代，他国的金融风险会导致本国的金融风险。为了防止金融风险，保持社会稳定，必须对金融业实行有效的监督管理。

（二）确保金融安全和保护债权人的合法权益

金融企业的资金来自于存款人、投保人和投资者，如果金融企业经营不善，势必损害金融债权人和投资者的利益。金融企业的经营效果不仅对国民经济发展产生重大影响，而且影响到社会公众的日常生活。为了有效保护社会公众等债权人的合法权益，必须对金融业进行有效监管。

（三）维护金融秩序和公平竞争

良好的金融秩序是保障金融安全的主要前提，公平竞争是保持金融秩序和金融效率的主要条件。良好的金融秩序主要是指币值稳定，金融系统安全，健康运行，金融机构之间以及金融机构与客户之间关系协调，这就必然要求各金融机构按照国家有关法律法规的规定规范化经营、公平经营。

三、我国金融监管制度的历史演变

1948年12月1日，我国在合并华北银行、北海银行和西北农民银行的基础上，成立了中国人民银行，中国人民银行成立后，我国金融监管经历了四个不同阶段：

（一）传统计划经济时期（1948—1979年）

这一时期的金融运行主要靠国家编制计划，虽然要对计划的执行进行必要的检查，但不存在现代意义上的金融监管。此时的中国人民银行虽然是金融监管机构，但具有国家机关和经济组织的双重身份，既办理居民储蓄和工商信贷业务，又负责金融管理。

（二）中国人民银行统一监管时期（1979—1992年）

党的十一届三中全会以后，我国金融业开始步入改革和发展的新时期。这一时期，恢复和成立了四大国有商业银行，新型的商业银行和金融机构开始设立和发展，这导致对原来以中国人民银行集货币政策、金融经营和金融管理等多项功能于一身的体制进行了革新。改革后，中国人民银行被正式确立为中央银行，对银行业、证券业等具有独立、全面与统一的金融监管权。在这一阶段，中国人民银行对金融业的监管主要依赖于部门规章和行政命令，金融监管法律体系尚未形成，金融监管处于探索过程中。

（三）分业监管时期（1992—2017年）

进入20世纪90年代后，我国金融机构的种类和数量日益增多，证券市场快速发展，金融竞争日趋激烈。1992年10月，证监会成立；1993年12月，国务院《关于金融体制改革的决定》提出实行金融分业经营的体制；1995 年颁布、2003 年修正的《中国人民银行法》明确了中国人民银行依法进行金融监管的权力和责任；随后颁布的《商业银行法》《保险法》等，从法律上明确了分业经营和分业监管的体制；1998 年 11 月，保监会正式成立。2003 年 4 月，全国人大通过了设立银监会的决定，原由中国人民银行履行的审批、监督管理银行、金融资产管理公司、信托投资公司及其他存款类金融机构的职责由银监会行使。至此，银监会、证监会、保监会分工明确、互相协作的金融分业监管体制最终得以确立。

在这一阶段，我国金融法律体系的规模已初步形成，在金融治理上，已开始踏上了一条金融法治化、规范化与专业化的路线。在金融监管的理念与实践上，已开始逐步具有国际化的思路与元素。

（四）分业—混业联席监管时期，即"一行一局一会"时期（2017 年至今）

自 2013 年中国银监会成立后，我国金融监管正式形成由人民银行负责货币政策，银监会、证监会和保监会实施分业监管的"一行三会"格局。近年来，随着金融行业快速发展，机构综合化经营趋势明显，新金融业态层出不穷。同时，金融风险跨行业、跨市场的传染性逐步暴露，监管体制对业务模糊地带无法覆盖。统一和完善金融监管框架的呼声渐高。

2017 年 7 月，全国金融工作会议明确，成立国务院金融稳定发展委员会（以下简称"金稳委"）。2017 年 11 月 8 日，经党中央、国务院批准，金稳委正式成立，作为国务院统筹协调金融稳定和改革发展重大问题的议事协调机构。

2018 年 3 月，党的十九届三中全会通过了《中共中央关于深化党和国家机构改革的决定》和《深化党和国家机构改革方案》。方案提出，将中国银行业监督管理委员会和中国保险监督管理委员会的职责整合，组建中国银行保险监督管理委员会，作为国务院直属事业单位。不再保留中国银行业监督管理委员会、中国保险监督管理委员会。

2023 年 3 月，根据党的二十届二中全会通过的《党和国家机构改革方案》，第十四届全国人民代表大会通过的《国务院机构改革方案》精神，组建国家金融监督管理总局。由该局统一负责除证券业之外的金融业监管，强化机构监管、行为监管、功能监管、穿透式监管、持续监管，统筹负责金融消费者权益保护，加强风险管理和防范处置，依法查处违法违规行为，作为国务院直属机构。

国家金融监督管理总局在中国银行保险监督管理委员会基础上组建，将中国人民银行对金融控股公司等金融集团的日常监管职责、有关金融消费者保护职责，中国证券监督管理委员会的投资者保护职责划入国家金融监督管理总局。

不再保留中国银行保险监督管理委员会。

四、"一行一局一会"的职责

"一行一局一会"金融监管新体系，即国家金融监督管理局成立后与中国人民银行（央行）和中国证监会它们之间的职责重新分工和整合后的监管体系。

（一）中国人民银行的职责

中国人民银行是我国的中央银行，它的主要职能是在国务院领导下，制定和执行货币政策，防范和化解金融风险，维护金融稳定。

（1）拟订金融业改革和发展战略规划，承担综合研究并协调解决金融运行中的重大问题、促进金融业协调健康发展的责任，参与评估重大金融并购活动对国家金融安全的影响并提出政策建议，促进金融业有序开放。

（2）起草有关法律和行政法规草案，完善有关金融机构运行规则，发布与履行职责有关的命令和规章。

（3）依法制定和执行货币政策；制定和实施宏观信贷指导政策。

（4）完善金融宏观调控体系，负责防范、化解系统性金融风险，维护国家金融稳定与安全。

（5）负责制定和实施人民币汇率政策，不断完善汇率形成机制，维护国际收支平衡，实施外汇管理，负责对国际金融市场的跟踪监测和风险预警，监测和管理跨境资本流动，持有、管理和经营国家外汇储备和黄金储备。

（6）监督管理银行间同业拆借市场、银行间债券市场、银行间票据市场、银行间外汇市场和黄金市场及上述市场的有关衍生产品交易。

（7）负责会同金融监管部门制定金融控股公司的监管规则和交叉性金融业务的标准、规范，负责金融控股公司和交叉性金融工具的监测。

（8）承担最后贷款人的责任，负责对因化解金融风险而使用中央银行资金机构的行为进行检查监督。

（9）制定和组织实施金融业综合统计制度，负责数据汇总和宏观经济分析与预测，统一编制全国金融统计数据、报表，并按国家有关规定予以公布。

（10）组织制定金融业信息化发展规划，负责金融标准化的组织管理协调工作，指导金融业信息安全工作。

（11）发行人民币，管理人民币流通。

（12）制定全国支付体系发展规划，统筹协调全国支付体系建设，会同有关部门制定支付结算规则，负责全国支付、清算系统的正常运行。

（13）经理国库。

（14）承担全国反洗钱工作的组织协调和监督管理的责任，负责涉嫌洗钱及恐怖活动的资金监测。

（15）管理征信业，推动建立社会信用体系。

（16）从事与中国人民银行业务有关的国际金融活动。

（17）按照有关规定从事金融业务活动。

（18）承办国务院交办的其他事项。

（19）承接原银监会和保监会拟定银行业、保险业重要法律法规草案和审慎监管基本制度的职责。

（二）国家金融监督管理总局的职责

由于国家金融监督管理总局是在中国银行保险监督管理委员会的基础上组建，因此其承接原银保监会所有的职能，即贯彻落实党中央关于银行业和保险业监管工作的方针政策和决策部署，统筹负责金融消费者权益保护，加强风险管理和防范处置，依法查处违法违规行为，除此之外还将中国人民银行对金融控股公司等金融集团的日常监管职责、有关金融消费者保护职责，中国证券监督管理委员会的投资者保护职责等均纳入国家金融监督管理总局。

【知识拓展】

深化地方金融监管体制改革

根据国务院关于提请审议国务院机构改革方案的议案，深化地方金融监管体制改革。建立以中央金融管理部门地方派出机构为主的地方金融监管体制，统筹优化中央金融管理部门地方派出机构设置和力量配备。地方政府设立的金融监管机构专司监管职责，不再加挂金融工作局、金融办公室等牌子。

资料来源：新华社，发布时间：2023 年 3 月 7 日。

（三）中国证券监督管理委员会的职责

中国证监会为国务院直属国务院直属机构，依照法律、法规和国务院授权，统一监督管理全国证券期货市场，维护证券期货市场秩序，保障其合法运行。2023 年机构改革后，为强化资本市场监管职责，划入国家发展和改革委员会的企业债券发行审核职责，由证监会统一负责公司（企业）债券发行审核工作。依据有关法律法规，中国证监会在对证券市场实施监督管理中履行下列职责：

（1）研究和拟订证券期货市场的方针政策、发展规划；起草证券期货市场的有关法律、法规，提出制定和修改的建议；制定有关证券期货市场监管的规章、规则和办法。

（2）垂直领导全国证券期货监管机构，对证券期货市场实行集中统一监管；管理有关证券公司的领导班子和领导成员。

（3）监管股票、可转换债券、证券公司债券和国务院确定由证监会负责的债券及其他证券的发行、上市、交易、托管和结算；监管证券投资基金活动；批准企业债券的上市；监管上市国债和企业债券的交易活动。

（4）监管上市公司及其按法律法规必须履行有关义务的股东的证券市场行为。

（5）监管境内期货合约的上市、交易和结算；按规定监管境内机构从事境外期货业务。

（6）管理证券期货交易所；按规定管理证券期货交易所的高级管理人员；归口管理证券业、期货业协会。

（7）监管证券期货经营机构、证券投资基金管理公司、证券登记结算公司、期货结算机构、证券期货投资咨询机构、证券资信评级机构；审批基金托管机构的资格并监管其基金托管业务；制定有关机构高级管理人员任职资格的管理办法并组织实施；指导中国证券业、期货业协会开展证券期货从业人员资格管理工作。

（8）监管境内企业直接或间接到境外发行股票、上市以及在境外上市的公司到境外发行可转换债券；监管境内证券、期货经营机构到境外设立证券、期货机构；监管境外机构到境内设立证券、期货机构、从事证券、期货业务。

（9）监管证券期货信息传播活动，负责证券期货市场的统计与信息资源管理。

（10）会同有关部门审批会计师事务所、资产评估机构及其成员从事证券期货中介业务的资格，并监管律师事务所、律师及有资格的会计师事务所、资产评估机构及其成员从事证券期货相关业务的活动。

（11）依法对证券期货违法违规行为进行调查、处罚。

（12）归口管理证券期货行业的对外交往和国际合作事务。

（13）承办国务院交办的其他事项。

模块二

国家金融体系的核心——中国人民银行

中国人民银行作为我国的中央银行，是国家金融体系的核心，是负责制定和执行国家的货币政策、维护金融稳定的国家机构。中央银行区别于其他银行的特殊性体现在：它是发行的银行、银行的银行、国家的银行。

"发行的银行"，是指中央银行垄断国家货币的发行权，统一控制管理全国的货币发行，并享有货币发行的垄断权。

"银行的银行"是指中央银行的交易对象一般是银行、其他金融机构和政府机构，不对企业和个人办理具体的信贷和结算等业务。中央银行面向银行等金融机构提供的服务包括：要求商业银行等金融机构将其存款按一定比例存入中央银行的存款准备金账户并集中保管；作为商业银行的最后贷款人；组织全国商业银行之间的清算等。

"国家的银行"，也叫"政府的银行"，是指中央银行代表国家制定和执行国家金融政策，代表国家从事金融活动，与外国银行进行交易，控制货币流通和信用活动，代理国库，代表国家发行债券，掌握国家的黄金和外汇储备，并对国家提供贷款等。

一、中国人民银行的组织机构

中国人民银行是独立法人，有自己独立的资本、有营业收入和营业支出、实行独立的财务核算，能独立承担民事责任，依法具有法人资格，是国家机关法人。它的组织机构如下：

（一）中国人民银行行长

1. 行长的法律地位

《中国人民银行法》第十条规定，中国人民银行设行长一人，副行长若干人；第十一条规定，中国人民银行实行行长负责制。中国人民银行行长在国务院领导下，享有对内管理中国人民银行内部事务、对外代表中国人民银行的权力；副行长协助行长工作。中国人民银行不设理事会，由总行行长一人主持工作和承担责任。行长负责制有利于提高决策效率，明确权限、职责。

2. 行长产生的程序

根据《中国人民银行法》第十条的规定，中国人民银行行长由国务院总理提名，由全国人大决定，全国人大闭会期间由全国人大常委会决定，由国家主席任免。行长对内领导中国人民银行的工作，对外代表中国人民银行；副行长协助行长工作，其他官员和职员均是行长的下属。

（二）货币政策委员会

1. 性质及构成

《中国人民银行法》第十二条规定，中国人民银行设立货币政策委员会。设立货币政策委员会的目的是正确制定中央货币政策，它是专门向中国人民银行提供有关货币政策咨询建议的机构。

它的组成人员包括：中国人民银行行长，中国人民银行副行长2人，国务院副秘书长1人，国家发改委副主任1人，财政部副部长1人，国家统计局局长，国家外汇管理局局长，银监会主席，保监会主席，中国银行业协会会长，金融专家1人。货币政策委员会设主席1人、副主席1人。主席由中国人民银行行长担任，副主席由主席指定。货币政策委员会设立秘书处，作为常设办事机构。

2. 职责

货币政策委员会的职责包括：在综合分析宏观经济形势的基础上，依据国家的宏观经济调控目标，讨论货币政策事项并提出建议。可由其讨论并提出建议的货币政策事项有：货币政策工具的运用；有关货币政策的重大措施；货币政策与其他宏观经济政策的协调等。

（三）内设机构

中国人民银行根据履行职责的需要，设立了18个司局级机构，包括办公厅、金融市场司、会计财务司、货币金银局、内审司、征信管理局、条法司、金融稳定局、支付结算司、国库局、人事司、反洗钱局、货币政策司、调查统计司、科技司、国际司、研究局以及党委宣传部。

（四）分支机构

2023年国务院机构改革后，撤销中国人民银行大区分行及分行营业管理部、总行直属营业管理部和省会城市中心支行，在31个省（自治区、直辖市）设立省级分行，在深圳、大连、宁波、青岛、厦门设立计划单列市分行。中国人民银行北京分行保留中国人民银行营业管理部牌子，中国人民银行上海分行与中国人民银行上海总部合署办公。

不再保留中国人民银行县（市）支行，相关职能上收至中国人民银行地（市）中心支行。对边境或外贸结售汇业务量大的地区，可根据工作需要，采取中国人民银行地（市）中心支行派出机构方式履行相关管理服务职能。

二、中国人民银行的业务

作为银行的银行，中国人民银行面向政府和金融机构以及社会提供公共服务。中国人民银行所具有的独特法律地位、肩负的双重职能是通过开展具体的业务来体现和实现的。其业务的开展不以营利为目的，业务对象也限于政府和商业银行等金融机构，业务活动是以国家的名义、代表国家进行的，因而其业务范围相应地也具有特殊性。一般包括发行货币、吸收存款、再贴现、再贷款业务与清算服务、经理国库以及会计、统计业务等。

中央银行借助业务活动的开展实现其调控金融、维护金融秩序、稳定金融市场的目标，其业务范围的特殊性与其目的的独特性决定了其开展业务须遵循合法性、合规性的原则。

（一）中国人民银行的负债业务

中央银行的负债业务主要包括以下三个方面：货币、财政性存款账户、商业银行等金融机构的准备金账户，此三种负债构成了中央银行最主要的负债业务。

1. 货币发行业务

《中国人民银行法》规定，人民币是我国的法定货币，人民币由中国人民银行统一印制、发行。中国人民银行通过再贴现、再贷款、购买金银和外汇等业务将人民币投入流通，形成流通中的货币，非银行公众手中持有的流通现金构成了中国人民银行最主要的负债。

【知识拓展】

数字人民币

数字人民币，字母缩写按照国际使用惯例暂定为“e－CNY”，是由中国人民银行发行的数字形式的法定货币，由指定运营机构参与运营并向公众兑换，以广义账户体系为基础，支持银行账户松耦合功能，与纸钞硬币等价，具有价值特征和法偿性，支持可控匿名。

2. 财政性存款业务

财政性存款业务包括国库存款和经费存款。前者如政府存款，后者如机关团体的财政性存款。由商业银行吸收的机关团体的财政性存款须100%上缴中国人民银行。中国人民银行吸收财政性存款的目的是为政府及其他特定机关团体提供清算等服务，以及满足维护金融稳定的需要。

3. 存款准备金及其负债业务

存款准备金是指商业银行依法按存款额的一定比例交存中央银行的存款。虽然银行系统的准备金不是中央银行的最大负债，但其在决定经济中的货币量方面却是最重要的。

其他负债业务，包括除了货币发行业务、财政性存款业务和存款准备金业务以外的，一些构成中央银行资金来源的业务，如发行央行债券、供国外银行借款等。

（二）中国人民银行的金融服务业务

提供公共服务是中国人民银行业务活动的本质，是履行特定职能的手段。中国人民银行的服务对象包括政府、银行业金融机构等。中国人民银行金融服务业务主要包括：

1. 再贴现业务

贴现是指票据持有人为获取现金，通过贴付一定利息的办法将未到期票据转让给商业银行。再贴现是指商业银行或其他金融机构将贴现获得的未到期票据转让给中央银行以获得中央银行的现实货币。中国人民银行通过此项业务影响商业银行的信贷资金量，发挥着引导市场利率变动的作用。

2. 再贷款业务

再贷款是指中国人民银行向商业银行发放的贷款。再贷款通过调节商业银行日常经营中的流动性来影响其信用扩张能力，通过调控基础货币量来维护金融稳定，化解金融风险。

3. 清算服务

中国人民银行作为我国金融业的清算中心，负责制定清算规则，组织全国银行业间系统的清算，依法协调金融机构间的清算事项。通过提供支付清算服务，中国人民银行可以从宏观上把握各金融机构的资金状况，有利于金融宏观调控目标的实现。

4. 经理国库

国库是国家金库的简称，指专门办理国家预算资金的收纳、划分、留解和拨付的专门机构。《中国人民银行法》第二十四条规定，中国人民银行依照法律、行政法规的规定经理国库。现行国库设置方式为一级财政设立一级国库，分为国库、分库、中心支库、支库以下的经收处。我国国库存款和预算外存款一律不计利息，作为对价，银行在办理汇款、拨款时也不收费。

5. 代理发行、兑付政府债券

《中国人民银行法》第二十五条规定，中国人民银行可以代理国务院财政部门向各金融机构组织发行、兑付国债和其他政府债券。通过这些业务，中国人民银行履行为政府提供金融服务的职能。

（三）法律禁止业务

中国人民银行开展具体业务是以履行法定职责、维护金融稳定为出发点，故《中国人民银行法》在规定了中国人民银行合法的业务范围之外，又对某些业务活动作了禁止性规定。这些禁止性的业务具体包括：

（1）不得对银行业金融机构的账户透支。中国人民银行对商业银行不能透支，主要目的是防止通货膨胀。当商业银行资金短缺时，可以通过再贴现的方式，从中国人民银行获得贷款，但一般不能从中国人民银行透支。

（2）不得对政府财政透支，不得直接认购、报销国债和其他政府债券。

（3）不得向地方政府、各级政府部门、非银行金融机构以及其他单位和个人提供贷款。

（4）不得向任何单位和个人提供担保。

三、中国人民银行金融监管内容

中国人民银行金融监管内容的划定是为了确保其能充分行使宏观调控、防范和化解金融风险、维护金融稳定的职权。根据《中国人民银行法》相关规定，主要包括：

（一）银行间同业拆借市场和银行间债券市场的监管

1. 中国人民银行对银行间同业拆借市场的监管内容

（1）依法制定有关监管同业拆借市场的规章制度；

（2）审批拟进入同业拆借市场进行交易的金融机构的资格；

（3）监督、检查同业拆借市场交易成员的行为；

（4）授权中介机构发布同业拆借市场信息。

【知识拓展】

同业拆借

同业拆借是指金融机构（主要是商业银行）之间为了调剂资金余缺，利用资金融通过程的时间差、空间差、行际差来调剂资金而进行的短期借贷。我国金融机构间同业拆借是由中国人民银行统一负责管理、组织、监督和稽核。金融机构用于拆出的资金只限于交足准备金、留足5%备付金、归还人民银行到期贷款之后的闲置资金，拆入的资金只能用于弥补票据清算、先支后收等临时性资金周转的需要。严禁非金融机构和个人参与同业拆借活动。

2. 银行间债券市场的监管

（1）对银行间债券市场发行的管理，包括审查债券发生方式、利率水平等；

（2）对银行间债券市场成员行为的管理，包括确定可以进行交易的债券种类、制定交易规则、监测市场的日常变化以及对违反交易规则的主体进行处罚等。

【知识拓展】

银行间债券市场

银行间债券市场是指依托于中国外汇交易中心暨全国银行间同业拆借中心（简称“同业中心”）和中央国债登记结算公司（简称“中央登记公司”）的，包括商业银行、农村信用联社、保险公司、证券公司等金融机构进行债券买卖和回购的市场。经过近几年的迅速发展，银行间债券市场目前已成为我国债券市场的主体部分。记账式国债的大部分、政策性金融债券都在该市场发行并上市交易。

（二）外汇管理以及银行间外汇市场的监管

《中国人民银行法》第四条第一款第五项明确赋予中国人民银行实施外汇管理、监管银行间外汇市场的职责。同时该法赋予中国人民银行对金融机构以及其他单位和个人执行有关外汇管理规定的行为的检查监督权和相应的处罚权。国家外汇管理局是中国人民银行履行外汇管理职责的部门。

（三）黄金市场的监管

《中国人民银行法》第四条、《金银管理条例》及其实施细则规定我国黄金市场的监管者是中国人民银行，其享有对金融机构、其他单位及个人执行有关黄金管理规定的行为的检查监督权，以及对违反规定的行为主体的处罚权。

（四）支付清算系统管理

《中国人民银行法》第四条、第二十七条规定，中国人民银行负有组织、协助组织银行业金融机构间的清算系统，协调银行业金融机构间的清算事项，会同银监会制定支付结算规则的职责。同时，该法还规定了中国人民银行的检查监督权以及对违法主体的处罚权。

（五）反洗钱监管

《反洗钱法》《金融机构反洗钱规定》等法律法规规定，中国人民银行是我国的反洗钱行政主管部门，依法对金融机构的反洗钱工作进行监督管理。中国人民银行指导、部署金融业反洗钱工作以及负责反洗钱的资金监测。同时，法律赋予了人民银行为履行职责而享有的检查、调查权及行政处罚权。

四、中国人民银行金融监管权

（一）监测、调控金融市场权

《中国人民银行法》第三十一条规定，中国人民银行依法监测我国金融市场的运行情况，对金融市场实施宏观调控以促进其协调发展。

（二）检查监督权

《中国人民银行法》第三十二条至三十四条规定了中国人民银行享有直接检查监督权、建议检查监督权及须经国务院批准的检查监督权。

（三）获取报表、资料权

《中国人民银行法》第三十五条规定了中国人民银行有权要求银行业金融机构报送财务会计、统计报表及资料。《商业银行法》同时也规定，商业银行有依法编制年度会计报告并及时向中国人民银行等部门报送的义务。商业银行提供虚假的或隐瞒重要事实的财务会计报告、报表和统计报表的，不按规定向中国人民银行报送文件、资料应承担相应的法律责任。

（四）编制、公布金融统计数据、报表权

《中国人民银行法》第三十六条规定，中国人民银行负责统一编制全国金融统计数据、报表，并按照国家有关规定予以公布。中国人民银行负责金融业的统计工作，应遵循客观性、科学性、统一性的原则。

项目要点

第一，金融监管是金融管理和金融监督的合称，是指金融监管主体为实现金融业合法、稳健运行等目标，而利用相应手段和措施对被监管主体所采取的一种积极主动的干预和调控活动。

第二，金融监管法是调整金融监管主体在监管金融业运行过程中所形成的金融监管关系的法律规范总称。它包括银行业监管法、证券业监管法和保险监管法等。我国目前尚无统一的金融监管法。

第三，金融监管法是强行法、行为法，也是实体法与程序法的结合。

第四，金融监管的必要性体现在：一是保障金融业的合法与稳健经营；二是确保金融安全和保护债权人的合法权益，三是维护金融秩序和公平竞争。

第五，中国人民银行是我国的中央银行，是国家金融体系的核心，是负责制定和执行国家的货币政策、维护金融稳定的国家机构。中央银行区别于其他银行的特殊性体现在：它是发行的银行、银行的银行、国家的银行。

第六，中国人民银行是独立法人，有自己独立的资本、有营业收入和营业支出、实行独立的财务核算，能独立承担民事责任，依法具有法人资格，是国家机关法人。

第七，中国人民银行的业务主要有三大类，一是负债业务，包括发行货币、吸收存款、其他负债和资本项目。二是资产项目，包括再贴现及放款，买卖政府债券和金融债券，买卖黄金、外汇，以及其他资产业务。三是清算业务，即为商业银行等金融机构提供跨行支付服务。

【学习互动】

背景资料：2019年年底开始的一场突如其来的新冠肺炎疫情严重影响了整个世界的经济进程，中国的大多数企业也深受其影响，但受影响最大的是广大中小微企业。因为疫情影响了复产复工和需求，不少中小企业因此资金链断裂，难以为继。《中国银保监会办公厅关于进一步做好疫情防控金融服务的通知》（银保监办发〔2020〕15号）提出了对受疫情影响暂时遇到困难、仍有良好发展前景的小微客户，积极通过调整还款付息安排、适度降低贷款利率、完善展期续贷衔接等措施进行纾困帮扶。加大对普惠金融领域的内部资源倾斜，提高小微企业“首贷率”和信用贷款占比，进一步降低小微企业综合融资成本。加大企业财产保险、安全生产责任保险、出口信用保险等业务拓展力度，为小微企业生产经营提供更多保障。

互动问题：同学们，你们可以想到哪些方法帮助企业渡过融资的难关？

本项目参考法规

1.《中华人民共和国中国人民银行法》(2003年修订版)。
2.《中华人民共和国银行业监督管理法》(2006年修订版)。
3.《国务院关于提请审议国务院机构改革方案的议案》(2023年3月5日)。

学习检测

一、不定项选择题

1. “一行一局一会”是指（　　）

A. 国家金融监督管理总局　　B. 中国人民银行
C. 中国银行保险监督管理委员会　　D. 中国证券监督管理委员会

2. 下列有关中国人民银行法律地位正确的说法是（　　）

A. 中国人民银行是国家综合性银行
B. 中国人民银行是国家机关法人
C. 中国人民银行对金融机构出现支付困难时有权进行接管
D. 中国人民银行有权要求银行业报送财务会计报表

3. 根据《中国人民银行法》的规定，下列哪些属于中国人民银行的职责？（　　）

A. 发行人民币，管理人民币流通
B. 监督管理银行间同业拆借市场和银行间债券市场

C. 监督管理黄金市场

D. 对银行业机构的公司治理、风险管理、内部控制、资本充足状况、偿付能力、经营行为和信息披露等实施监管。

4. 下列哪些方面的情况是银行业监督管理机构应当责令银行业金融机构如实向社会公众披露的重大事项？(　　)

A. 财务会计报告　　B. 风险管理状况

C. 控股股东转让股份　　D. 董事和高级管理人员的变更

二、简答题

1. 金融监管的必要性体现在哪些方面？

2. 国家金融监督管理总局的职责有哪些？

3. 中国人民银行可以开展哪些合法的业务？法律禁止的业务又有哪些？

4. 中国人民银行的金融监管范围与金融监管权包括哪些内容？

项目二 商业银行法律实务

【知识目标】

通过本项目的学习，了解商业银行特征、职能，熟悉商业银行的设立条件、重大变更事项要求、理解商业银行接管和终止的情形以及商业银行的监管和相关法律责任，理解并掌握商业银行的经营原则和经营范围。

【德育素养】

了解商业银行经营规则，防范金融诈骗。遵守商业银行经营规则，做遵纪守法的合格“金融人”。

【学习任务】

1. 认识商业银行的特征和职能。
2. 掌握商业银行设立的条件。
3. 了解商业银行接管及终止的情形。
4. 掌握商业银行经营的原则。
5. 掌握商业银行的业务范围。
6. 了解商业银行的监管和法律责任。

【导入案例】

2019年5月24日以来，包商银行被人民银行、银保监会依法接管已近一年。在2019年6月完成大额债权收购与转让后，7—9月完成了清产核资，10月起接管领导小组启动了包商银行改革重组事宜。为稳妥处置包商银行风险、最大限度保护客户和员工合法权益，按照市场化、法治化原则，由存款保险基金管理有限责任公司联合内蒙古自治区、包头市两级财政及部分区属企业，并引入建设银行、徽商银行等优质机构，发起设立一家新银行（名称为蒙商银行），收购承接包商银行的相关业务、资产和负债。2020年4月9日，中国银行保险监督管理委员会批准了新银行即蒙商银行的筹建申请；2020年4月29日，中国银行保险监督管理委员会内蒙古监管局批准了蒙商银行的开业申请。蒙商银行已于2020年4月30日完成工商登记，依法设立。

蒙商银行是新设立且独立于包商银行的法人主体。蒙商银行定位为城市商业银行，经营范围界定为内蒙古自治区内，回归内蒙古、服务内蒙古经济社会发展。经营宗旨为扎根内蒙古，依法稳健经营，建成资本充足、内控严密、运营安全、服务和效益良好的区域性商业银行。

资料来源：中国银行保险监督管理委员会网站，网址：http：//www.cbirc.gov.cn/cn/view/pages/ItemDetail.html？docId＝901940&itemId＝915，发布时间：2020年4月30日.

【思考】

（1）商业银行的法律性质是什么？设立需要符合什么条件？

（2）商业银行在什么情况下会被接管？接管终止的条件是什么？

【分析】

（1）商业银行的概念是区分于中央银行和投资银行的，是一个以营利为目的，以多种金融负债筹集资金，以多种金融资产为经营对象，具有信用创造功能的金融机构。在我国设立商业银行，应当具备《商业银行法》第二十二条规定的条件。

（2）《商业银行法》第六十四条规定："商业银行已经或者可能发生信用危机，严重影响存款人的利益时，国务院银行业监督管理机构可以对该银行实行接管。"有下列情形之一的，接管终止：①接管决定规定的期限届满或者国务院银行业监督管理机构决定的接管延期届满；②接管期限届满前，该商业银行已恢复正常经营能力；③接管期限届满前，该商业银行被合并或者被依法宣告破产。

模块一

"存吧"——认识商业银行

一、商业银行的概念

商业银行（Commercial Bank），英文缩写为CB，其网络通俗谐音是"存吧"，意为存储银行。商业银行在市场经济中发挥重要的杠杆作用，是直接参与市场经济活动的主体，是货币流通的重要媒介，对控制市场经济发展、汇率、资金流通、货币政策等至关重要。

商业银行的概念是区分于中央银行和投资银行的，是一个以营利为目的，以多种金融负债筹集资金，以多种金融资产为经营对象，具有信用创造功能的金融机构。《中华人民共和国商业银行法》（以下简称《商业银行法》）第二条规定："本法所称的商业银行是指依照本法和《中华人民共和国公司法》设立的吸收公众存款、发放贷款、办理结算等业务的企业法人。"

二、商业银行的特征

由于金融发展程度、法治水平等的不同，商业银行并非一个固定的概念，在功能和业务范围上，不同的国家会有差异，因此，具体特征也会有区别，就我国而言，商业银行具有以下主要的特征。

（一）商业银行是企业

商业银行拥有自有资本，依法经营、照章纳税、自负盈亏，并把追求最大限度的利润作为自己的经营目标。从这方面看，它与一般工商企业没有本质的区别。

（二）商业银行是特殊的企业

1. 设立的法律依据和条件不相同

一般工商企业依照《公司法》或相关类型企业法设立，而商业银行依照《商业银行法》和《公司法》设立，除具备《商业银行法》规定的设立条件外，还需向国务院银行业监管机构提出申请，经过该机构的审查、批准后，才能设立。

2. 经营对象不同

一般工商企业经营的对象是具有一定使用价值的商品，从事商品的生产或流通。商业银行经营的是货币这种特殊的商品。

3. 收益来源不同

一般工商企业的收益来源主要是经营商品的价值增值。而商业银行的收效来源主要是经营货币所获取的利息。

4. 责任的特殊性

一般工商企业，只对股东和使用自己产品的客户负责。商业银行由于其社会影响广泛，不仅要对股东和客户负责，还必须对整个社会负责。它有义务维护整个国家经济的持续、健康、稳定发展。

（三）商业银行是特殊的金融企业

与专业银行及其他商业性金融机构相比，商业银行的业务范围广泛。专业银行及其他商业性金融机构只限于办理某一方面或几种特定的金融业务，业务经营具有明显的局限性。而商业银行经营的业务具有很强的广泛性和综合性，如吸收存款、发放贷款、办事各项中间业务，可以为客户提供多样化、综合性的金融服务。此外，商业银行的信用创造职能是其他商业性金融机构所不具备的。

三、商业银行的职能

商业银行的职能是由它的性质、特征所决定的，主要有五个方面的职能：

（一）信用中介职能

信用中介是商业银行最基本、最能反映其经营活动特征的职能。这一职能的实质是通过银行的负债业务，把社会上的各种闲散货币集中到银行里来，再通过资产业务，把它投向经济各部门。商业银行是作为货币资本的贷出者与借入者的中介人或代表来实现资本的融通，并吸收资金的成本与发放贷款利息收入、投资收益的差额中，获取利益收入，形成银行利润。但银行的信用中介职能，不改变货币资本的所有权。

（二）支付中介职能

商业银行执行着货币经营的职能，它通过存款账户上的转移代理客户支付，在存款的基础上为客户兑付现款等，成为企业、团体和个人的货币保管者、出纳者和支付代理人。

（三）信用创造功能

商业银行在信用中介职能和支付中介职能的基础上，产生了信用创造职能。商业银行是能够吸引各种存款的银行并用所吸收的各种存款发放贷款，在支票流通和转账结算的基础上，贷款又转化为存款，在这种存款不提取现金或不完全体现的基础上，就增加了商业银行的资金来源，最后在整个银行体系中，形成数倍于原始存款的派生存款。因此，商业银行就可以把自己的负债作为货币来流通，具有了信用创造功能。

（四）金融服务职能

现代化的社会生活，从多方面给商业银行提出了金融服务的要求，如利用大数据提供咨询服务、代发工资、代理支付其他费用以及转账结算等。在强烈的业务竞争压力下，各商业银行也不断开拓服务领域，通过金融服务业务的发展，进一步促进资产负债业务的扩大，把资产负债业务与金融服务业务的发展，进一步促进资产负债业务的扩大，并把资产负债与金融服务结合起来，开拓新的业务领域。在现代经济生活中，金融服务已成为商业银行的重要职能。

（五）调节经济职能

调节经济是指商业银行通过其信用中介活动，调剂社会各部门的资金短缺，同时在央行货币政策和其他国家宏观政策的指引下，实现经济结构、消费比例投资、产业结构等方面的调整。此外，商业银行通过其国际市场上的融资活动还可以调节本国的国际收支状况。

商业银行因其广泛的职能，对整个社会经济活动的影响十分显著，在整个金融体系乃至国民经济中居于特殊而重要的地位。随着市场经济的发展和全球经济的一体化发展，现在的商业银行已经凸显了职能多元化的发展趋势。

四、我国现有商业银行体系

（一）原国有银行

原国有银行包括中国工商银行、中国建设银行、中国银行、中国农业银行，合称四大专业银行。1986 年恢复的中国交通银行也可以属于这一群体。在过去的二十多年中，国有专业银行经历了扩专业经营、政策性业务的剥离、股份制改革、海外上市等一系列制度改革，逐渐转型为具有现代公司治理结构的商业银行。

（二）股份制银行

此处的“股份制银行”是特指改革开放后由地方政府或企业为主体投资设立的股份制银行。前者又称为地方性银行，如深圳发展银行、广西北部湾银行、浦东发展银行等。后者如招商银行、华夏银行、平安银行等。这些银行的营业范围一开始局限于地方或主要投资企业所在地，后来也开始向全国性银行发展，其中多数已经在 A 股市场上市。

（三）城市商业银行

城市商业银行是在原城市信用合作社清产核资的基础上，吸收地方财政、企业入股组建而成的。1995 年出台的《商业银行法》确认了城市合作银行作为商业银行的一种组织形式，国务院发出了《关于组建城市合作银行的通知》，各地的城市信用社开始整合改制。自 2007 年开始，宁波银行、南京银行和北京银行等多家城市商业银行在海内外先后上市。

（四）外资银行

外资银行包括外资法人银行、中外合资银行以及外国银行分行等。

（五）中国邮政储蓄银行

中国邮政储蓄银行由中国邮政储金汇业局转型而来，2007 年 3 月 20 日正式挂牌成立。2012 年 1 月，整体改制为股份有限公司，为我国第五大商业银行。该行于 2016 年 9 月在香港联交所挂牌上市，于 2019 年 12 月在上交所挂牌上市。

模块二

商业银行稳健运行的保障——商业银行法

一、商业银行法的概念和调整对象

（一）商业银行法的概念

商业银行法是调整商业银行的设立、变更和终止及其相关金融业务活动的经济关系的法律规范的总称。商业银行法有广义和狭义之分。广义的商业银行法是指一切关于商业银行的组织及其业务经营的法律、法规、行政规章的总称。狭义的商业银行法仅指“商业银行法”，本教材只就“商业银行法”的内容进行展开。

我国《商业银行法》于 1995 年颁布后，经过了 2003 年、2015 年两次修正。目前适用的是根据 2015 年 8 月 29 日第十二届全国人民代表大会常务委员会第十六次会议《关于修改〈中华人民共和国商业银行法〉的决定》第二次修正版本。

（二）商业银行法的调整对象

根据《中华人民共和国商业银行法》（以下简称《商业银行法》）的规定，商业银行法的调整对象包括国有商业银行、股份制商业银行、城市商业银行、农村商业银行、外资商业银行、中外合资商业银行、外国商业银行分行及其他商业银行。此外，城市信用合作社、农村信用合作社办理存款、贷款和结算业务，适用本法有关规定。

二、商业银行的设立与变更

（一）商业银行的设立

1. 商业银行设立的条件

商业银行的设立是指商业银行的发起人依照法律规定的程序和条件，统筹构建商业银行并使商业银行取得法定的主体资格的法律行为。按照《商业银行法》规定，设立商业银行应当经国务院银行业监督管理机构审查批准。未经国务院银行业监督管理机构批准，任何单位和个人不得从事吸收公众存款等商业银行业务，任何单位不得在名称中使用“银行”字样。

在我国设立商业银行，应当具备下列法定条件：

（1）有符合本法和《中华人民共和国公司法》规定的章程。

（2）有符合本法规定的注册资本最低限额。设立全国性商业银行的注册资本最低限额为10亿元人民币，城市商业银行的注册资本最低限额为1亿元人民币，农村商业银行的注册资本最低限额为5000万元人民币。注册资本应当是实缴资本。

（3）有具备任职专业知识和业务工作经验的董事、高级管理人员。

（4）有健全的组织机构和管理制度。健全的组织机构，应当包括决策机构、执行机构和监督机构，即《公司法》所规定的股东大会、董事会和监事会；健全的管理制度包括人事管理制度、贷款存款制度、结算管理制度、财务管理制度等。

（5）有符合要求的营业场所、安全防范措施和与业务有关的其他设施。如防盗、报警、通信、消防等设施。

（6）设立商业银行，还应当符合其他审慎性条件。

2. 商业银行设立的程序

商业银行设立，除了需要符合上述实质条件之外，还必须履行法定程序。

（1）申请设立。设立商业银行，申请人应当向国务院银行业监督管理机构提交申请书、可行性研究报告等以及国务院银行业监督管理机构规定提交的其他文件、资料。

（2）审批。商业银行设立，应当经国务院银行业监督管理机构审批。经批准设立的商业银行，由国务院银行业监督管理机构颁发经营许可证。

（3）登记。商业银行领取经营许可证之后，凭该许可证向工商行政管理部门办理登记，领取营业执照。

（4）公告。经批准设立的商业银行及其分支机构，由国务院银行业监督管理机构予以公告。

（5）停业。商业银行及其分支机构自取得营业执照之日起无正当理由超过6个月未开业的，或者开业后自行停业连续6个月以上的，由国务院银行业监督管理机构吊销其经营许可证，并予以公告。

（二）商业银行的变更

商业银行的变更是指商业银行设立后在经营过程中发生某些特殊原因而发生变更。商业银行的变更包括商业银行主体的变更，即分立、合并，以及其他注册事项的变更。

1. 商业银行重大事项的变更

根据《商业银行法》第二十四条的规定，商业银行有下列变更事项之一的，应当经过国务院银行业监督管理机构批准：①变更名称；②变更注册资本；③变更总行或者分支行所在地；④调整业务范围；⑤变更持有资本总额或者股份总额百分之五以上的股东；⑥修改章程；⑦国务院银行业监督管理机构规定的其他变更事项。

2. 商业银行主体的变更

商业银行主体的变更就是商业银行的分立、合并。商业银行的分立是指商业银行依照有关法律规定，分成两个或两个以上的商业银行的行为；商业银行的合并是指两个或两个以上的商业银行通过订立合同，依照有关法律规定组成一个新的商业银行的行为。根据《商业银行法》第二十五条的规定，商业银行的分离、合并，适用《公司法》的规定，并且应当经国务院银行业监督管理机构审批。

三、商业银行的经营原则和范围

（一）商业银行的经营原则

商业银行的经营原则是商业银行开展金融业务活动所必须遵循的基本指导思想，是保障商业银行规范、稳健运作的基本行为准则。《商业银行法》对商业银行的经营原则作了明确的规定，主要有以下几个方面：

（1）安全性、流动性、效益性原则。

（2）自主经营，自担风险，自负盈亏，自我约束的原则。

（3）业务往来遵循平等、自愿、公平和诚实信用的原则。

（4）保障存款人的合法权益不受侵犯的原则。

（5）严格贷款的资信担保、依法按期收回贷款本息的原则。

（6）依法营业，不得损害社会公益的原则。

（7）公平竞争的原则。

（二）商业银行的业务范围

《商业银行法》第三条规定，商业银行经营范围由商业银行章程规定，报国务院银行业监督管理机构批准。经过批准，商业银行可以经营下列部分或者全部业务：①吸收公众存款；②发放短期、中期和长期贷款；③办理国内外结算；④办理票据承兑与贴现；⑤发行金融债券；⑥代理发行、代理兑付、承销政府债券；⑦买卖政府债券、金融债券；⑧从事同业拆借；⑨买卖、代理买卖外汇；⑩从事银行卡业务；⑪提供信用证服务及担保；⑫代理收付款项及代理保险业务；⑬提供保管箱服务；⑭经国务院银行业监督管理机构批准的其他业务。商业银行经中国人民银行批准，可以经营结汇、售汇业务。

商业银行的业务范围概括起来可以分为以下三类：

（1）负债业务。商业银行的负债是其所承担的能以货币计量、需要在未来一定时间内以资产偿付的债务，是其形成资产来源的业务。《商业银行法》规定的负债业务主要有：吸收公众存款、发行金融债券、从同业拆入资金。

（2）资产业务。商业银行的资产业务是指将自己通过负债业务所聚集的货币资金加以运用的业务，是其取得收益的主要途径。《商业银行法》规定的资产业务主要有：信贷资产业务、证券资产业务、票据贴现业务等。

【知识拓展】

《中华人民共和国商业银行法》第三十九条

商业银行贷款，应当遵守下列资产负债比例管理的规定：

（一）资本充足率不得低于百分之八；

（二）流动性资产余额与流动性负债余额的比例不得低于百分之二十五；

（三）对同一借款人的贷款余额与商业银行资本余额的比例不得超过百分之十；

（四）国务院银行业监督管理机构对资产负债比例管理的其他规定。

（3）中间业务。凡是商业银行不运用自己的资金而代理客户承办支付和其他委托事项，并据以收取手续费的业务统称中间业务。《商业银行法》规定的中间业务主要有：汇兑业务、信用证业务、代收业务、同业往来、代客买卖业务、信托业务和租赁业务等。

四、商业银行的监督管理

商业银行的监督管理包括商业银行的内部监督管理和商业银行的外部监督管理两方面。

（一）商业银行的内部监督管理

根据《商业银行法》的规定，商业银行的内部监督管理包括：一是商业银行应当按照监督部门的规定，制定本行的业务规则，建立、健全本行的业务管理、现金管理和安全防范制度。二是商业银行应当建立、健全本行对存款、贷款、结算、呆账等各项情况的稽核、检查制度；对分支机构应当进行经常性稽核和检查监督。

（二）商业银行的外部监督管理

对商业银行的外部监督管理，主要包括国务院行业监督管理机构、中国人民银行和审计部门的监督管理。

（1）国务院银行业监督管理机构有权依照《商业银行法》第三章、第四章、第五章的规定，随时对商业银行的存款、贷款、结算、呆账等情况进行检查监督。检查监督时，检查监督人员应当出示合法的证件。商业银行应当按照国务院银行业监督管理机构的要求，提供财务会计资料、业务合同和有关经营管理方面的其他信息。

（2）中国人民银行有权依照《中国人民银行法》第三十二条、第三十四条的规定对商业银行进行检查监督。

（3）商业银行应当接受审计机关的审计监督。

五、商业银行的接管和终止

（一）商业银行的接管

《商业银行法》第六十四条规定："商业银行已经或者可能发生信用危机，严重影响存款人的利益时，国务院银行业监督管理机构可以对该银行实行接管。"

接管是国务院银行业监督管理机构依照法定的条件和程序全面控制被接管的商业银行的业务活动，保证商业银行经营的安全性、合法性的一项预防性的拯救措施。接管的目的是对被接管的商业银行采取必要措施，以保护存款人的利益，恢复商业银行的正常经营能力。被接管的商业银行的债权债务关系不因接管而变化。接管期限届满，国务院银行业监督管理机构可以决定延期，但接管期限最长不得超过二年。

有下列情形之一的，接管终止：

（1）接管决定规定的期限届满或者国务院银行业监督管理机构决定的接管延期届满；

（2）接管期限届满前，该商业银行已恢复正常经营能力；

（3）接管期限届满前，该商业银行被合并或者被依法宣告破产。

（二）商业银行的终止

商业银行在解散、被撤销和被宣告破产三种情形下终止。

1. 商业银行的解散

商业银行解散，是指商业银行由于出现法定事由或者公司章程规定的情况，停止对外经营活动，清算未了结的债权债务，使商业银行法人资格归于消灭的法律行为。商业银行因分立、合并或者出现公司章程规定的解散事由需要解散的，应当向国务院银行业监督管理机构提出申请，并附解散的理由和支付存款的本金和利息等债务清偿计划。经国务院银行业监督管理机构批准后解散。

商业银行解散的，应当依法成立清算组，进行清算，按照清偿计划及时偿还存款本金和利息等债务。国务院银行业监督管理机构监督清算过程。

2. 商业银行的撤销

商业银行的撤销，是指国务院银行业监督管理机构对经其批准设立的具有法人资格的商业银行依法采取行政强制措施，终止其经营活动，并予以解散。商业银行有违法违规经营、经营管理不善等情形，不予撤销将严重危害金融秩序、损害社会公众利益的，应当依法撤销。其目的在于加强对金融活动的监督、管理、维护金融秩序、保护国家利益和社会公众利益。

商业银行因吊销经营许可证被撤销的，国务院银行业监督管理机构应当依法及时组织成立清算组，进行清算，按照清偿计划及时偿还存款本金和利息等债务。2001 年 11 月 23 日，国务院发布了《金融机构撤销条例》，对撤销决定、撤销清算、债务清偿、注销登记、法律责任等作出了具体规定。

3. 商业银行的破产

商业银行不能支付到期债务，经国务院银行业监督管理机构同意，由人民法院依法宣告其破产。商业银行宣告破产的，由人民法院组织国务院银行业监督管理机构等有关部门和有关人员成立清算组，进行清算。商业银行破产清算时，在支付清算费用、所欠职工工资和劳动保险费用后，应当优先支付个人储蓄存款的本金和利息。

【小案例】

海南发展银行破产清算

1998 年 6 月 21 日，中国人民银行发表公告，由于海南发展银行不能及时清偿到期债务，关闭刚刚诞生两年十个月的海南发展银行，停止其一切业务活动，由央行依法组织成立清算组，对海发行进行关闭清算；指定工商银行托管债权债务，对其境外债务和境内居民储蓄存款本金及合法利息保证支付，其余债务待组织清算后偿付。

【思考】

什么是商业银行的破产？海南发展银行的破产表明什么问题？

【分析】

商业银行的破产是指商业银行由于经营管理不善或者其他原因，造成严重的亏损或者支付危机，不能清偿到期债务，被人民法院依法宣告破产的法律行为。海南商业银行的破产表明商业银行法规定的商业银行市场退出机制形成。

六、违反商业银行法律制度的法律责任

《商业银行法》第八章规定了法律责任，对违反商业银行有关规定的行为明确了法律制裁措施。

就违反《商业银行法》的行为性质而言，有民事违法行为、行政违法行为和刑事违法行为，因而我国《商业银行法》规定的法律责任也分为民事责任、行政责任和刑事责任三种。从责任主体的角度而言，又可以将责任分为商业银行的责任、商业银行工作人员的责任和其他组织和个人的责任。

（一）商业银行的违法行为及其违法责任

根据《商业银行法》的规定，商业银行的民事、行政和刑事责任包括以下几种：

（1）商业银行有下列情形之一，对存款人或者其他客户造成财产损害的，应当承担支付迟延履行的利息以及其他民事责任：①无故拖延、拒绝支付存款本金和利息的；②违反票据承兑等结算业务规定，不予兑现，不予收付入账，压单、压票或者违反规定退票的；③非法查询、冻结、扣划个人储蓄存款或者单位存款的；④违反本法规定对存款人或者其他客户造成损害的其他行为。

有前款规定情形的，由国务院银行业监督管理机构责令改正，有违法所得的，没收违法所得，违法所得五万元以上的，并处违法所得一倍以上五倍以下罚款；没有违法所得或者违法所得不足五万元的，处五万元以上五十万元以下罚款。

（2）商业银行有下列情形之一，由国务院银行业监督管理机构责令改正，有违法所得的，没收违法所得，违法所得五十万元以上的，并处违法所得一倍以上五倍以下罚款；没有违法所得或者违法所得不足五十万元的，处五十万元以上二百万元以下罚款；情节特别严重或者逾期不改正的，可以责令停业整顿或者吊销其经营许可证；构成犯罪的，依法追究刑事责任：①未经批准设立分支机构的；②未经批准分立、合并或者违反规定对变更事项不报批的；③违反规定提高或者降低利率以及采用其他不正当手段，吸收存款，发放贷款的；④出租、出借经营许可证的；⑤未经批准买卖、代理买卖外汇的；⑥未经批准买卖政府债券或者发行、买卖金融债券的；⑦违反国家规定从事信托投资和证券经营业务、向非自用不动产投资或者向非银行金融机构和企业投资的；⑧向关系人发放信用贷款或者发放担保贷款的条件优于其他借款人同类贷款的条件的。

（3）商业银行有下列情形之一，由国务院银行业监督管理机构责令改正，并处二十万元以上五十万元以下罚款；情节特别严重或者逾期不改正的，可以责令停业整顿或者吊销其经营许可证；构成犯罪的，依法追究刑事责任：①拒绝或者阻碍国务院银行业监督管理机构检查监督的；②提供虚假的或者隐瞒重要事实的财务会计报告、报表和统计报表的；③未遵守资本充足率、存贷比例、资产流动性比例、同一借款人贷款比例和国务院银行业监督管理机构有关资产负债比例管理的其他规定的。

（4）商业银行有下列情形之一，由中国人民银行责令改正，有违法所得的，没收违法所得，违法所得五十万元以上的，并处违法所得一倍以上五倍以下罚款；没有违法所得或者违法所得不足五十万元的，处五十万元以上二百万元以下罚款；情节特别严重或者逾期不改正的，中国人民银行可以建议国务院银行业监督管理机构责令停业整顿或者吊销其经营许可证；构成犯罪的，依法追究刑事责任：①未经批准办理结汇、售汇的；②未经批准在银行间债券市场发行、买卖金融债券或者到境外借款的；③违反规定同业拆借的。

（5）商业银行有下列情形之一，由中国人民银行责令改正，并处二十万元以上五十万元以下罚款；情节特别严重或者逾期不改正的，中国人民银行可以建议国务院银行业监督管理机构责令停业整顿或者吊销其经营许可证；构成犯罪的，依法追究刑事责任：①拒绝或者阻碍中国人民银行检查监督的；②提供虚假的或者隐瞒重要事实的财务会计报告、报表和统计报表的；③未按照中国人民银行规定的比例交存存款准备金的。

（6）商业银行不按照规定向国务院银行业监督管理机构报送有关文件、资料的，由国务院银行业监督管理机构责令改正，逾期不改正的，处十万元以上三十万元以下罚款。

【小案例】

合作银行违规使用资金被查处

某市的一家合作银行为增强经济实力，于2019年9月动用本行500万元资金投资一家有限责任公司，后于2020年1月又决定投资2000万元发展安居工程。该银行由于业务的投资回报率高，利税明显增长。但银保监会对该合作银行的上述两项业务都进行了查处。

【问题】

该合作银行为什么会受到监管部门的查处？

【分析】

根据《商业银行法》规定，就本案而言，该合作银行向企业投资是违反《商业银行法》第八章第七十四条第（七）项规定："违反国家规定从事信托投资和证券经营业务、向非自用不动产投资或者向非银行金融机构和企业投资"的规定，因此会受到银监会查处。

（二）商业银行工作人员的违法行为及其法律责任

（1）商业银行有《商业银行法》第七十三条至第七十七条规定情形的，对直接负责的董事、高级管理人员和其他直接责任人员，应当给予纪律处分；构成犯罪的，依法追究刑事责任。

（2）商业银行工作人员利用职务上的便利，索取、收受贿赂或者违反国家规定收受各种名义的回扣、手续费，构成犯罪的，依法追究刑事责任；尚不构成犯罪的，应当给予纪律处分。

有前款行为，发放贷款或者提供担保造成损失的，应当承担全部或者部分赔偿责任。

（3）商业银行工作人员利用职务上的便利，贪污、挪用、侵占本行或者客户资金，构成犯罪的，依法追究刑事责任；尚不构成犯罪的，应当给予纪律处分。

（4）商业银行工作人员违反《商业银行法》规定玩忽职守造成损失的，应当给予纪律处分；构成犯罪的，依法追究刑事责任。

违反规定徇私向亲属、朋友发放贷款或者提供担保造成损失的，应当承担全部或者部分赔偿责任。

（5）商业银行工作人员泄露在任职期间知悉的国家秘密、商业秘密的，应当给予纪律处分；构成犯罪的，依法追究刑事责任。

（6）商业银行的工作人员对单位或者个人强令其发放贷款或者提供担保未予拒绝的，应当给予纪律处分；造成损失的，应当承担相应的赔偿责任。

（7）商业银行违反《商业银行法》规定的，国务院银行业监督管理机构可以区别不同情形，取消其直接负责的董事、高级管理人员一定期限直至终身的任职资格，禁止直接负责的董事、高级管理人员和其他直接责任人员一定期限直至终身从事银行业工作。

（三）其他组织和个人的违法行为及其违法责任

（1）其他组织和个人有下列情形之一，由国务院银行业监督管理机构责令改正，有违法所得的，没收违法所得，违法所得五万元以上的，并处违法所得一倍以上五倍以下罚款；没有违法所得或者违法所得不足五万元的，处五万元以上五十万元以下罚款：①未经批准在名称中使用“银行”字样的；②未经批准购买商业银行股份总额百分之五以上的；③将单位的资金以个人名义开立账户存储的。

（2）未经国务院银行业监督管理机构批准，擅自设立商业银行，或者非法吸收公众存款、变相吸收公众存款，构成犯罪的，依法追究刑事责任；并由国务院银行业监督管理机构予以取缔。伪造、变造、转让商业银行经营许可证，构成犯罪的，依法追究刑事责任。上述行为，尚不构成犯罪的，由国务院银行业监督管理机构没收违法所得，违法所得五十万元以上的，并处违法所得一倍以上五倍以下罚款；没有违法所得或者违法所得不足五十万元的，处五十万元以上二百万元以下罚款。

（3）借款人采取欺诈手段骗取贷款，构成犯罪的，依法追究刑事责任。尚不构成犯罪的，由国务院银行业监督管理机构没收违法所得，违法所得五十万元以上的，并处违法所得一倍以上五倍以下罚款；没有违法所得或者违法所得不足五十万元的，处五十万元以上二百万元以下罚款。

（4）单位或者个人强令商业银行发放贷款或者提供担保的，应当对直接负责的主管人员和其他直接责任人员或者个人给予纪律处分；造成损失的，应当承担全部或者部分赔偿责任。

项目要点

第一，商业银行是以盈利为目标，以多种金融资产和金融负债为主要经营对象，为客户提供多样化、综合性金融服务的具有多种功能的金融企业。商业银行在我国金融体系中占主导地位。

第二，商业银行具有信用中介、支付中介、信用创造、金融服务、调节经济等职能。

第三，商业银行是特殊企业，其经营原则是安全性、流动性和效益性。商业银行的业务范围概括起来可以分为负债业、资产业务和中间业务三类。

第四，商业银行法是调整商业银行的设立、变更和终止及其相关金融业务活动的经济关系的法律规范的总称。商业银行法有广义和狭义之分。广义的商业银行法是指一切关于商业银行的组织及其业务经营的法律、法规、行政规章的总称。狭义的商业银行法仅指我国《商业银行法》。

第五，商业银行已经或者可能发生信用危机，严重影响存款人的利益时，国务院银行业监督管理机构可以对该银行实行接管。接管的目的是对被接管的商业银行采取必要措施，以保护存款人的利益，恢复商业银行的正常经营能力。被接管的商业银行的债权债务关系不因接管而变化。接管期限届满，国务院银行业监督管理机构可以决定延期，但接管期限最长不得超过二年。

第六，《商业银行法》第八章规定了法律责任，对违反商业银行有关规定的行为明确了法律制裁措施。就违反《商业银行法》的行为性质而言，有民事违法行为、行政违法行为和刑事违法行为，因而我国《商业银行法》规定的法律责任也分为民事责任、行政责任和刑事责任三种。从责任主体的角度而言，又可以将责任分为商业银行的责任、商业银行工作人员的责任和其他组织和个人的责任。

【学习互动】

商业银行已经或者可能发生信用危机，严重影响存款人的利益时，如何处置才能更好保护债权人（包括存款人）的利益？接管、重组、撤销、破产四种处置方式，有何利弊？

本项目参考法规

《中华人民共和国商业银行法》(2015 年修订版)。

学习检测

一、不定项选择题

1. 商业银行的经营目的是（　　）。

A. 保本　　B. 盈利　　C. 支持经济发展　　D. 完成经济任务

2. 下列各项中，不属于商业银行负债业务的是（　　）。

A. 吸收公众存款　　B. 发行金融债券　　C. 发放贷款　　D. 从同业拆入资金

3. 商业银行代客买卖基金属于（　　）。

A. 负债业务　　B. 资产业务　　C. 中间业务　　D. 其他业务

4. 下列机构中，不属于商业银行的外部监管机构的是（　　）。

A. 财政部　　B. 银监会　　C. 中国人民银行　　D. 审计部门

5. 商业银行的经营原则有（　　）。

A. 安全性　　B. 政策性　　C. 流动性　　D. 营利性

6. 商业银行的主要业务有（　　）。

A. 吸收公众存款　　B. 发放贷款　　C. 发行货币　　D. 办理结算业务

7. 根据违反《商业银行法》的行为性质，我国《商业银行法》规定的法律责任分为（　　）。

A. 民事责任　　B. 行政责任　　C. 刑事责任　　D. 其他责任

二、判断题

1. 商业银行变更分支机构所在地不必经过监管机构的批准。（　　）

2.《商业银行法》的调整对象包括国有商业银行、合作银行、外资银行、中外合资商业银行、外国商业银行分支和其他商业银行等。 ( )

3. 商业银行工作人员利用职务上的便利，索取、收受贿赂或者违反国家规定收受各种名义的回扣、手续费，构成犯罪的，应当给予纪律处分。 ( )

4. 商业银行的监管是指国务院银行业监督管理机构、中国人民银行和审计部门的对商业银行的监督管理。 ( )

5. 商业银行工作人员泄露在任职期间知悉的国家秘密、商业秘密的，应当给予纪律处分；构成犯罪的，依法追究刑事责任。 ( )

三、简答题

1. 商业银行有哪些特征?
2. 商业银行有哪些职能?
3. 在我国设立商业银行应当具备什么条件?
4. 简述商业银行经营的“安全性、流动性、效益性”原则。

项目三 其他金融机构管理法律实务

【知识目标】

通过本项目的学习，了解和掌握其他金融机构法律制度的基本内容；理解政策性银行在国家经济社会发展中的作用；掌握非银行类金融机构的类型与作用；了解非银行金融机构组织经营规则和风险控制等法律制度的内容。

【德育目标和职业素养】

熟悉国家金融机构体系，了解不同的金融机构对经济和社会发展的促进作用，增强对社会主义经济、金融制度优越性的认识。

【学习任务】

1. 认识政策性银行的概念与特征。
2. 掌握政策性银行法律制度的基本内容。
3. 了解法律有关信用合作社、金融资产管理公司、信托公司、财务公司、小额贷款公司的基本规定。
4. 掌握《融资担保公司监督管理条例》对融资担保公司设立条件、经营规则、风险控制和监管内容的规定。

【导入案例】

国开行助学贷款资助学生突破2600万人次

2018年，国家开发银行已在全国26个省份、2309个区县、2904所高校为401万名家庭经济困难学生办理了助学贷款，合同总金额287亿元。2018年国开行助学贷款累计支持学生突破2600万人次、1200万人，累计贷款发放额超1600亿元。该行相关负责人表示，国开行将继续为助学贷款工作提供“三重保障”。

第一是各类学生全保障。国开行经办的助学贷款已覆盖普通高校、科研院所、党校、行政学院等各类院校共计2904所，支持对象涵盖了家庭经济困难的预科生、本专科生和研究生，实现了对各类学生和院校的全覆盖、全保障。

第二是贷款资金足额保障。针对今年全国高考报名人数较去年有所增加的情况，国开行落实国家资助政策，“应贷尽贷”足额保障助学贷款业务资金规模，保障了每一名家庭经济困难学生的贷款需求得到满足。

第三是“三类学生”提前保障。对建档立卡户、城乡低保户的学生和高中获得了国家助学金的学生，国开行联合各地教育部门通过高中预申请在高考前为其认定贷款资格，使学生提前得到了国家助学贷款保障。

资料来源：经济日报，发布时间：2018年12月3日。

【思考】

请同学们说一说在我国除商业银行之外，还有哪些其他金融机构？它们在经济社会生活中发挥怎样作用？和商业银行比，它们有什么特点？

【分析】

政策性银行、非银行类金融机构，如金融资产管理公司、财务公司、小额贷款公司、保险公司、证券公司等，这些金融机构因为设立的目的不一样，他们在各自领域发挥着独有的作用，如政策性银行，重点帮助国家实现特定领域的发展目标等。它们和商业银行相比，最大的不同在于不能吸收存款。

模块一

政府发展项目的资金后盾——政策性银行法律实务

一、政策性银行的概念与特征

（一）政策性银行的概念

所谓政策性银行是由政府出资设立、参股或保证的，不以营利为目的，专门为贯彻、配合政府社会经济政策或意图，在特定的业务领域内，直接或间接地从事政策性融资活动，充当政府发展经济、促进社会进步、进行宏观经济管理工具的金融机构。

商业银行的营利性使在农业、区域开发、基础产业等投资规模大、周期长、风险高的领域的贷款受到限制，而这些领域的发展对经济社会的发展具有举足轻重的作用，必须获得充分的资金支持与保障，政策性银行因此诞生，以弥补商业银行业务领域的局限。

（二）政策性银行的特征

作为银行金融机构，政策性银行与商业银行在业务上有许多共同或相似之处，但它也有着商业银行不具备的一些特征：

（1）政策性银行由政府全部或部分出资设立。这是政策性银行提供政策性金融业务的前提和基础。

（2）政策性银行保本经营，不以营利为目的。这是政策性银行和商业银行的根本区别。之所以被称为政策性银行，就是因为它不以营利为目的，而是为贯彻、配合政府的经济社会政策而提供相应的金融服务，从而实现一定的社会效益。

（3）政策性银行的业务范围是特定的。政策性银行的资金来源主要是财政拨款、发行政策性金融债券，不吸收公众存款。政策性银行向农业、进出口贸易、国家基础设施、基础产业和支柱产业的大中型基本建设和技术改造等政策性项目及其配套工程发放政策性贷款，办理其他政策性金融业务。

【知识拓展】

国内外政策性银行

1994年，在社会主义市场经济目标已经确立，经济体制改革步伐深化的形势下，根据党的十四届三中全会精神和国务院关于金融体制改革的决定及其他文件，我国相继设立了国家开发银行（1994年3月17日）、中国农业发展银行（1994年11月8日）、中国进出口银行（1994年7月1日）三家政策性银行。

当今世界上许多国家都建立有政策性银行，其种类较为全面，并构成较为完整的政策性银行体系，如日本著名的“二行九库”体系，包括日本输出入银行、日本开发银行、日本国民金融公库、住宅金融公库、农林渔业金融公库、中小企业金融公库、北海道东北开发公库、公营企业金融公库、环境卫生金融公库、冲绳振兴开发金融公库、中小企业信用保险公库；韩国设有韩国开发银行、韩国进出口银行、韩国中小企业银行、韩国住宅银行等政策性银行；法国设有法国农业信贷银行、法国对外贸易银行、法国土地信贷银行、法国国家信贷银行、中小企业设备信贷银行等政策性银行；美国设有美国进出口银行、联邦住房信贷银行体系等政策性银行。这些政策性银行在各国社会经济生活中发挥着独特而重要的作用，构成各国金融体系两翼中的一部分。

二、政策性银行的资金来源与运用

（一）资金来源

政策性银行的资金来源由两个部分构成，其一是注册资本金；其二是营运资金。

政策性银行的注册资本金或者由政府财政全额拨付，或者由政府和商业性金融机构共同出资，或者由国家授权投资的部门投资而形成。如国家开发银行的注册资本金分别由财政部和中央汇金投资有限责任公司等出资，而中国农业发展银行和中国进出口银行的资金全部来源于国家出资。

政策性银行的营运资金主要来源于以下几个方面：政府提供一定的信贷资金；向财政和中央银行借入资金；通过国内外发行债券筹集资金；必要时还可以按商业条件向国内外金融机构借款。

（二）资金运用

政策性银行的资金运用主要有贷款和投资两种形式。贷款是政策性银行的主要业务，包括普通贷款和优惠贷款。政策性银行的投资业务包括直接投资和间接投资两种形式。此外，政策性银行的资金运用还包括：对融资对象办理票据贴现业务；对商业性金融机构符合政策意图的业务予以利息补贴，对其提供贷款和票据的转贴现等。

三、政策性银行的法律地位

对于政策性银行的法律地位，应当从它与政府、中央银行、商业银行的关系等方面进行分析。

（一）政策性银行与政府的关系

政策性银行由政府全部或部分出资设立，政府对政策性银行行使行政领导与监督管理权。政策性银行为政府的产业政策、区域发展政策和社会政策服务，它的业务实质上是一种财政投资融资活动。

（二）政策性银行与中央银行的关系

在金融监督管理方面，中央银行与政策性银行的关系相对松散，中央银行一般不直接管理政策性银行，只是在经营上给予政策性银行必要的资金支持和业务指导。但是，政策性银行开展的金融业务要尽可能与中央银行的政策目标保持一致。

（三）政策性银行与商业银行的关系

在法律地位上，政策性银行与商业银行的法律地位平等，它们之间不因办理的金融业务不同而使一方居于领导、监督或其他优越地位。在金融业务方面，政策性银行不以营利为目的办理政策性金融服务，这些业务是商业银行不愿办理或不能办理的；而政策性银行因受自身分支机构相对较少或不设分支机构的限制，其政策性金融业务的开展往往要通过商业银行进行。因此，在业务上两者是互补和配合关系。

从政策性银行与政府、中央银行、商业银行的关系中可以看出，政策性银行是与商业银行平等、并存、互补并专门办理政策性金融业务的一种特殊金融机构，它是政府设立的为政府的产业政策、地区发展政策和社会政策提供金融服务的机构，因此，其自主经营、自负盈亏、自担风险、自我约束的自主经营权受到很大的限制，从而使其成为承担更多社会责任的银行金融机构，是带有公益性质的公法人。

四、政策性银行法律制度的主要内容

与国外先制定有关的政策性银行法，再依法设立和运作政策性银行的做法不同，我国三家政策性银行的建立及运营，一直未能开展相应的专门性立法。政策性银行的组织管理与开展业务更多依赖的是国务院批准的组建方案和政策性银行各自的章程和内部规定。这些具体文件包括《中国开发银行组建和运行方案》《国家开发银行章程》《中国农业发展银行组建方案》《中国农业发展银行章程》《中国进出口银行组建方案》《中国进出口银行章程》等。

（一）国家开发银行法律制度的主要内容

1. 国家开发银行的性质和任务

国家开发银行是负责筹措和引导社会资金，对国家基础设施、基础产业和支柱产业的大中型基本建设和技术改造项目办理政策性金融业务的银行。国家开发银行成立于1994年，是直属中国国务院领导的政策性金融机构。

成立以来，国家开发银行积极发挥政府和市场之间的桥梁纽带作用，引导社会资金投向，支持了长江三峡、国家石油储备基地、西电东送、南水北调、西气东输、京九铁路、北京奥运、秦山核电站等一大批国家重点工程。

【知识拓展】

国家开发银行2008年12月改制为国家开发银行股份有限公司。2015年3月，国务院明确国开行定位为开发性金融机构。2017年4月，“国家开发银行股份有限公司”名称变更为“国家开发银行”，组织形式由股份有限公司变更为有限责任公司。国开行注册资本4212.48亿元，股东是中华人民共和国财政部、中央汇金投资有限责任公司、梧桐树投资平台有限公司和全国社会保障基金理事会，持股比例分别为36.54%、34.68%、27.19%、1.59%。

国开行主要通过开展中长期信贷与投资等金融业务，为国民经济重大中长期发展战略服务。截至2018年年末，资产总额为16.2万亿元，贷款余额为11.68万亿元，净利润为1121亿元。国开行目前是全球最大的开发性金融机构，中国最大的中长期信贷银行和债券银行。

国开行目前在中国内地设有37家一级分行和4家二级分行，在中国香港设有分行，在开罗、莫斯科、里约热内卢、加拉加斯、伦敦、万象、阿斯塔纳、明斯克、雅加达、悉尼等设有10家代表处。全行员工9000余人。旗下拥有国开金融、国开证券、国银租赁、中非基金和国开发展基金等子公司。

2. 国家开发银行的资金来源和筹措办法

国家开发银行的年度投资总规模和资金筹措办法由国务院确定。其资金来源和具体筹措办法主要有：

（1）国家预算安排的经营性建设基金。

（2）原“拨改贷”和经营性建设基金贷款回收的本息。

（3）财政贴息资金。对于基本建设和技术改造政策性项目贷款所需贴息资金，由国家财政专项列入年度预算。

（4）国家开发银行向金融机构发行金融债券。

（5）经国务院批准，国家开发银行可向社会发行一定数量的财政担保建设债券。

（6）向国外筹集资金。

（7）中国人民银行根据国家信贷计划，统一安排国家开发银行的重点建设资金来源，并予以保证。国家开发银行出现头寸短缺时，中国人民银行提供临时贷款。

3. 资金的运用和投向

根据国家的发展规划、生产力布局和产业政策，国家开发银行配置资金的对象是国家批准立项的基础设施、基础产业和支柱产业大中型基本建设、技术改造等政策性项目及其配套工程。主要包括：

（1）制约经济发展的“瓶颈”项目；

（2）直接关系增强综合国力的支柱产业中的重大项目；

（3）重大高新技术在经济领域应用的项目；

（4）跨地区的重大政策性项目；

（5）其他政策性项目。

4. 国家开发银行经营和办理的业务

（1）管理和运用国家核拨的预算内经营性建设基金和贴息资金；

（2）向国内金融机构发行金融债券和向社会发行财政担保建设债券；

（3）办理有关的外国政府和国际金融组织贷款的转贷，经国家批准在国外发行债券，根据国家利用外资计划筹借国际商业贷款等；

（4）向国家基础设施、基础产业和支柱产业的大中型基本建设和技术改造等政策性项目及其配套工程发放政策性贷款；

（5）办理建设项目贷款条件评审、咨询和担保等业务。为重点建设项目物色国内外合资伙伴，提供投资机会和投资信息；

（6）经批准的其他业务。

【小案例】

国家开发银行的业务范围

国家开发银行某省分行为扩大信贷规模，促进融资，在全省范围内开展了吸收公众存款的业务，3个月内共吸收公众存款约1亿元人民币，并以此发放商业性贷款2000万元人民币。

【问题】

该分行的行为是否合法？

【分析】

不合法。因为国家开发银行业务范围不包括吸收公众存款。

（二）中国农业发展银行法律制度主要内容

1. 中国农业发展银行的性质和任务

中国农业发展银行是负责筹集农业政策性信贷资金、办理国家规定的农业政策性金融业务、代理财政性支农资金拨付的银行。中国农业发展银行是根据国务院1994年4月19日发出的《关于组建中国农业发展银行的通知》成立的国有农业政策性银行，直属国务院领导。业务上接受中国人民银行的指导和监督。

中国农业银行承担国家粮棉油储备和农副产品合同收购、农业开发等业务中的政策性贷款，代理财政支农资金拨付及监督使用。

2. 中国农业发展银行的注册资本与资金来源

中国农业发展银行注册资本为200亿元人民币。其中一部分从当时中国农业银行、中国工商银行的现有信贷基金中划转，其余部分由财政部划拨。

中国农业发展银行运营资金的来源是：业务范围内开户企事业单位的存款；发行金融债券；财政支农资金；向中国人民银行申请再贷款；同业存款协议存款；境外筹资。

3. 中国农业发展银行的业务范围

中国农业发展银行的业务范围包括：

①办理粮食、棉花、油料收购、储备、调销贷款；②办理肉类、食糖、烟叶、羊毛、化肥等专项储备贷款；③办理粮食、棉花、油料加工企业和农、林、牧、副、渔业的产业

化龙头企业贷款；④办理粮食、棉花、油料种子贷款；⑤办理粮食仓储设施及棉花企业技术设备改造贷款；⑥办理农业小企业贷款和农业科技贷款；⑦办理农业基础设施建设贷款；⑧办理农业综合开发贷款；⑨办理农业生产资料贷款；⑩代理财政支农资金的拨付；⑪办理业务范围内企事业单位的存款及协议存款、同业存款等业务；⑫办理开户企事业单位结算；⑬发行金融债券；⑭资金交易业务；⑮办理代理保险、代理资金结算、代收代付等中间业务；⑯办理粮棉油政策性贷款企业进出口贸易项下的国际结算业务以及与国际业务相配套的外汇存款、外汇汇款、同业外汇拆借、代客外汇买卖和结汇、售汇业务；⑰办理经国务院或中国银行业监督管理委员会批准的其他业务。

【知识拓展】

农发行开展专项行动助力易地扶贫搬迁后续扶持

为深入贯彻习近平总书记在决战决胜脱贫攻坚座谈会上的重要讲话精神，落实党中央、国务院关于做好易地扶贫搬迁后续扶持工作的部署要求，国家发展改革委积极协调中国农业发展银行落实13部委《关于印发2020年易地扶贫搬迁后续扶持若干政策措施的通知》，深入分析易地扶贫搬迁后续扶持工作特点和资金需求，及时印发《关于开展信贷支持易地扶贫搬迁后续扶持专项行动的通知》，对全国农业发展银行系统支持易地扶贫搬迁后续扶持工作提出明确要求。

《通知》明确，易地扶贫搬迁工作已全面转入后续扶持阶段，农发行将继续发挥好政策性金融扶贫重要作用，扎实开展信贷支持专项行动，力争做到“三个实现”：力争实现对搬迁贫困人口超过1万人的集中安置区易地扶贫搬迁后续扶持贷款投放全覆盖，力争实现对搬迁贫困人口超过800人的集中安置区易地扶贫搬迁后续扶持贷款投放覆盖比例不低于50%，力争有易地扶贫搬迁任务的22个省级分行全部实现易地扶贫搬迁后续扶持贷款投放。同时，明确22个重点省级分行贷款投放专项目标任务，早对接、早投放、早见效。

《通知》强调，要准确把握支持标准和内容，聚焦重点区域，紧紧围绕“十三五”近1000万易地扶贫搬迁贫困人口，重点支持较大规模的集中安置区，突出支持搬迁安置区产业发展，全力开展农产品产销对接，积极支持安置区配套基础设施和公共服务设施建设等，确保到2020年年底实现搬迁群众“搬得出、稳得住、能脱贫”，到2025年年底帮助搬迁群众在稳定脱贫的基础上实现“能发展、可致富”。

资料来源：中国农业发展银行网站，网址：http://www.adbc.com.cn/n5/n17/c38335/content.html，发布时间：2020年4月26日。

（三）中国进出口银行法律制度的主要内容

1. 中国进出口银行的性质和任务

中国进出口银行是由国家出资设立、直属国务院领导、支持中国对外经济贸易投资发展与国际经济合作、具有独立法人地位的国有政策性银行。中国进出口银行为独立法人，实行自主、保本经营，企业化管理。在业务上接受财政部、商务部、中国人民银行的指导和监督。

2. 中国进出口银行的资金来源

进出口银行注册资本为1500亿元人民币，董事长为法定代表人。其资金来源主要是财政专项资金和对金融机构发行的金融债券等。

3. 中国进出口银行的业务范围

进出口银行的经营范围包括：经批准办理配合国家对外贸易和“走出去”领域的短期、中期和长期贷款，含出口信贷、进口信贷、对外承包工程贷款、境外投资贷款、中国政府援外优惠贷款和优惠出口买方信贷等；办理国务院指定的特种贷款；办理外国政府和国际金融机构转贷款（转赠款）业务中的三类项目及人民币配套贷款；吸收授信客户项下存款；发行金融债券；办理国内外结算和结售汇业务；办理保函、信用证、福费廷等其他方式的贸易融资业务；办理与对外贸易相关的委托贷款业务；办理与对外贸易相关的担保业务；办理经批准的外汇业务；买卖、代理买卖和承销债券；从事同业拆借、存放业务；办理与金融业务相关的资信调查、咨询、评估、见证业务；办理票据承兑与贴现；代理收付款项及代理保险业务；买卖、代理买卖金融衍生产品；资产证券化业务；企业财务顾问服务；组织或参加银团贷款；海外分支机构在进出口银行授权范围内经营当地法律许可的银行业务；按程序经批准后以子公司形式开展股权投资及租赁业务；经国务院银行业监督管理机构批准的其他业务。

进出口银行通过资本金的运用，境内外发行金融债券及其他有价证券，同业拆借、同业存款、回购业务，吸收授信客户项下存款等方式筹集资金。进出口银行发行的债券为政策性金融债券，由国家给予信用支持。经国务院授权，进出口银行可代表中国政府参加国际出口信用机构组织及活动。

进出口银行按照国家有关法律、法规和规章开展业务，在国际业务和经贸活动中遵守有关国际公约和协议。

模块二

中小企业融资的福音——非银行金融机构法律实务

一、非银行金融机构概述

（一）非银行金融机构的概念

“非银行金融机构”通常是与银行，特别是商业银行相对而言的。传统上，以银行为主体的间接融资方式是社会资金融资的主渠道，银行办理零售业务，吸收公众存款，然后发放贷款。非银行金融机构，如信用合作社、信托公司、财务公司、小额贷款公司、金融资产管理公司、租赁公司等，都在提供一定的资金融通服务，但其业务范围比较有限，或者从事批发性金融业务，或者对内部成员提供金融服务，或者仅提供某种特定的融资服务。因此，从金融机构的重要性以及对社会的影响来看，银行与其他非银行金融机构都有较大差异，监管方式上也有所差异。

（二）非金融机构的范围

随着我国金融市场飞速发展，非银行金融机构的种类也越来越多，其从事的金融业务也发生着一定的变化。它们大致可以分为以下几类：

一是传统的合作制金融机构，包括城市信用合作社和农村信用合作社。它们与银行一样可以吸收公众存款，但采取合作制的管理模式，主要为社员提供金融服务。

二是信托公司、财务公司、金融租赁公司、小额贷款公司、汽车金融公司、货币经纪公司、贷款公司等。它们从事批发金融业务，不得吸收公众存款，而是用自有资金或来自特定渠道的大额资金发放贷款或进行其他融资服务。它们被公认为是典型的“非银行金融机构”。

三是证券公司、基金管理公司以及以“金融公司”面目出现的投资银行。它们主要是直接融资市场（即资本市场）中的金融机构，为企业承销股票、债券等直接投资凭证，为大众投资人提供证券交易和投资管理方面的服务。

四是保险公司以及养老金管理公司。它们主要受中国银保监会监管。

（三）对非金融机构的立法和监管

由于不同金融机构的业务活动、组织方式各有特点，具体的监管方式也不相同，因此，我国目前对不同金融机构采取分别立法的方式。每一种金融机构都有专门的监管法规或规章。如《农村信用合作社管理规定》《贷款公司管理暂行规定》《信托公司管理办法》《金融资产管理公司管理条例》《汽车金融公司管理办法》《关于小额贷款公司试点的指导意见》等。

本模块将介绍农村信用合作社、信托公司、金融资产管理公司、财务公司和小额贷款公司的法律制度。证券公司、基金管理公司以及保险公司将在后面设专章介绍。

【知识拓展】

广西金融投资集团发挥综合金融优势帮助企业纾困谋发展

2020年，广西金融投资集团（以下简称“金投集团”）深入贯彻广西投资集团“产融投”协同发展战略，共享资源、优势互补，助力民营企业畅通融资渠道。通过发挥综合金融优势，研究出台系列扶助措施降低企业资金成本、拓宽企业融资渠道、提高金融服务效率、提升金融服务可获得性，为企业复工复产、达产达效、纾困谋发展提供实实在在的资金支持，关爱和善待企业。2020年1—3月，金投集团累计为企业提供资金支持67.43亿元。

面对新冠肺炎疫情带来的发展压力和严峻的经济形势，金投集团充分发挥自身金融板块覆盖保险、金融租赁、资产管理、担保、再担保、应急资金贷款、基金、投资等广泛领域、金融产品丰富的优势，加强各金融业态的协同联动，调动一切有效的资金、资源，不断强化抗疫情、稳增长的金融支撑，与企业心手相连，共同打赢防疫抗疫阻击战、稳增长保发展攻坚战。

“减”——针对疫情防控有关及受疫情影响的实体企业，主动减免疫情期间（即2020年1—6月）新发生业务的息费，包括免收担保费、担保费减半、应急资金贷款利息减半等分类减免措施。

"降"——针对生产经营正常或基本正常企业，贷款用于自身经营的，年利率平均降幅达25.9%；贷款用途为其他类的，年利率平均降幅达23%。

"续"——对疫情期间暂时出现困难但有良好发展前景的企业，原则上按原授信条件给予续保续贷；在银行同意展期的前提下，配合客户做好担保贷款展期工作。

"快"——开辟"绿色通道"、简化业务流程、即来即审，建立业务尽职免责机制，提升金融服务效率。

二、农村信用合作社法律制度

农村信用合作社是指经中国人民银行批准设立，由社员入股组成的，实行社员民主管理，主要为社员提供金融服务的农村合作金融机构。农村信用社是独立的企业法人，以其全部资产对农村信用社的债务承担责任，依法享有民事权利。其财产、合法权益和依法开展的业务活动受国家法律保护。

（一）农村信用社的设立和变更

1. 农村信用社的设立条件

设立农村信用社，必须具备以下条件：社员不少于500个，可由中国人民银行各地分行适当调整，报总行备案；注册资本金一般不少于100万元人民币，也可同样调整和备案；有符合法律规定的章程；有具备任职资格的管理人员和业务操作人员；有符合要求的营业场所、安全防范措施和与业务有关的其他设施。另外，银行业监管部门审查设立申请时，应当考虑经济发展的需要和金融企业竞争的状况。

2. 农村信用社设立的程序

设立农村信用社要经过筹建和开业两个阶段。

筹建农村信用社，申请人需向银行业监管部门提出筹建申请，并提交法律规定的文件、资料。

农村信用社筹建完毕，应向银行业监管部门申请开业，并提交开业申请报告、验资证明等相关资料，经监管部门批准后颁发《金融机构法人许可证》，并凭此证在工商行政管理部门登记注册，领取法人营业执照。自银监会批准筹建之日起满6个月，仍不具备申请开业条件的，自动失去筹建资格，且6个月内不得再提出筹建申请。

农村信用社的分社、储蓄所的设立、撤并，由农村信用社提出申请，报监管部门审批，并颁发或注销《金融机构营业许可证》。

3. 农村信用社的变更

农村信用社发生法定的变更事项，如变更名称，变更注册资本，变更营业场所，调整业务范围，变更理事长、副理事长、主任、副主任以及农村信用社的分立、合并等，应当报经银监会批准，审批程序与开业审批程序相同。

（二）农村信用社的股权设置与组织机构

1. 股权设置

（1）入股方式。所有社员必须用货币资金入股，而不得以债权、实物资产、有价证券等折价入股，因为货币资金的流动性是最高的，其他资产都存在着变现的问题。

（2）入股限额。单个社员的最高持股比例不得超过该农村信用社股本金总额的2%。

（3）社员股权的转让。社员持有的股本金，经向本社办理登记手续后可以转让。

（4）退股。农村信用社社员，经本社理事会同意后，可以退股。年底财务决算之前退股的，不支付当年股息红利。

2. 组织机构

社员代表大会是农村信用社的权力机构，依法行使职权。社员代表大会由全社社员代表组成，选举社员代表时每个社员一票。社员代表每届任期3年。

理事会是农村信用社的常设执行机构，其成员为5人以上（奇数）理事组成。理事会对社员代表大会负责，依法行使职权，理事长为农村信用社的法定代表人。

监事会是农村信用社的监督机构，由3名以上（奇数）监事组成，监事由社员代表大会选举和更换。

农村信用社实行理事会领导下的主任负责制。主任由县联社推荐并进行考核，在银监会批准其任职资格后，理事会予以聘任。农村信用社规模较小的，其主任和副主任可由理事长、副理事长兼任。主任、副主任任期3年，可连聘连任，连续聘任时仍须进行资格审查。农村信用社主任主持农村信用社的日常经营管理工作，依法行使职权。农村信用社的理事、主任及其他主要负责人不得从事与本农村信用社竞争或者损害本农村信用社利益的活动。

（三）农村信用社的业务管理

1. 业务范围

经银监会批准，农村信用社可经营下列人民币业务：办理存款、贷款、票据贴现、国内外结算业务；办理个人储蓄业务；代理其他银行的金融业务；买卖政府债券；代理发行、代理兑付、承销政府债券；提供保险箱服务；代理收付款项及受托代办保险业务；办理经批准的其他业务。

2. 监督管理

（1）农村信用社必须按规定缴纳存款准备金。如需动用存款准备金，按中国人民银行有关规定办理。

（2）农村信用社对本社社员的贷款不得低于贷款总额的50%，其贷款应优先满足种养业和农户生产资金需要，资金有余，再支持非社员和农村其他产业。

（3）农村信用社坚持多存多贷、自求平衡的原则，实行资产负债比例管理和资产风险管理。农村信用社应按规定向当地监管部门、县联社报送信贷、现金计划及其执行情况，报送统计报表和其他统计资料。农村信用社应对所报报表、资料的真实性、准确性负责。

（4）财务的监督管理。农村信用社执行国家统一制定的农村信用社财务会计制度，按照国家有关规定，真实记录并全面反映其业务活动和财务活动，编制年度财务会计报表，及时向当地监管部门报送会计报表，农村信用社不得在法定的会计账册外另立会计账册。

农村信用社应按国家规定提取呆账准备金和坏账准备金。

农村信用社执行中国人民银行统一制定的结算规章制度，按照中国人民银行的规定办理本地和异地结算业务。办理同城结算，可参加中国人民银行组织的同城票据交换和多边结算，也可通过县联社办理；办理异地结算可自由选择开户银行办理。

农村信用社应聘请经监管部门认可的会计师事务所或审计师事务所对其年终会计报表进行审计。农村信用社应定期向本社理事会、监事会报告其财务状况。

（四）农村信用社的接管及终止

1. 接管

农村信用社在已经或者可能发生信用危机、严重影响存款人利益时，监管部门可以按有关规定对其进行接管、整顿，改善资产负债状况，恢复正常经营能力。接管期限不得超过12个月。接管期限届满，监管部门可视情况决定延期，但接管期限最长不得超过2年。

2. 终止

（1）农村信用社因分立、合并或者出现章程规定的解散事由需要解散的，应当向监管部门提出申请，并附解散的理由和支付存款的本金和利息等债务清偿计划，经批准后解散。农村信用社解散的，应当依法成立清算组进行清算，按照清偿计划及时偿还存款本金和利息等债务，由监管部门进行监督。

（2）农村信用社因吊销许可证被撤销的，由监管部门组织成立清算组及时进行清算，按照清偿计划及时偿还存款本金和利息等债务。

（3）农村信用社资不抵债，不能支付到期债务，经监管部门同意，由人民法院依法宣告其破产。

【知识拓展】

《国务院关于印发深化农村信用社改革试点方案的通知
（国发〔2003〕15号）》（选摘）

1997年以来，按照党中央、国务院的统一部署，农村信用社（以下简称“信用社”）在改革中发展，各项工作取得明显成效。信用社为农业、农村和农民（以下简称“三农”）服务的方向进一步明确，服务水平不断提高，支农投入明显增加；内部管理逐步规范，资产质量和经营状况逐渐好转；金融监管得到加强，金融风险得到初步控制。但是，还必须看到，当前信用社无论是在自身建设，还是在适应为“三农”服务要求等方面，都还存在着不少问题，主要是：产权不明晰，法人治理结构不完善，经营机制和内控制度不健全；管理体制不顺，管理职权和责任需要进一步明确；历史包袱沉重，资产质量差，经营困难，潜在风险仍然很大。

深化信用社改革，要重点解决好两个问题：一是以法人为单位，改革信用社产权制度，明晰产权关系，完善法人治理结构，区别各类情况，确定不同的产权形式；二是改革信用社管理体制，将信用社的管理交由地方政府负责。

深化信用社改革应遵循以下原则：一是按照市场经济规则，明晰产权关系，促进信用社法人治理结构的完善和经营机制转换，使信用社真正成为自主经营、自我约束、自我发展、自担风险的市场主体；二是按照为“三农”服务的经营方向，改进服务方式，完善服务功能，提高服务水平；三是按照因地制宜、分类指导原则，积极探索和分类实施股份制、股份合作制、合作制等各种产权制度，建立与各地经济发展、管理水平相适应的组织形式和运行机制；四是按照权责利相结合原则，充分发挥各方面积极性，明确信用社监督管理体制，落实对信用社的风险防范和处置责任。

三、信托公司法律制度

信托是为了实现一定的目的，把自己的财产或资产委托给他人代为管理或经营的一种法律行为。

信托最早起源于英国，19世纪英国的教徒愿意在过世后，把自己的土地捐赠给教会。后来英国法律禁止将无继承人的土地赠与教会，无主土地收归国有。为了避免土地被国家没收，教徒们便采用民间信托的方式，将土地委托给他人管理，再将教会作为信托受益人，从而形成了信托特有的法律结构：委托人—受托人—受益人。

由于信托安排能够让有能力的人来管理遗产或财产，所谓："受人之托，代人理财"。这就解决了家庭主要成员变故而引起的财产危机，有助于保持财产的延续和增值。因此，信托很快成为英国流行的家庭财产管理的工具，并被其他英联邦国家接受，发展成为英美国家财产管理、投资管理的主要工具。我国在2001年颁布了《中华人民共和国信托法》（以下简称《信托法》）。

（一）信托公司设立条件

根据《信托公司管理办法》，我国的信托公司采取有限责任公司或者股份有限公司的形式。设立信托公司应当经中国银监会批准，并领取金融许可证。根据《信托公司管理办法》第八条规定，设立信托公司，应当具备下列条件：

（1）有符合《中华人民共和国公司法》和中国银行业监督管理委员会规定的公司章程；

（2）有具备中国银行业监督管理委员会规定的入股资格的股东；

（3）具有本办法规定的最低限额的注册资本；

（4）有具备中国银行业监督管理委员会规定任职资格的董事、高级管理人员和与其业务相适应的信托从业人员；

（5）具有健全的组织机构、信托业务操作规程和风险控制制度；

（6）有符合要求的营业场所、安全防范措施和与业务有关的其他设施；

（7）中国银行业监督管理委员会规定的其他条件。

中国银行监督管理委员会依照法律法规和审慎监管原则对信托公司的设立申请进行审查，作出批准或者不予批准的决定；不予批准的，应说明理由。

（二）信托公司业务范围

信托公司可以申请经营下列部分或者全部本外币业务：①资金信托；②动产信托；③不动产信托；④有价证券信托；⑤其他财产或财产信托；⑥作为投资基金或者基金管理公司发起人从事投资基金业务；⑦受托经营国务院有关部门批准的证券承销业务；⑧办理咨询、资信调查等业务；⑨代保管及保管箱业务等。此外，信托公司可以根据《信托法》等法律法规的有关规定开展公益信托活动。

（三）主要监管措施

《信托公司管理办法》对于信托公司的经营规则和监督管理都作出了详细的规定，这里择其要点介绍如下：

（1）信托公司应当有良好的内部治理结构，健全各项规章制度，特别是信托财产独立管理等制度。

（2）信托公司应当按照《信托法》以及《信托协议》忠实履行受托人职责，不得承诺信托财产不受损失或者保证最低收益，也不得利用受托人地位谋取不当利益，最大限度避免利益冲突。

（3）为增强委托人、受托人对信托公司的信心，信托公司应当保持足够的净资本，每年应当从税后利润中提取5%作为信托赔偿准备金，当该赔偿准备金累计总额达到公司注册资本的20%时，可不再提取。

（4）中国银监会对信托公司的董事、高级管理人员实行任职资格审查制度。

（5）信托公司违反审慎经营规则的，由银监会责令限期改正；逾期为未改正，或者其行为严重危及信托公司的稳健运行、损害受益人合法权益的，银监会可以区别情形，依据《银行业监督管理办法》等法律法规的规定，采取暂停业务、限制股东权利等监管措施。

四、金融资产管理公司法律制度

金融资产管理公司是经国务院决定设立的收购国有独资商业银行不良贷款，管理和处置因收购国有独资商业银行不良贷款形成的资产的国有独资非银行金融机构。金融资产管理公司以最大限度保全资产、减少损失为主要经营目标，依法独立承担民事责任。目前，中国有4家资产管理公司，即中国华融资产管理公司、中国长城资产管理公司、中国东方资产管理公司、中国信达资产管理公司，分别接收从中国工商银行、中国农业银行、中国银行、中国建设银行剥离出来的不良资产。中国信达资产管理公司于1999年4月成立，其他三家于1999年10月分别成立。

（一）金融资产公司的设立和组织机构

1. 注册资本

根据《金融资产管理公司条例》，4家金融资产管理公司的注册资本为人民币100亿元，由财政部核拨。

2. 设立批准

四家金融资产管理公司均由国务院决定设立，由中国人民银行颁发《金融机构法人许可证》，并向工商行政管理部门依法办理登记。金融资产管理公司设立分支机构，须经财政部同意，并报中国人民银行批准，由中国人民银行颁发《金融机构营业许可证》，并向工商行政管理部门依法办理登记。

3. 组织机构设置

金融资产管理公司设总裁1人、副总裁若干人。总裁、副总裁由国务院任命。总裁对外代表金融资产管理公司行使职权，负责金融资产管理公司的经营管理。

金融资产管理公司的高级管理人员须经中国人民银行审查任职资格。

（二）业务范围

根据《金融资产管理公司条例》第十条的规定，金融资产管理公司在其收购的国有银行不良贷款范围内，管理和处置因收购国有银行不良贷款形成的资产时，可以从事下列业务活动：①追偿债务；②对所收购的不良贷款形成的资产进行租赁或者以其他形式转让、重组；③债权转股权，并对企业阶段性持股；④资产管理范围内公司的上市推荐及债券、股票承销；⑤发行金融债券，向金融机构借款；⑥财务及法律咨询，资产及项目评估；⑦中国人民银行、中国证券监督管理委员会批准的其他业务活动。此外，金融资产管理公司可以向中国人民银行申请再贷款。

（三）经营管理与监管

1. 内部治理

金融资产管理公司实行经营目标责任制。金融资产管理公司应当根据不良贷款的特点，制定经营方针和有关措施，完善内部治理结构，建立内部约束机制和激励机制。

2. 经营监管

金融资产管理公司管理、处置因收购国有银行不良贷款形成的资产，应当按照公开、竞争、择优的原则运作。

3. 税务监管

金融资产管理公司免交在收购国有银行不良贷款和承接、处置因收购国有银行不良贷款形成的资产的业务活动中的税收。具体办法由财政部会同国家税务总局制定。金融资产管理公司免交工商登记注册费等行政性收费。

4. 会计审计监督

金融资产管理公司应当按照中国人民银行、财政部和中国证券监督管理委员会等有关部门的要求，报送财务、统计报表和其他有关材料。同时，金融资产管理公司应当依法接受审计机关的审计监督。金融资产管理公司应当聘请财政部认可的注册会计师对其财务状况进行年度审计，并将审计报告及时报送各有关监督管理部门。

（四）法律责任

金融资产管理公司违反金融法律、行政法规的，由中国人民银行依照有关法律和《金融违法行为处罚办法》给予处罚；违反其他有关法律、行政法规的，由有关部门依法给予处罚；构成犯罪的，依法追究刑事责任。

五、财务公司法律制度

财务公司又称金融公司，是为企业技术改造、新产品开发及产品销售提供金融服务，以中长期金融业务为主的非银行机构。各国的名称不同，业务内容也有差异。但多数是商业银行的附属机构，主要吸收存款。中国的财务公司不是商业银行的附属机构，是隶属于大型集团的非银行金融机构。

财务公司在我国分为两类，一是非金融机构类型的财务公司，是传统遗留问题；二是金融机构类型的财务公司，正确的称谓是企业集团财务公司。

我国现行的规范财务公司的规范性文件主要是《企业集团财务公司管理办法》。在该办法中，财务公司的具体定义是，以加强企业集团资金集中管理和提高企业集团资金使用效率为目的，为企业集团成员单位（以下简称“成员单位”）提供财务管理服务的非银行金融机构。该办法还适用于外资投资性公司为其在中国境内的投资企业提供财务管理服务而设立的财务公司。

（一）设立条件

设立财务公司，应当具备下列条件：①确属集中管理企业集团资金的需要，经合理预测能够达到一定的业务规模；②有符合《中华人民共和国公司法》和本办法规定的章程；③有符合本办法规定的最低限额注册资本金；④有符合中国银行业监督管理委员会规定的任职资格的董事、高级管理人员和规定比例的从业人员，在风险管理、资金集约管理等关键岗位上有合格的专门人才；⑤在法人治理、内部控制、业务操作、风险防范等方面具有完善的制度；⑥有符合要求的营业场所、安全防范措施和其他设施；⑦中国银行业监督管理委员会规定的其他条件。

（二）注册资本金来源与业务范围

1. 注册资本金来源

成立财务公司的注册资本金最低为1亿元人民币。财务公司的注册资本金应当是实缴的人民币或者等值的可自由兑换货币。

财务公司的注册资本金应当主要从成员单位中募集，并可以吸收成员单位以外的合格的机构投资者的股份。其中，合格的机构投资者是指原则上在3年内不转让所持财务公司股份的、具有丰富行业管理经验的战略投资者。外资投资性公司设立财务公司的注册资本金可以由该外资投资性公司单独或者与其投资者共同出资。

2. 业务范围

财务公司可以经营下列部分或者全部业务：

（1）对成员单位办理财务和融资顾问、信用鉴证及相关的咨询、代理业务；

（2）协助成员单位实现交易款项的收付；

（3）经批准的保险代理业务；

（4）对成员单位提供担保；

（5）办理成员单位之间的委托贷款及委托投资；

（6）对成员单位办理票据承兑与贴现；

（7）办理成员单位之间的内部转账结算及相应的结算、清算方案设计；

（8）吸收成员单位的存款；

（9）对成员单位办理贷款及融资租赁；

（10）从事同业拆借；

（11）中国银行业监督管理委员会批准的其他业务。

符合条件的财务公司，可以向中国银行业监督管理委员会申请从事下列业务：

①经批准发行财务公司债券；②承销成员单位的企业债券；③对金融机构的股权投资；④有价证券投资；⑤成员单位产品的消费信贷、买方信贷及融资租赁。

（三）主要监管措施

《企业集团财务公司管理办法》为财务公司设立了一系列审慎经营的标准和要求，包括：

（1）资产负债比例符合该办法的规定。

（2）建立、健全本公司的内部控制制度。

（3）建立对董事会负责的风险管理、业务稽核部门，制定对各项业务的风险控制和业务稽核制度，每年定期向董事会报告工作，并向中国银行业监督管理委员会报告。

（4）每年委托具有资格的中介机构对公司上一年度的经营活动进行审计，并于每年的4月15日前将经董事长签名确认的年度审计报告报送中国银行业监督管理委员会。

（5）每年的4月底前向中国银行业监督管理委员会报送其所属企业集团的成员单位名录，并提供其所属企业集团上年度的业务经营状况及有关数据。

（6）按中国人民银行的规定缴存存款准备金，并按有关规定提取损失准备，核销损失。

（7）对单一股东发放贷款余额超过财务公司注册资本金50%或者该股东对财务公司出资额的，应当及时向中国银行业监督管理委员会报告。

中国银行业监督管理委员会根据审慎监管的要求，有权依照有关程序和规定采取措施对财务公司进行现场检查。财务公司违反审慎经营原则的，中国银行业监督管理委员会应当依照程序责令其限期改正；逾期未改正的，或者其行为严重危及该财务公司的稳健运行、损害存款人和其他客户合法权益的，中国银行业监督管理委员会可以依照有关程序，采取下列措施：

（1）责令暂停部分业务，停止批准开办新业务；

（2）限制分配红利和其他收入；

（3）限制资产转让；

（4）责令控股股东转让股权或者限制有关股东的权利；

（5）责令调整董事、高级管理人员或者限制其权利；

（6）停止批准增设分公司。

六、小额贷款公司法律制度

小额贷款公司是指由自然人、企业法人与其他社会组织投资设立，不吸收公众存款，经营小额贷款业务，自主经营、自负盈亏、自我约束、自担风险的有限责任公司或股份有限公司。

小额贷款公司是企业法人，有独立的法人财产，享有法人财产权，以全部财产对其债务承担民事责任。小额贷款公司股东依法享有资产收益、参与重大决策和选择管理者等权利，以其认缴的出资额或认购的股份为限对公司承担责任。

与银行相比，小额贷款公司更为便捷、迅速，适合中小企业、个体工商户的资金需求；与民间借贷相比，小额贷款更加规范、贷款利息可双方协商。

（一）小额贷款公司的设立条件和程序

小额贷款公司的名称应由行政区划、字号、行业、组织形式依次组成，其中行政区划指县级行政区划的名称，组织形式为有限责任公司或股份有限公司。

小额贷款公司的股东需符合法定人数规定。有限责任公司应由50个以下股东出资设立；股份有限公司应有2—200名发起人，其中须有半数以上的发起人在中国境内有住所。

小额贷款公司的注册资本来源应真实合法，全部为实收货币资本，由出资人或发起人一次足额缴纳。有限责任公司的注册资本不得低于500万元，股份有限公司的注册资本不得低于1000万元。单一自然人、企业法人、其他社会组织及其关联方持有的股份，不得超过小额贷款公司注册资本总额的10%。

申请设立小额贷款公司，应向省级政府主管部门提出正式申请，经批准后，到当地工商行政管理部门申请办理注册登记手续并领取营业执照。此外，还应在五个工作日内向当地公安机关、中国银行业监督管理委员会派出机构和中国人民银行分支机构报送相关资料。

小额贷款公司应有符合规定的章程和管理制度，应有必要的营业场所、组织机构、具备相应专业知识和从业经验的工作人员。

出资设立小额贷款公司的自然人、企业法人和其他社会组织，拟任小额贷款公司董事、监事和高级管理人员的自然人，应无犯罪记录和不良信用记录。

（二）小额贷款公司的资金来源

小额贷款公司的主要资金来源为股东缴纳的资本金、捐赠资金，以及来自不超过两个银行业金融机构的融入资金。

在法律、法规规定的范围内，小额贷款公司从银行业金融机构获得融入资金的余额，不得超过资本净额的50%。融入资金的利率、期限由小额贷款公司与相应银行业金融机构自主协商确定，利率以同期“上海银行间同业拆放利率”为基准加点确定。

（三）小额贷款公司的资金运用

小额贷款公司在坚持为农民、农业和农村经济发展服务的原则下自主选择贷款对象。小额贷款公司发放贷款，应坚持“小额、分散”的原则，鼓励小额贷款公司面向农户和微型企业提供信贷服务，着力扩大客户数量和服务覆盖面。同一借款人的贷款余额不得超过小额贷款公司资本净额的5%。在此标准内，可以参考小额贷款公司所在地经济状况和人均GDP水平，制定最高贷款额度限制。

小额贷款公司按照市场化原则进行经营，贷款利率上限放开，但不得超过司法部门规定的上限，下限为人民银行公布的贷款基准利率的0.9倍，具体浮动幅度按照市场原则自主确定。有关贷款期限和贷款偿还条款等合同内容，均由借贷双方在公平自愿的原则下依法协商确定。

（四）小额贷款公司的监督管理

1. 政府明确监管主体，是组建小额贷款公司的前提条件

凡是省级政府能明确一个主管部门（金融办或相关机构）负责对小额贷款公司的监督管理，并愿意承担小额贷款公司风险处置责任的，方可在本省（区、市）的县域范围内开展组建小额贷款公司试点。

2. 建立发起人承诺制度

小额贷款公司应建立发起人承诺制度，公司股东应与小额贷款公司签订承诺书，承诺自觉遵守公司章程，参与管理并承担风险。

3. 按照《公司法》的规定建立健全公司治理结构

小额贷款公司应按照《公司法》要求建立健全公司治理结构，明确股东、董事、监事和经理之间的权责关系，制定稳健有效的议事规则、决策程序和内审制度，提高公司治理的有效性。

4. 建立健全贷款管理制度以及资产分类制度和拨备制度

小额贷款公司应建立健全贷款管理制度，明确贷前调查、贷时审查和贷后检查业务流

程和操作规范，切实加强贷款管理。小额贷款公司应加强内部控制，按照国家有关规定建立健全企业财务会计制度，真实记录和全面反映其业务活动和财务活动。

小额贷款公司应按照有关规定，建立审慎规范的资产分类制度和拨备制度，准确进行资产分类，充分计提呆账准备金，确保资产损失准备充足率始终保持在100%以上，全面覆盖风险。

5. 建立信息披露制度

小额贷款公司应建立信息披露制度，按要求向公司股东、主管部门、向其提供融资的银行业金融机构、有关捐赠机构披露经中介机构审计的财务报表和年度业务经营情况、融资情况、重大事项等信息，必要时应向社会披露。

中国人民银行对小额贷款公司的利率、资金流向进行跟踪监测，并将小额贷款公司纳入信贷征信系统。小额贷款公司应定期向信贷征信系统提供借款人、贷款金额、贷款担保和贷款偿还等业务信息。

七、融资性担保公司法律制度

根据《融资担保公司监督管理条例》（2017年6月21日国务院第177次常务会议通过，现予公布，自2017年10月1日起施行）第二条的规定，融资担保，是指担保人为被担保人借款、发行债券等债务融资提供担保的行为；融资担保公司，则是指依法设立、经营融资担保业务的有限责任公司或者股份有限公司。

融资担保公司由省、自治区、直辖市人民政府实施属地管理。省、自治区、直辖市人民政府确定的监管部门具体负责本辖区融资性担保公司的准入、退出、日常监管和风险处置，并向国务院建立的融资性担保业务监管部际联席会议报告工作。

（一）设立条件和程序

设立融资担保公司，应当经监督管理部门批准。融资担保公司的名称中应当标明融资担保字样。未经监督管理部门批准，任何单位和个人不得经营融资担保业务，任何单位不得在名称中使用融资担保字样。国家另有规定的除外。

设立融资担保公司，应当符合《中华人民共和国公司法》的规定，并具备下列条件：

（1）股东信誉良好，最近3年无重大违法违规记录；

（2）注册资本不低于人民币2000万元，且为实缴货币资本；

（3）拟任董事、监事、高级管理人员熟悉与融资担保业务相关的法律法规，具有履行职责所需的从业经验和管理能力；

（4）有健全的业务规范和风险控制等内部管理制度。

省、自治区、直辖市根据本地区经济发展水平和融资担保行业发展的实际情况，可以提高前款规定的注册资本最低限额。

申请设立融资担保公司，应当向监督管理部门提交申请书和证明其符合设立条件的材料。监督管理部门应当自受理申请之日起30日内作出批准或者不予批准的决定。决定批准的，颁发融资担保业务经营许可证；不予批准的，书面通知申请人并说明理由。经批准设立的融资担保公司由监督管理部门予以公告。

(二) 融资担保公司经营规则与风险控制

1. 业务范围

融资担保公司除经营借款担保、发行债券担保等融资担保业务外，经营稳健、财务状况良好的融资担保公司还可以经营投标担保、工程履约担保、诉讼保全担保等非融资担保业务以及与担保业务有关的咨询等服务业务。

2. 风控要求

融资担保公司应当按照审慎经营原则，建立健全融资担保项目评审、担保后管理、代偿责任追偿等方面的业务规范以及风险管理等内部控制制度。

融资担保公司的担保责任余额不得超过其净资产的10倍。对主要为小微企业和农业、农村、农民服务的融资担保公司，前款规定的倍数上限可以提高至15倍。

融资担保公司对同一被担保人的担保责任余额与融资担保公司净资产的比例不得超过10%，对同一被担保人及其关联方的担保责任余额与融资担保公司净资产的比例不得超过15%。

融资担保公司不得为其控股股东、实际控制人提供融资担保，为其他关联方提供融资担保的条件不得优于为非关联方提供同类担保的条件。

融资担保公司为关联方提供融资担保的，应当自提供担保之日起30日内向监督管理部门报告，并在会计报表附注中予以披露。

融资担保公司应当按照国家有关规定提取相应的准备金。

融资担保费率由融资担保公司与被担保人协商确定。

纳入政府推动建立的融资担保风险分担机制的融资担保公司，应当按照国家有关规定降低对小微企业和农业、农村、农民的融资担保费率。

【知识拓展】

“4222”新型政策性融资担保风险分担机制是指发生代偿后，由担保机构承担40%的责任，再担保公司承担20%责任，合作银行承担20%责任，国家融资担保基金承担20%责任。

3. 禁止性业务

《融资担保公司监督管理条例》第二十三条规定，融资担保公司不得从事下列活动：

（1）吸收存款或者变相吸收存款；

（2）自营贷款或者受托贷款；

（3）受托投资。

(三) 融资担保公司的监督管理

监督管理部门要建立健全监督管理工作制度，运用大数据等现代信息技术手段实时监测风险，加强对融资担保公司的非现场监管和现场检查，并与有关部门建立监督管理协调机制和信息共享机制。

监督管理部门应当根据融资担保公司的经营规模、主要服务对象、内部管理水平、风险状况等，对融资担保公司实施分类监督管理。

监督管理部门进行现场检查，可以采取下列措施：①进入融资担保公司进行检查；

②询问融资担保公司的工作人员，要求其对有关检查事项作出说明；③检查融资担保公司的计算机信息管理系统；④查阅、复制与检查事项有关的文件、资料，对可能被转移、隐匿或者毁损的文件、资料、电子设备予以封存。

进行现场检查，应当经监督管理部门负责人批准。检查人员不得少于2人，并应当出示合法证件和检查通知书。

监督管理部门发现融资担保公司的经营活动可能形成重大风险的，经监督管理部门主要负责人批准，可以区别情形，采取下列措施：①责令其暂停部分业务；②限制其自有资金运用的规模和方式；③责令其停止增设分支机构。

融资担保公司应当及时采取措施，消除重大风险隐患，并向监督管理部门报告有关情况。经监督管理部门验收，确认重大风险隐患已经消除的，监督管理部门应当自验收完毕之日起3日内解除前款规定的措施。

项目要点

第一，政策性银行是由政府出资设立、参股或保证的，不以营利为目的，专门为贯彻、配合政府社会经济政策或意图，在特定的业务领域内，直接或间接地从事政策性融资活动，充当政府发展经济、促进社会进步、进行宏观经济管理工具的金融机构。

第二，我国设立的政策性银行有：国家开发银行、中国农业发展银行、中国进出口银行。

第三，非银行金融机构在提供一定的资金融通服务，但其业务范围比较有限，或者从事批发性金融业务，或者对内部成员提供金融服务，或者仅提供某种特定的融资服务。我国非银行金融机构主要包括：农村信用合作社、信托公司、金融资产管理公司、财务公司、融资担保公司等。

第四，农村信用合作社是指经中国人民银行批准设立，由社员入股组成的，实行社员民主管理，主要为社员提供金融服务的农村合作金融机构。

第五，信托是指委托人基于对受托人的信任，将其财产权委托给受托人，由受托人按委托人的意愿以自己的名义，为受益人的利益或特定目的，进行管理或处分的行为。

第六，金融资产管理公司是经国务院决定设立的收购国有独资商业银行不良贷款，管理和处置因收购国有独资商业银行不良贷款形成的资产的国有独资非银行金融机构。

第七，财务公司又称金融公司，是为企业技术改造、新产品开发及产品销售提供金融服务，以中长期金融业务为主的非银行机构。

第八，小额贷款公司是指由自然人、企业法人与其他社会组织投资设立，不吸收公众存款，经营小额贷款业务，自主经营、自负盈亏、自我约束、自担风险的有限责任公司或股份有限公司。

第九，融资担保，是指担保人为被担保人借款、发行债券等债务融资提供担保的行为；融资担保公司，则是指依法设立、经营融资担保业务的有限责任公司或者股份有限公司。

本项目参考法规

1.《中华人民共和国公司法》(根据2018年10月26日第十三届全国人民代表大会常务委员会第六次会议《关于修改〈中华人民共和国公司法〉的决定》第四次修正)。

2.《金融资产管理公司条例》(2000年11月10日国务院令第297号发布)。

3.《中华人民共和国信托法》(2001年4月28日中华人民共和国主席令第五十号公布,自2001年10月1日起施行)。

4.《中国银行业监督管理委员会 中国人民银行关于小额贷款公司试点的指导意见》(银监发〔2008〕23号)。

5.《融资担保公司监督管理条例》(2017年6月21日国务院第177次常务会议通过,自2017年10月1日起施行)。

6. 关于印发《融资担保公司监督管理条例》四项配套制度的通知(银保监发〔2018〕1号)。

学习检测

一、单项选择题

1. 承担支持进出口贸易融资任务的政策性银行是(　　)。

A. 国家开发银行　　B. 中国农业银行

C. 中国进出口银行　　D. 中国银行

2. 承担支持农业政策性贷款任务的政策性银行是(　　)。

A. 中国农业银行　　B. 中国农业发展银行

C. 中国进出口银行　　D. 国家开发银行

3. 国家开发银行成立时的主要任务是(　　)。

A. 国家重点建设项目融资　　B. 支持进出口贸易融资

C. 农业政策性贷款　　D. 工商信贷和储蓄业务

4. 设立融资担保公司,应当符合《中华人民共和国公司法》的规定,并且注册资本不少于(　　)。

A. 1000万元　　B. 2000万元　　C. 3000万元　　D. 1亿元

5. (　　)的宗旨和任务是为本企业集团内部筹集、融通资金提供便利。

A. 财务公司　　B. 金融租赁公司

C. 信托投资公司　　D. 债券公司

二、判断题

1. 政策性银行的经营目标主要是保证货币政策的贯彻和落实。　　(　　)

2. 企业集团财务公司的服务对象仅限于企业集团成员，不允许从集团外吸收存款。（　）
3. 目前我国的政策银行包括国家开发银行、中国农业银行和中国进出口银行。（　）
4. 政策性银行不以营利为目的。（　）
5. 信托投资公司的重要职责是受人之托，代人理财。（　）

三、简答题

1. 简述我国三家政策性银行的性质和任务。
2. 简述非银行金融机构的概念和特征。
3. 简述农村信用合作社的设立条件和业务范围。
4. 简述信托公司的业务范围。
5. 简述小额贷款公司监督管理制度。

四、案例分析

某省15个农村信用合作社、县（市、区）联合社欲共同出资申请设立农村信用社省联合社，出资总额为600万元人民币，其中甲县信用社出资80万元人民币，乙县信用社拟以自己的办公楼作为出资（价值50万元人民币）。为尽快募得资金，还吸收了丙市商业银行的入股45万元人民币。此外，省联社章程还规定：社员社股金不能一次缴纳，可在省联社成立后再行补缴。

请回答：该农村信用社省联合社的设立过程中有哪些错误？

项目四 银行信贷法律实务

【知识目标】

通过本项目的学习，了解银行与客户关系的实质；明确银行和客户各自的权利和义务；掌握存款业务常见的法律问题；掌握贷款业务涉及的法律问题；能运用相关法律维护自己的权利。

【德育目标和职业素养】

通过本项目的学习，倡导学生合理消费，避免过度使用贷款提前享受，保护自己的金融征信，成为遵纪守法的金融人。

【学习任务】

1. 认识银行客户和银行账户，了解银行与客户之间法律关系的实质。
2. 明确银行和客户各自的权利和义务。
3. 掌握存款挂失业务中常见的法律问题。
4. 掌握查询、冻结、扣划个人储蓄存款的相关规定。
5. 熟悉有关个人储蓄存款的违法行为。
6. 了解存单相关法律问题。
7. 掌握贷款种类和贷款当事人。
8. 掌握贷款的程序与监管。
9. 区别委托贷款和信托贷款。

【导入案例】

杭州首例校园贷涉黑案终审

在杭州市下沙高教区，“壹号钱庄”的名字曾是这里“校园贷”的代名词。为了谋取经济利益，2016 年 10 月，胡某某伙同他人通过网络平台经营“校园贷”业务，放贷人群针对在校大学生等年轻人群。2017 年 8 月，胡某某、鲍某租赁房产，并雇佣多名业务员经营线上放贷业务。2017年10月，胡某某又与鲍某、吴某等人共同成立了公司，主要针对在校大学生玩“套路贷”。在“壹号钱庄”电话、上门催债，收取高额利息都只是“标配”。为了捞到更多的钱，钱庄成员还通过制造资金流水，以审核费、押金等名义进行扣款。在一起被定性诈骗的案例中，被害人借款4.5万元后，被以还前债、押金、利息等名义进行扣款，沈某实际得款只有8500元。

仅一年多的时间，该组织便在杭州下沙高教园区等地向在校学生放贷数十起，并以制造资金走账流水、假借平账为名不断垒高被害人借款数额，而后“爆单”进行催讨，涉案金额达数百万元。

“壹号钱庄”在逼迫借款人自杀、退学后引起警方重视，该案被定性为杭州首个“校园贷”黑恶势力案件。今年2019年4月，此案在一审宣判。因犯组织、领导、参加黑社会性质组织罪、敲诈勒索罪、诈骗罪、非法拘禁罪，胡某某获刑25年，其余成员分别获刑1年5个月至22年不等。其中，因从借款转变为“校园贷”团伙成员的曲某因犯参加黑社会性质组织罪、敲诈勒索罪、非法拘禁罪、诈骗罪，被判处有期徒刑3年6个月，并处罚金9万元。杭州市中院近期公布的杭州首例“校园贷”涉黑案件终审裁定维持原判。

资料来源：澎湃新闻，网址：https：//tech. sina. com. cn/roll/2019 - 12 - 30/doc - iihnzhfz9335148. shtml，发布时间：2019年12月30日。

【思考】

（1）校园贷款与银行贷款有什么区别？

（2）请你谈谈校园贷款的危害有哪些？

模块一

客户究竟是不是上帝——银行与客户的法律关系

一、银行客户与银行账户

（一）银行客户

银行客户是指委托银行办理金融业务或者接受银行提供的金融服务的人。有广义和狭义两种解释。广义解释是指接受银行提供的任何金融服务的人，既包括机构客户，也包括公众客户；既包括结算客户，存款客户，又包括贷款客户。狭义解释是指在银行开立账户并委托银行办理支付结算业务的单位和个人。但在某些特殊情况下，一个将要开立账户的人有时也可以被当作客户。

【小案例】

徐某诉某国有商业银行沈阳分行办理存款差错赔偿案

徐某到某国有银行沈阳分行存款，在填好存款凭条后，将人民币4755元和存折递给记账员甲。甲经初点认定徐某交付的存款为4755元，当即写了存折、存款凭条，并在存款凭条上加盖了名章。但是当甲向复核员乙移交现金时，将其中部分现金交给了坐在甲与乙之间的实习生丙，以便丙以这部分现金练习点钞技法，其余现款，甲移交给了乙。大约10分钟后，复核员乙提出全部款项为4355元，比存款凭条上的数额少了400元，并将款退回甲，甲又将4355元现金退给了徐某。双方为现金数额发生争执，银行认为，根据行规“两人临柜，复核为准”，银行不予赔偿。徐某诉至法院要求银行赔偿其现金400元。

【思考】

徐某是银行的客户吗？银行应不应该赔偿徐某的400元？

【分析】

徐某也可以被当作银行的客户，此案中，明显甲违反银行业务流程，将徐某的钱给了实习生丙，故银行应该赔偿徐某的400元。

（二）银行账户

1. 银行账户的概念

银行账户是指客户为办理存款、贷款和结算业务而在银行开立的登记手续证明，是银行与客户建立法律关系的一个重要标志。

2. 银行账户的分类

银行账户可分为储蓄账户和银行结算账户储蓄（或存款）账户是指以获得利息为目的而开立并存入资金，到期支付本息的账户；银行结算账户是指银行为存款人开立的办理资金收付结算的人民币活期存款账户。银行结算账户可以分为个人银行结算账户和单位银行结算账户，单位银行结算账户有基本存款账户、一般存款账户、临时存款账户和专用存款账户。

【知识拓展】

单位银行结算账户

1. 基本存款账户

基本存款账户是存款人因办理日常转账结算和现金收付需要而开立的银行结算账户。按照《人民币银行结算账户管理办法》的规定，单位银行结算账户是建立在基本存款账户基础上的账户管理体系。基本存款账户是单位的主办账户。存款人只能在银行开立一个基本存款账户；其他银行结算账户的开立必须以基本存款账户的开立为前提，凭基本存款账户开户登记证办理相关手续，并在基本存款账户开户登记证上进行相应登记。

2. 一般存款账户

一般存款账户是存款人因借款或其他结算需要，在基本存款账户开户银行以外的银行营业机构开立的银行结算账户。存款人因借款或其他结算需要可以在基本存款账户开户银行以外的银行营业机构开立银行结算账户。一般存款账户可以办理现金缴存，但不得办理现金支取。

3. 临时存款账户

临时存款账户用于办理单位临时机构以及临时经营活动发生的资金收付。这类账户应根据有关开户证明文件确定的期限或存款人的需要确定其有效期限，存款人在账户的使用中需要延长期限的，应在有效期限内向开户银行提出申请，并由开户银行报中国人民银行当地分支行核准后办理展期。临时存款账户是基于临时需要开设的，因此此类账户的期限最长不得超过2年。此类账户可按照国家现金管理的规定支取现金。注册验资的临时存款账户在验资期间只收不付。

4. 专用存款账户

专用存款账户是存款人按照法律、行政法规和规章，对其特定用途资金进行专项管理和使用而开立的银行结算账户。特定用途资金主要包括基本建设资金、更新改造资金等需要专户管理的资金。专用存款账户的开设，体现了专户存储、专项管理、专款专用、专业监督的指导思想。

银行账户的具体分类如图4－1所示。

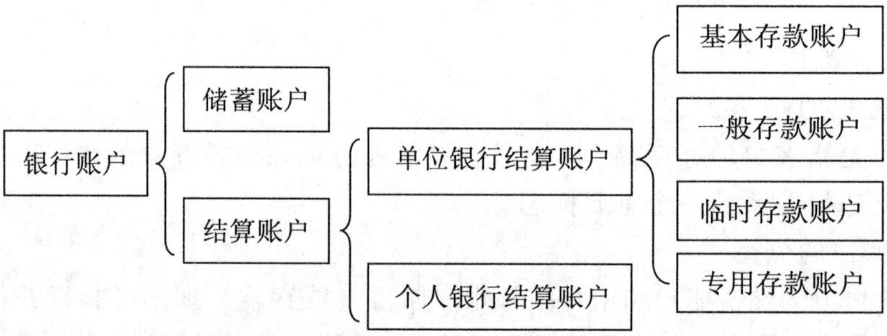

图4－1

二、银行与客户之间的法律关系

（一）银行与客户之间的契约关系

银行与客户法律上的关系实质就是民事服务合同关系。无论是储蓄、单位存款，还是贷款、结算、理财、保管或各项代办业务都存在若干多种银行与客户间的交易、服务民事合同关系。这种契约关系有三个方面的内容：债权债务关系、委托关系和信托关系。

银行与客户之间的契约关系决定了银行与客户之间应遵循合同的基本原则：平等原则、公平原则、自愿原则、信用原则。

（二）银行与客户关系的特点

（1）银行与客户之间的合同是资金融通有关的合同；

（2）合同有时并非是书面的，有些事项没有写进合同但依然属于银行或者客户应该履行的义务；

（3）客户不能用嘴谈判，只能用脚投票；

（4）履行债务的条件并不对等。

【小案例】

银行短信提醒收费合理吗？

在用微信就能方便交流的今天，很多人已经不怎么看短信了，但其中有一类短信，大家还是会认真查阅，比如银行借记卡的余额变动提醒、信用卡的还款提醒等。但是，为此可能每个月要支付每张卡少则2元、多则4元的服务费，这笔钱你在意过吗？

令人不解的是，一些银行多年来免费提供短信提醒服务，然而自2017年起，在移动互联网更加发达、银行APP可免费查询账户变动的时代，反而开始收费了，理由各异。

交通银行官网公告显示，从2017年9月起，个人借记卡短信提醒服务不再免费，升级为“用卡无忧”服务，每月4元，按季度收12元，内含失卡保障服务，相当于为储蓄资金上了一份保险，最高保额10万元。收费理由是升级服务。

【思考】

你怎么看待银行收费这件事情？

（三）银行与客户法律关系的成立

【小案例】

巴莫罗超市有限公司诉新西兰银行案

巴莫罗超市的雇员小A进入新西兰银行准备存入现金和支票，小A将现金从袋中取出，放在银行柜员甲和他本人之间的柜台上。柜员甲从柜台上取了一小扎钞票开始点数，正当该柜员将点完数的钞票放在一旁时，突然数名歹徒闯进抢走了柜台上未经点数的现钞。于是巴莫罗超市起诉银行，要求赔偿，指控柜台上的现钞已由银行掌握，并已属于银行的财产。

新西兰高等法院认为：在意图存入的款项未经银行清点并签字收悉之前，此款尚未存入，银行也尚未成为客户的债务人。

【思考】

银行与客户的法律关系成立应该以何为依据呢？

【分析】

存款合同属于实践合同，即合同的成立除要有当事人之间的合意外，还必须有标的物的交付。本案中应以客户交付现金为要约，银行发放存折为承诺，而银行柜员甲尚未清点完毕现金，更未发放存折给小A，故双方法律关系未成立，银行没有义务赔偿巴莫罗超市。

1. 存款合同

存款合同属于实践合同，即合同的成立除要有当事人之间的合意外，还必须有标的物的交付。如客户以现金存款，则以客户交付现金为要约，银行发放存折作为承诺。

【知识拓展】

存款合同成立的时间

存款合同成立的时间，也就是存款人完成交付的时间。具体有以下几种情况：

（1）存款人以现金存款，自柜台业务员收取钱款确认金额时完成交付，合同成立。

（2）存款人以转账方式存款，自金融机构收讫款项并记入存款人账户时完成交付，合同成立。

（3）银行外派业务人员收取存款，有签订存款合同代理权的，自其受领款项时成立；无签订存款合同代理权的，待其回到银行完成存入手续时成立。

（4）存款人通过自动柜员机存入现金，自存入钱款按下“确认键”时完成交付，合同成立。

2. 贷款合同

贷款合同是诺成性双务合同，金融机构贷款合同只需借贷双方当事人对合同条款协商一致即可成立，除双方当事人有特殊约定外，交付贷款并不是合同成立的要件，而是贷款人应履行的义务。

【知识拓展】

我国《民法典》第六百六十八条规定借款合同应当采用书面形式，但是自然人之间借款另有约定的除外。借款合同的内容一般包括借款种类、币种、用途、数额、利率、期限和还款方式等条款。

我国《商业银行法》第三十七条规定，商业银行贷款，应当与借款人订立书面合同。合同应当约定贷款种类、借款用途、金额、利率、还款期限、还款方式、违约责任和双方认为需要约定的其他事项。

3. 结算合同

结算合同以客户在开户申请书上确认盖章为成立时间。

4. 自动提款机

以客户输入数据电文，按下确认键为成立时间。

（四）银行与客户之间法律关系的终止

（1）自动终止。如贷款合同，贷款方按期还完贷款则双方法律关系终止；

（2）双方协议终止。如2007年央行短时间内多次提高贷款利率，致使许多住房贷款人在合同未约定的情况下提前还款；

（3）单方终止。如银行在客户信用不良的情况下单方停止贷款；银行单方面注销“睡眠卡”等；

（4）因法定事由终止。如因客户死亡或者因解散、撤销、破产清算丧失主体资格等。

三、银行的权利与义务

【小案例】

银行卡被盗刷，银行会赔?

丁先生在某银行申领了一张借记卡，并用办卡时预留的手机号开通了电子银行业务用于日常网络消费。2018年3月，丁先生发现该银行卡里近万元存款不翼而飞，银行卡由其一直随身携带，且密码仅本人知晓，尽到了妥善保管密码的义务。他认为银行没有尽到安全保障义务，才导致卡内资金被盗刷，应当承担全部损失赔偿责任。

银行通过后台调取的交易记录显示，该笔交易通过丁先生输入短信验证码，验证成功后交易才得以完成，符合合同约定和业务规则，银行不存在过错；丁先生称没有及时收到上述短信，应负有举证责任。依据双方合同约定和相关业务规则，诉争交易应为丁先生本人所为，应由丁先生自行承担责任，丁先生有保管账户介质、密码、印鉴、有效身份证件等义务，若保管不善造成的损失需由自己承担。

资料来源：北京日报，发布时间：2020 年 4 月 30 日。

【思考】

（1）你认为丁先生能否获得银行的赔偿？为什么？

（2）客户应当如何保护自己的银行卡信息避免被盗刷？

【分析】

（1）法院认定，诉争交易行为应视为丁先生本人交易，相应交易的法律后果应由丁先生承担。丁先生未提供充分证据证明银行在涉案银行卡关键信息的泄露方面或在诉争交易的校验流程方面存在过错，应承担举证不能的不利后果。最终，法院没有支持丁先生要求银行赔偿盗刷损失的诉求。

（2）以丁先生案件为例，从法院查明的事实来看，丁先生在遭遇盗刷前进行的网络购物操作，应该是遭遇了所谓的“钓鱼网站”，因丁先生在没有甄别网络信息真实性的情况下，就将卡号、手机号等信息泄露，导致后续盗刷行为的发生。

法官提醒，保障银行卡内资金安全，不仅要求银行作为发卡行要通过定期升级支付系统等方式确保其能够履行保证持卡人资金安全的法定义务，也需要持卡人在个人信息保护方面尽到合理的注意义务。比如，不随便出借个人账户，不要轻易将账户、密码、手机号码等信息告知他人，不乱点击他人通过网络发送的不明链接等。

我国法律规定，银行应履行的义务有保密义务、保证支付义务、保障储户存款安全义务和遵守营业时间的义务。同时，银行有收费的权利和抵销的权利。银行的权利和义务如表 4－1 所示。

表 4－1　银行的权利和义务

银行的权利	银行的义务
收费的权利	保密的义务
	保证支付义务
抵销的权利	保障储户存款安全义务
	遵守营业时间义务

（一）银行对客户的保密义务

1. 银行保密义务的内容

银行保密义务是指银行未经客户明确或暗示同意，不得向第三人透露客户账户的情况、客户与银行的任何交易或从管理客户账户中获得的任何有关客户的资料。除了国家法律规定和国务院法规规定的有权机关以外，其他部门和地方政府委托监督的事项，各银行均不应予以受理，不得代任何单位查询、冻结、划扣单位或个人的存款。

2. 为储蓄账户保密的例外

对个人储蓄存款，商业银行有权拒绝任何单位或个人查询、冻结、扣划，但法律另有规定的除外。目前全国人大及其常委会通过的法律专门规定的可以查询、冻结、扣划储蓄账户的部门有九个：法院、检察院、公安机关、安全机关、海关、税务机关、中国人民银行、证监会、银监会。

对单位存款账户，除法院、检察院、公安机关、安全机关、海关、税务机关、中国人民银行、证监会、银监会有权查询单位存款账户外，国务院还授权一些行政机关有权查询单位存款账户，如外汇管理局、物价局、监察局、工商行政管理局、审计局，但这些机关不能冻结，也不得扣划单位存款账户。

违反对个人储蓄账户和单位存款账户保密义务，非法查询、冻结、扣划个人储蓄存款或者单位存款的，商业银行应对由此造成的存款人或者其他客户财产的损害，承担民事赔偿责任。

3. 银行工作人员的保密义务

银行的工作人员不得泄露其在任职期间知悉的国家秘密、商业秘密。保密是商业银行工作人员的基本职责，除外来的单位查账方面应当保密外，银行工作人员本身也负有保密的责任。

（二）银行有保证支付的义务

1. 对存款人的保证支付

商业银行应当保证存款人本金和利息的支付，不得拖延、拒绝支付存款本金和利息。商业银行保证支付存款人取款是无条件的责任，因为这是债权人行使债权的行为，不应受到银行作为债务人的条件限制，保证支付同时也是银行信誉的基础。

2. 遵守结算纪律

商业银行办理票据承兑、汇兑、委托收款等结算业务，应当按照规定的期限兑现，收付入账，不得压单、压票或者违反规定退票。有关兑现、收付入账的规定应当公布。

（三）遵守营业时间的义务

《商业银行法》第四十九条规定，商业银行的营业时间应当方便客户，并予以公布。商业银行应当在公告的营业时间内营业，不得擅自停止营业或者缩短营业时间。

【小案例】

英国法院的一个经典案例

一家银行在临近下班时为客户划转出一笔账款，办理完毕时已经超过规定的营业时间。次日上午银行开业时，被划款账户的止付通知到达银行。按惯例在止付通知到达前已经付出的款项，银行没有责任。但是，受到损失的客户的律师发现一个重要事实：银行是在超过规定营业时间之后办理完此笔付款的。由于银行未按规定时间停止营业，才使该止付通知不能起到止付作用。最后，法院判决银行负有责任，应赔偿相应损失。

【思考】

银行有无权利延长营业时间？银行延长营业时间会带来什么积极和消极的效果？

【分析】

银行无权延长营业时间，延长营业时间虽然可以方便顾客，但有些情况下也会导致客户的财产流失。

（四）银行有收费的权利

商业银行办理业务，提供服务，按照规定收取手续费。收费项目和标准由国务院银行业监督管理机构、中国人民银行根据职责分工，分别会同国务院价格主管部门制定。

【知识拓展】

取消和暂停商业银行部分基础金融服务收费

清理规范涉企经营服务性收费，减轻用户负担，优化实体经济发展环境，取消、暂停商业银行部分基础金融服务收费：

（1）取消个人异地本行柜台取现手续费。各商业银行通过异地本行柜台（含 ATM）为本行个人客户办理取现业务实行免费（不含信用卡取现）。

（2）暂停收取本票和银行汇票的手续费、挂失费、工本费等6项收费。

（3）各商业银行应继续按照现行政策规定，根据客户申请，对其指定的一个本行账户（不含信用卡、贵宾账户）免收年费和账户管理费（含小额账户管理费，下同）。各商业银行应通过其网站、手机 APP、营业网点公示栏等渠道，以及在为客户办理业务时，主动告知提示客户申请指定免费账户。客户未申请的，商业银行应主动对其在本行开立的唯一账户（不含信用卡、贵宾账户）免收年费和账户管理费。

资料来源：《关于取消和暂停商业银行部分基础金融服务收费的通知》（发改价格规〔2017〕1250号）。

（五）银行有抵销的权利

1. 抵销权利的含义

抵销，是指二人互负债务而其给付种类相同时，各以其债权充当债务的清偿，而使其债务与对方的债务在对等额内相互消灭。

银行抵销权是指银行在其与客户双方互有债务时将其债务与客户债务相抵而使两种债务在等额内归于消灭的权利。

2. 银行抵销权的功能

（1）银行抵销权的行使有助于简化清偿手续，节省交易费用，避免债务重复清偿，提高效率；

（2）银行抵销权作为一种私力救济，无需第三方（如仲裁者）的介入就可以自己主动行使，对银行债权无疑是一项有效的救济；

（3）银行抵销权构成对银行的担保。这是银行对其债务人客户的个别财产行使的最有力的权利。

3. 银行抵销权行使的条件

（1）银行与客户双方的债权债务具有“相互性”和“到期性”；

（2）银行行使抵销权必须通知客户；

（3）超过诉讼时效的银行债权原则上不得抵销；

（4）银行抵销权的适用范围应当受到严格限制。

【小案例】

银行扣划借款人配偶存款抵债引诉讼

王某于2015年3月1日向某商业银行借款5万元，借款期限为1年，双方约定由王某按月还息，到期日一次性结清本金。前期，王某均正常还息，但在贷款届满前3个月，王某因沉迷赌博无法如期还息。某商业银行遂以借款系夫妻共同债务为由，扣划了王某的配偶李某在该行的存款，用于归还王某拖欠银行的贷款利息。李某以其不是该笔贷款的当事人为由，多次向某商业银行表示不接受银行的私自扣划。贷款到期后，某商业银行又通过扣划的方式将李某名下的存款5万元划转用于归还贷款本金。李某一纸诉状递至人民法院，请求法院责令某商业银行退还所扣的存款。

资料来源：广东新兴农商银行曾志凤，《中国农村金融》，2018年第17期。

【思考】

（1）银行扣划其配偶存款的行为是行使法律规定的抵销权吗？

（2）银行在何种条件之下能够行使该种权利？

【分析】

（1）在法院审理过程中，一审法院认为：王某拖欠银行的贷款本息，银行扣划其配偶存款的行为是行使法律规定之抵销权，依法驳回了李某的诉讼请求。李某不服，提起上诉，二审法院认为：李某将钱存在银行，银行与李某形成储蓄存款合同关系，银行有义务保护存款人“取款自由”。另根据《储蓄管理条例》中“任何单位和个人不得擅自划拨他人的储蓄存款”的规定，认为一审法院适用法律错误，应予以撤销。二审法院判决撤销一审判决，责令银行退还所扣款项。

（2）行使抵销权的条件有四个：一是双方互享债权、互负债务；二是双方债务履行期均届满；三是互负债务的种类、品质相同；四是被动债权属于可以抵销的范围。根据上述条件分析可知，李某并非是银行贷款的借款人，因此并不满足以上第一个条件“互负债务”。

四、客户的权利与义务

客户将资金存入银行有要求银行返还存款及取得利息的权利，以及知情权，银行应该维护客户的权利；但客户也有相应的义务，如借款客户需要按时还本付息，所有客户需诚信、谨慎，以免因为自身的不实告知或大意导致财产损失，如表4-2所示。

表4-2 客户的权利和义务

客户的权利	客户的义务
要求返还存款的权利	借款客户还本付息的义务
要求取得利息的权利	诚信的义务
知情权	谨慎的义务

【知识拓展】

银行错误付款，责任由谁承担？

（1）由于银行原因导致错误付款的，错收资金一方应当返还，银行有权利要求其返还；错支资金一方，银行承担第一返还责任，即无论错支的款项有无追回，银行都要返还给受损客户。

（2）由第三方原因造成错误付款的。第三方盗用客户印鉴骗取银行付款，只要银行不知情，客户应当自行承担其损失责任；第三方伪造印鉴骗取银行付款的，有三种情况：①客户没有过失，银行有故意或过失应承担责任；②双方都有过失，本着公平原则，双方分担损失；③银行、客户无过失，银行承担责任。

（3）客户是否有核查其对账记录的义务？客户有小心谨慎的义务，但仅限于：不能开立被伪造、变造的票据；发现伪造的票据，须立即通知银行。客户小心谨慎的义务不包括核查对账记录的义务，也不承担未发现对账记录错误的责任。

【学习互动】

选择自己手中的某张银行卡，登录该银行官网查看服务价目表，了解自己银行卡的服务收费情况。你认为哪些收费是合理的，有法律依据的？哪些是不应该收费的？

模块二

让你的资金更安全——存款法律制度

一、认识存款

（一）存款的概念与分类

1. 存款的概念和特点

存款是商业银行等具有存款业务经营资格的金融机构接受客户存入资金，并在存款人支取存款时支付存款本息的一种信用业务。存款是银行最主要最基本的负债业务。其特点包括：①有资格经营存款业务的只能是金融机构；②客户与金融机构形成合同关系；③存款的形成，可能是由于存款人存入现金，也可能是由于金融机构代收以客户为收款人的票据，或由于金融机构将贷款贷记借款人的存款账户。

2. 存款的分类

存款是银行资金的主要来源。根据不同标准，存款分为单位存款与储蓄存款、活期存款与定期存款、人民币存款与外币存款、信托存款与委托存款等。

（1）根据存款人的性质不同，分为单位存款和个人储蓄存款。

单位存款是各级财政金库和机关、企事业单位、社会团体、部队等机构将货币资金存入金融机构所形成的存款。

个人储蓄存款是公民个人将其合法收入存入储蓄机构形成的存款。

我国实行一定范围内的现金管制，因此单位存款带有一定的强制性。而储蓄存款的特征是自愿性与有偿性，存款人可以随时提取现金。由于单位存款与储蓄存款的权利义务有别，实行的监管制度不同，因此法律上禁止“公款私存”和“私款公存”。

（2）根据存款期限和提取方式的不同，分为活期存款和定期存款。

（3）根据币种不同，分为人民币存款和外币存款。

其他存款种类：通知存款，即存款人须事先通知才能支取的存款；信托存款，即在特定的资金来源范围内由金融信托投资机构办理的存款；委托存款，即委托人委托金融信托投资机构对其指定的对象或项目发放贷款或投资而存入的存款。

（二）存款关系的法律性质

1. 债权债务关系

从法律意义上说，存款表示存款人与银行之间的债权债务关系。我国储蓄实物中长期奉行的原则是“存款自愿、取款自由、存款有息、为储户保密”，它实际上高度概括了存款合同的主要内容。

2. 存款法律关系的特点

存款法律关系的特点表现为：①存款合同为实践合同；②存款货币是种类物，所有权自交付时转移；③存款关系存续的时间比较灵活；④存款法律关系有其特殊性；⑤存款法律关系的具体内容依具体存款类型而定；⑥存款这项金融服务具有公共性，银行需公平对待存款人。

【知识拓展】

禁止“公款私存”和“私款公存”

“公款私存”指将单位存款以个人名义开立储蓄账户。这是一种常见的逃避单位账户监管的行为。公款私存除获得了本来无法获得的利息收入外，还有如下的危害性：一是为单位私设“小金库”、逃避监督提供了便利；二是影响单位与银行之间的正常资金周转；三是容易逃税、漏税；四是易滋生腐败。《商业银行法》第四十八条第二款规定：“任何单位和个人不得将单位资金以个人名义开立账户存储。”

“私款公存”，即个人存款以单位名义存入银行或其他金融机构。由于单位存款的利息收入不直接课征利息税，而是与单位的其他收入合并进行核算，因此一些人将储蓄存款转入企业存款账户中，以逃避利息税。《人民币单位存款管理办法》第八条第二款规定，任何个人不得将私款以单位名义存入金融机构；任何单位不得将个人或其他单位的款项以本单位名义存入金融机构。

二、存款提前支取与挂失

（一）储蓄存款的提前支取

未到期的储蓄存款，储户提前支取的，必须持存单和存款人的身份证明办理；代储户支取的，代支取人还必须持其身份证明。储蓄机构在验证存单开户人姓名与证件姓名一致后，方可办理支付。

（二）存款的挂失

记名式存单、存折可以申请挂失。《储蓄管理条例》第三十一条规定，储户遗失存单、存折或者预留印鉴的印章的，必须立即持本人身份证明，并提供储户的姓名、开户时间、储蓄种类、金额、账号及住址等有关情况，向其开户的储蓄机构书面申请挂失。在特殊情况下，储户可以用口头或者函电形式申请挂失，但必须在5天内补办书面申请挂失手续。储户不能亲自前往办理挂失手续的，也可委托他人代为办理，但受托人要出示其身份证明。

储蓄机构受理挂失后，必须立即停止支付该储蓄存款；受理挂失前该储蓄存款已被他人支取的，储蓄机构不负赔偿责任。

【小案例】

男子盗窃他人银行卡 挂失冒领两万六被抓

2015年11月24日，安康市公安局汉滨分局城郊派出所接到辖区一家银行营业网点报案，称怀疑有人冒领他人存款。在民警赶到之前，银行工作人员拖延时间，假装正常办理业务稳住取钱男子。“那个男子自称忘了密码，要求挂失，但这个人和身份证上的照片很不像。于是我借复印身份证的机会，悄悄向领导汇报，报了案。”银行柜员小李说。5分钟后，城郊派出所民警赶到现场，将该男子带回调查。据办案民警介绍，该男子姓陈，安康汉滨区人，开始什么也不承认。

“这个人以前就办过同样的挂失业务，也在我的柜台。”小李说，10月10日上午，陈某曾在她的柜台办理密码挂失，当时她看到本人和身份证照片不像，怀疑有问题，但对方说自己长胖了，“他当时表情自然，语气也很肯定，尽管怀疑，但是卡和身份证都没问题，最后还是给他办理了挂失业务。”

警方调取银行监控发现，陈某10月10日确实来办理过业务，用受害人胡某的银行卡和身份证挂失密码，盗取了卡上26000元。在证据面前，陈某最终承认了自己盗窃他人银行卡，企图冒领钱款的行为。

资料来源：华商网，网址：http：//news. hsw. cn/system/2015/1230/342868. shtml，发布时间：2015年12月30日。

【思考】

银行应该赔偿胡某的损失吗？为什么？

【分析】

银行在办理业务过程中，有义务核实清楚储户真实身份，防止存款被冒领。此事件中，银行工作人员审核不严，明显存在过失，导致储户现金被他人盗取，应该对储户进行赔偿。

三、了解存单

（一）存单的概念、种类和用途

（1）概念：存单是银行对存款人出具的证明其在该银行的存款金额的书面凭证。

（2）种类：存单可分为记名存单与不记名存单；可转让存单与不可转让存单。

（3）用途：一是持有到期而取得本息，二是用于融资。

【知识拓展】

大额存单

大额存单是银行业存款类金融机构面向非金融机构投资人发行的记账式大额存款凭证，属一般性存款，纳入存款保险范围。大额存单的投资人包括个人、非金融机构、机关团体，以及保险公司、社保基金等。该产品具有本息安全、期限标准、利率市场化等特点。同时，大额存单可设置提前支取条款，为存单持有者提供一定的流动性支持。基于这些特点，不少国家都在利率市场化的改革过程中曾经选择大额存单作为试水存款利率市场化的重要工具。美国、日本、等国家均曾于利率市场化改革中期引入大额存单，以渐进的方式逐步开放存款利率管制，平稳实现了存款的市场化定价。

（二）存单常见纠纷

（1）金融机构出具的存单不规范。

（2）真实的存款人持真实的存单来取款，银行以预先向存款人支付高额利息为由，拒绝按照票面记载的全部本息金额进行支付。

（3）存款人所持有存单凭证、印章等存在瑕疵，但有真实的存款行为，银行以涉及犯罪或其工作人员个人行为为由，拒绝支付存单票面所记载的本息。

（4）正常的质押贷款纠纷，即借款人以自己或他人的存单作质押物向银行办理质押贷款、逾期未还款，银行持存单要求实现质权。

（5）虚假存单质押贷款纠纷。

（6）以存单为表现形式的借贷纠纷案件，即本质上是一个委托贷款或者资金拆借活动，只不过银行对委托人出具了存单，从而使借贷关系以存单关系的方式表现出来。

（三）一般存单纠纷的处理规定

以存单为表现形式的借贷，属于违法借贷，合同无效。实践中，由于违法借贷下用资人往往无力偿还贷款，或者根本找不到了，因此出资人盯住出具存单的银行要求全额付款。那么银行是否有义务承担全部责任，则视具体情况的不同，而有所区别。

问题：以下几种情形，责任应该由谁来负？

情形一：资金经过银行转账，并由银行指定用资人。

情形二：资金经过银行转账，并由出资人自己指定用资人。

情形三：资金未经过银行转账，并由银行指定用资人。

情形四：资金未经过银行，并由出资人自己指定用资人。

提示：

情形一：银行与用资人对偿还出资人本金及利息承担连带责任。

情形二：首先由出资人返还出资人本金和利息；银行因其过错，应当对用资人不能偿还出资人本金部分承担赔偿责任，但不超过不能偿还本金部分的40%。

情形三：用资人偿还出资人本金及利息，银行对用资人不能偿还出资人本金及利息部分承担补充责任。

情形四：首先由用资人返还出资人本金和利息；银行因其过错应对用资人不能偿还出资人本金部分承担赔偿责任，但不超过用资人不能偿还本金部分的20%。

四、储蓄存款有关的犯罪

（一）非法吸收公众存款罪

非法吸收公众存款罪是指违反国家金融管理法规，非法吸收公众存款或变相吸收公众存款，扰乱金融秩序的行为。

根据《中华人民共和国刑法》第一百七十六条规定，非法吸收公众存款或者变相吸收公众存款，扰乱金融秩序的，处三年以下有期徒刑或者拘役，并处或者单处罚金；数额巨大或者有其他严重情节的，处三年以上十年以下有期徒刑，并处罚金；数额特别巨大或者有其他特别严重情节的，处十年以上有期徒刑，并处罚金。

在司法实践中，有下列情形之一的，应当依法追究刑事责任：①个人非法吸收或者变相吸收公众存款，数额在 20 万元以上的，单位非法吸收或者变相吸收公众存款，数额在 100 万元以上的；②个人非法吸收或者变相吸收公众存款对象 30 人以上的，单位非法吸收或变相吸收公众存款对象 150 人以上的；③个人非法吸收或者变相吸收公众存款，给存款人造成直接经济损失数额在 10 万元以上的，单位非法吸收或者变相吸收公众存款，给存款人造成直接经济损失数额在 50 万元以上的；④造成恶劣社会影响或者其他严重后果的。

【小案例】

非法吸收公众存款

广西同城人人贷前程互联网金融服务有限公司（以下简称“广西同城人人贷公司”）在南宁市、柳州市先后设立五一营业部、淡村营业部、柳州天山营业部等 14 家分支机构，经营期间，在未经相关部门批准、未取得金融许可证的情况下擅自以“定投宝”及各类“标的”的名义发布理财产品，以 10.8% 至 15.6% 不等的年化利率为诱饵，通过营业网点及公司设立的网上操作平台发布广告的方式向社会公众进行宣传，以达到吸收资金的目的。获取投资者资金后除将小部分资金用于放贷，大部分资金被邓某兴（另案处理）转移后归个人使用。被告人刘某担任“广西同城人人贷公司”总经理期间，协助邓某兴管理公司，分管公司的企划部、外联部、后勤部、市场部。

经司法鉴定，截至 2017 年 8 月 18 日，“广西同城人人贷公司”通过营业网点（线下）及网上平台（线上）非法吸收投资者合计 4341 人，非法吸收公众存款 4.1 亿元，造成资金损失 2.06 亿元。

公诉机关认为，被告人刘某非法吸收公众存款，扰乱金融秩序，数额巨大，其行为均触犯了《中华人民共和国刑法》第一百七十六条，犯罪事实清楚，证据确实充分，应当以非法吸收公众存款罪追究被告人刘某的刑事责任。

资料来源：中国法院网，网址：https：//www.chinacourt.org/article/detail/2019/04/id/3809064.shtml，发布时间：2019 年 4 月 1 日。

【思考】

请你说说非法吸收公众存款的特点，如何防范？

【分析】

从上述案例总结得出非法吸收公众存款的特点有：①承诺高收益，诱惑性强；②投资人涉案金额大，易引发社会稳定风险；③被害人数众多，涉及面大。

防范建议：①投资者杜绝高息诱惑，树立正确的投资理念；②相关部门通过广播、电视、报刊等新闻媒体加大典型案例宣传，提高识假防骗的能力。

（二）出售、非法提供公民个人信息罪

《中华人民共和国刑法》第二百五十三条之一“侵犯公民个人信息罪”规定，违反国家有关规定，向他人出售或者提供公民个人信息，情节严重的，处三年以下有期徒刑或者拘役，并处或者单处罚金；情节特别严重的，处三年以上七年以下有期徒刑，并处罚金。

违反国家有关规定，将在履行职责或者提供服务过程中获得的公民个人信息，出售或者提供给他人的，依照前款的规定从重处罚。

窃取或者以其他方法非法获取公民个人信息的，依照第一款的规定处罚。

单位犯前三款罪的，对单位判处罚金，并对其直接负责的主管人员和其他直接责任人员，依照各该款的规定处罚。

【小案例】

银行员工贩卖公民信息被判刑

据上海市虹口区人民检察院指控：2019年8月起，被告人徐某委托同案关系人黄某（已判决），利用黄某在浙江民泰商业银行工作、可以接触到公民产调信息的工作便利，以每条人民币50元的价格购买黄某从银行中窃取的公民产调信息，涉案信息为206条。被告人徐某将上述信息转手倒卖给被告人邓某、赵某等人，从中赚取每条人民币70元的差价。邓某将购买来的信息，以每条200元出售获利；赵某将购买来的信息以200元卖给郭某，郭某再加价至380元/条出售获利。

2019年9月25日，被告人徐某等四人被公安机关抓获，其到案后均能如实供述自己的罪行。

资料来源：中国经济网，网址 https：//baijiahao. baidu. com/s？id = 1664683823338832959&wfr = spider&for = pc，发布时间：2020年4月22日。

【思考】

徐某等四人是否构成侵犯公民个人信息罪？应该怎样判决？

【分析】

虹口区人民法院法院认为，被告人徐某、邓某、赵某、郭某违反国家有关规定，以购买的方式非法获取公民个人信息并向他人出售，其行为均已构成侵犯公民个人信息罪。一审判决，被告人徐某四人犯侵犯公民个人信息罪，判处有期徒刑6个月和拘役4个月不等，并处罚金。

【学习互动】

请同学们说说对在办理银行储蓄业务时，如何保护个人信息安全。

模块三

“借鸡生蛋”的游戏规则——贷款法律制度

一、贷款的基础知识

（一）贷款的概念

我国目前贷款活动分两类，一类是“贷款”，特指金融机构对自然人、法人和其他组织的贷款；另一类是“民间贷款”，指自然人之间的贷款活动。贷款业务是商业银行的资产行为，反映了银行等金融机构作为贷款人与借款人之间的债权债务关系。

【知识拓展】

商业银行互联网贷款

互联网贷款，是指商业银行运用互联网和移动通信等信息通信技术，基于风险数据和风险模型进行交叉验证和风险管理，线上自动受理贷款申请及开展风险评估，并完成授信审批、合同签订、放款支付、贷后管理等核心业务环节操作，为符合条件的借款人提供的用于借款人消费、日常生产经营周转等的个人贷款和流动资金贷款。商业银行办理互联网贷款业务，应当遵循小额、短期的原则。单户个人信用贷款授信额度应当不超过人民币20万元。到期一次性还本的，授信期限不超过一年。

资料来源：《商业银行互联网贷款管理暂行办法》，中国银行保险监督管理委员会令（2020年第9号）。

（二）贷款的种类

（1）按照贷款期限分类：短期贷款、中期贷款和长期贷款。

（2）按照有无担保分类：信用贷款、担保贷款、票据贴现贷款和项目融资为基础的贷款。

（3）按照承担风险的主体分类：自营贷款、委托贷款。

（4）按照贷款组织方式分类：单一银行贷款、银团贷款。

（5）按照贷款用途的分类：针对符合条件的自然人发放的个人消费性贷款和个人生产性贷款；针对非自然人发放的流动资金贷款和固定资产贷款。

（6）其他经过批准的贷款种类：同业拆借贷款、信用证贷款、信用卡贷款、援助性贷款等。

【知识拓展】

1. 银团贷款

银团贷款是指由两家或两家以上银行基于相同贷款条件，依据同一贷款协议，按约定时间和比例，通过代理行向借款人提供的本外币贷款或授信业务。

银团贷款的牵头方或代理方应当及时按照协议规定，将借款人偿还的贷款划给各参加方。

银团贷款的贷款人应按照借款合同约定的还款比例要求借款方还款。

2. 助学贷款

国家助学贷款是由政府主导、财政贴息、财政和高校共同给予银行一定风险补偿金，银行、教育行政部门与高校共同操作的专门帮助高校贫困家庭学生的银行贷款。借款学生不需要办理贷款担保或抵押，但需要承诺按期还款，并承担相关法律责任。借款学生通过学校向银行申请贷款，用于弥补在校期间各项费用不足，毕业后分期偿还。

助学贷款主要有四种贷款形式：国家助学贷款；生源地信用助学贷款；高校利用国家财政资金对学生办理的无息借款；一般性商业助学贷款。

全日制普通本专科学生（含第二学士学位、高职学生，下同）每人每年申请贷款额度不超过8000元；年度学费和住宿费标准总和低于8000元的，贷款额度可按照学费和住宿费标准总和确定。全日制研究生每人每年申请贷款额度不超过12000元；年度学费和住宿费标准总和低于12000元的，贷款额度可按照学费和住宿费标准总和确定。

3. 个人住房贷款

个人住房贷款是指银行向借款人发放的用于购买自用普通住房的贷款。借款人申请个人住房贷款时必须提供担保。个人住房贷款用于支持个人在中国大陆境内城镇购买、建造、大修住房。贷款期限在一年以上的房屋贷款还款方式一般有等额本金还款和等额本息还款两种。

二、贷款合同的当事人

（一）贷款合同的当事人

借款人是经过工商行政管理部门（或主管机关）核准登记的企事业法人、其他经济组织、个体工商户或具有我国国籍的具有完全行为能力的自然人。

贷款人是经国务院银行业监督管理机构批准在中华人民共和国境内依法设立并具有经营贷款业务资格的金融机构。

（二）借款人的权利与义务

1. 借款人的权利

（1）可以自主向主办银行或者其他银行的经办机构申请贷款并依条件取得贷款；

（2）有权按照合同约定提取和使用全部贷款；

（3）有权拒绝借款合同以外的附加条件；

（4）有权向贷款人的上级和中国人民银行反映、举报有关情况；

（5）在征得贷款人同意后，有权向第三人转让债权。

2. 借款人的义务

（1）如实提供贷款人要求的资料；

（2）接受贷款人对其使用信贷资金情况和有关生产经营、财务活动的监督；

（3）按照借款合同约定的用途使用贷款；

（4）按照借款合同的规定及时清偿贷款本息；

(5) 将债务全部或者部分转让给第三人的，应当取得贷款人的同意；

(6) 有危及贷款人债券安全的情况时，应当及时通知贷款人，同时采取保全措施。

(三) 公民之间的借贷是否合法

【小案例】

血本无归的借款

甲公司是一家建材销售企业，和一家建筑公司签订了一份价值不菲的建材购销合同，但是由于资金周转问题，甲公司暂时没有足够资金从生产厂家进货。于是，甲公司开始四处奔走，积极筹措，向银行贷款失败后，在第三方撮合下，与乙公司商量借款事宜，双方商定由乙公司提供给甲公司借款50万元，利率按同期银行贷款利率的两倍计算，一年内本息还清。甲公司原计划只要自己如期给建筑公司交付建材，依据购销合同不到半年就可以还清乙公司借款本息。但是，令甲公司始料未及的是，该建筑公司承建工程的发包方未能如期支付工程款，导致建筑公司没有按期全额支付甲公司建材款，于是甲公司也无法按时全额归还乙公司借款，到了双方借款合同约定的还款日期，甲公司只归还20万元本金。乙公司要求甲公司依照约定全额付清本息，甲公司不能如期履约，双方遂起纠纷。乙公司于是向法院起诉甲公司，要求归还剩余借款及利息。

【思考】

乙公司能要回借款吗？为什么？

【分析】

《贷款通则》第六十一条明确规定：各级行政部门和企事业单位、供销合作社等合作经济组织、农村合作基金会和其他基金会，不得经营存贷款等金融业务。企业之间不得违反国家规定办理借贷或者变相借贷融资业务。

本案中，乙公司向人民法院提起了诉讼，而依据最高人民法院《关于对企业借贷合同借款方逾期不归还借款的应如何处理问题的批复》以及《关于审理联营合同纠纷案件若干问题的解答》的规定，企业借贷合同违反有关金融法律法规，属无效合同，除本金可以返还外，对出资方已经取得或者约定取得的利息应予收缴，对另一方则应处以相当于银行利息的罚款。

1. 公民之间的借贷是合法的

公民与公民之间、公民与法人之间、公民与其他组织之间的借贷是合法的。依据最高人民法院《关于如何确认公民与企业之间借贷行为效力问题的批复》，公民与非金融企业之间的借贷属于民间借贷。只要双方当事人意思表示真实即可认定有效。也就是说，如果甲公司当时向个人进行借款，则是合法有效的。

【知识拓展】

法院支持的民间借贷利率

民间借贷，是指自然人、法人、其他组织之间及其相互之间进行资金融通的行为。

出借人请求借款人按照合同约定利率支付利息的，人民法院应予支持，但是双方约定的利率超过合同成立时一年期贷款市场报价利率四倍的除外。

“一年期贷款市场报价利率（LPR）”，是指中国人民银行授权全国银行间同业拆借中心自2019年8月20日起每月发布的一年期贷款市场报价利率。

自2023年1月20日起，LPR发布时间由每月20日（遇节假日顺延）上午9：30调整为9：15。LPR每月20日前后会调整一次。

资料来源：《最高人民法院关于审理民间借贷案件适用法律若干问题的规定法释》〔2020〕6号第25条。

2. 公民合法借贷的例外

（1）企业以借贷名义非法向社会集资；

（2）企业以借贷名义向社会公众发放贷款；

（3）其他违反法律、行政法规的行为；

双方约定的利率不能超过合同成立时一年期贷款市场报价利率的四倍，超过部分不受法律保护。

2023年2月20日贷款市场报价利率（LPR）为：1年期LPR为3.65%，5年期以上LPR为4.3%。

三、贷款程序与监管

（一）贷款操作程序

（1）贷款申请；

（2）贷款调查与评估；

（3）贷款审批；

（4）签订贷款合同；

（5）贷款发放与支付；

（6）贷后管理；

（7）贷款归还。

（二）贷款质量监管

贷款划分为正常、关注、次级、可疑和损失五类，后三类合称为不良贷款。贷款人应当建立和完善贷款的质量监管制度，对不良贷款进行分类、登记、考核和催收。

1. 不良贷款的分类

不良贷款系指呆账贷款、呆滞贷款、逾期贷款。呆账贷款，系指按财政部有关规定列为呆账的贷款。呆滞贷款，系指按财政部有关规定，逾期（含展期后到期）超过规定年限以上仍未归还的贷款，或虽未逾期或逾期不满规定年限但生产经营已终止、项目已停建的贷款（不含呆账贷款）。逾期贷款，系指借款合同约定到期（含展期后到期）未归还的贷款（不含呆滞贷款和呆账贷款）。

【小案例】

延期贷款期限，为银行点赞

疫情造成社会普遍延迟复工，企业恢复产能难度加大，多家银行在了解到企业难处后，主动联系客户，通过贷款延期，解企业燃眉之急。针对许多客户将还款日设置为1月31日，由于新冠肺炎疫情暴发，假期临时加长，大额支付系统没有开放，导致部分到期贷款没有及时偿还的问题，星展银行（中国）有限公司（简称“星展中国”）主动承担利息损失，适当将该类贷款付息期延长至2月10日。法国巴黎银行（中国）就部分即将到期客户贷款的情况，主动联系客户讨论贷款安排，对部分联系不到的客户，自动将贷款延期到2月10日，不做逾期处理。汇丰中国上海分行部分客户因尚未开工，在信用证、商业承兑汇票到期日当天其账户上没有足额资金，或者因疫情无法筹措足额资金。银行在客户开工前承担垫款期间的资金敞口，不再要求客户支付因垫付产生的利息，也不将垫付的资金作为逾期资金录入征信系统。同时，对未开工企业无法按期归还的贸易融资进行延期处理，对于延期期间产生的利息酌情予以减免。

资料来源：经济观察报，发布时间：2020年2月7日。

【思考】

监管部门如何处理银行在应对特殊时期增加不良贷款？

【分析】

在监管政策上主要有四个方面的考虑：第一，在贷款分类上，因新冠肺炎疫情影响出现贷款逾期的，在一定的延缓期限内还款不计入不良贷款、不影响小微企业信用记录。第二，允许银行进一步提高不良贷款的容忍度，对受疫情影响比较大的地区和行业的小微企业，不良容忍度可以再提高一些。第三，进一步落实尽职免责要求，如果有充分证据证明小微企业受新冠肺炎疫情影响不能还款的，我们视为不可抗力，银行对经办人员和相关管理人员应该免予追究责任。第四，对小微企业受疫情影响导致不良贷款、形成损失的，我们鼓励银行业金融机构适当地简化内部认定手续，加大自主核销力度。

2. 不良贷款的登记

不良贷款的登记：不良贷款由会计、信贷部门提供数据，由稽核部门负责审核并按规定权限认定，贷款人应当按季填报不良贷款情况表。在报上级行的同时，应当报中国人民银行当地分支机构。

3. 不良贷款的考核

《贷款通则》第三十六条规定，贷款人的呆账贷款、呆滞贷款、逾期贷款不得超过中国人民银行规定的比例。贷款人应当对所属分支机构下达和考核呆账贷款、呆滞贷款和逾期贷款的有关指标。

4. 不良贷款的催收和冲销

《贷款通则》第三十七条规定，信贷部门负责不良贷款的催收，稽核部门负责对催收情况的检查。贷款人应当按照国家有关规定提取呆账准备金，并按照呆账冲销的条件和程序冲销呆账贷款。

未经国务院批准，贷款人不得豁免贷款。除国务院批准外，任何单位和个人不得强令贷款人豁免贷款。

四、贷款合同的履行

《贷款通则》第三十二条规定，借款人应当按照借款合同规定按时足额归还贷款本息。贷款人在短期贷款到期1个星期之前、中长期贷款到期1个月之前，应当向借款人发送还本付息通知单；借款人应当及时筹备资金，按时还本付息。贷款人对逾期的贷款要及时发出催收通知单，做好逾期贷款本息的催收工作。贷款人对不能按借款合同约定期限归还的贷款，应当按规定加罚利息；对不能归还或者不能落实还本付息事宜的，应当督促归还或者依法起诉。借款人提前归还贷款，应当与贷款人协商。

（一）贷款的展期

1. 贷款展期的程序

贷款人不能按期归还，借款人可以在贷款到期前，向贷款人申请贷款展期。贷款展期的批准权属于商业银行或其他金融机构，不属于借款人。

2. 对借款展期的限制

（1）短期贷款展期期限累计不得超过原贷款期限；

（2）中期贷款展期期限累计不得超过原贷款期限的一半；

（3）长期贷款展期期限累计不得超过3年。法律另有规定的除外。

3. 贷款展期的利率

展期贷款利率按签订展期合同之日的法定利率执行。贷款的展期期限加上原期限达到新的利率档次期限，则在原期限和延期内均按新的利率档次计收利息。

（二）提前归还贷款

债权人可以拒绝债务人提前履行债务，但提前履行不损害债权人利益的除外。

（1）当事人在合同中对提前还款有约定的，按照约定来确定是否需要经贷款人同意及利息如何计算等问题。

（2）当事人在合同中对提前还款没有约定的，若提前还款不损害贷款人利益，则借款人可不经贷款人同意而提前还款。利息按照实际借款期间计算。

（3）借款人与贷款人协商，贷款人同意提前还款的，等于贷款人同意变更合同的履行期，因此，借款人可以按照变更后的期间向贷款人支付利息。

【学习互动】

登录国家开发银行生源地助学贷款学生在线系统，了解生源地贷款的初次贷款申请、贷款发放、还款、逾期、不良记录等相关的规定。

网址：http：//www.csls.cdb.com.cn。

项目要点

第一，银行与客户法律上的关系实质就是民事服务合同关系。

第二，存款合同的成立除要有当事人之间的合意外，还必须有标的物的交付。如客户以现金存款，则以客户交付现金为要约，银行发放存折为承诺。

第三，贷款合同是诺成性双务合同，金融机构贷款合同只需借贷双方当事人对合同条款协商一致即可成立。

第四，银行与客户之间法律关系的终止有自动终止、双方协议终止、单方终止、因法定事由终止等。

第五，银行应履行的义务有保密义务、保证支付义务、保障储户存款安全义务和遵守营业时间的义务。同时，银行有收费的权利和抵销的权利。

第六，客户有要求返还存款的权利、要求取得利息的权利、知情权，也有还本付息的义务、诚信的义务、谨慎的义务。

第七，存款是银行资金的主要来源。根据不同标准，存款分为单位存款与储蓄存款、活期存款与定期存款、人民币存款与外币存款、信托存款与委托存款等。未到期的储蓄存款，储户可以提前支取；储蓄存款有关的犯罪有：非法吸收公众存款罪出售、非法提供公民个人信息罪。

第八，我国目前贷款活动分两类，一类是“贷款”，特指金融机构对自然人、法人和其他组织的贷款；另一类是“民间贷款”。借款人应当按照借款合同规定按时足额归还贷款本息。

本项目参考法规

1.《中华人民共和国民法典》，2021年1月1日起施行。

2.《中华人民共和国商业银行法》，2015年10月1日起施行。

学习检测

一、单选题

1. 银行与客户之间的关系是（　　）。
A. 服务关系　B. 合作关系　C. 契约关系　D. 没有关系

2. 存款合同成立的时间是（　　）。
A. 客户走进银行时　B. 客户将现金交给银行柜员时
C. 银行柜员发给客户存折时　D. 客户签字确认时

3. 下列不属于客户的义务的是（　　）。
A. 借款客户还本付息的义务　B. 诚信的义务
C. 谨慎的义务　D. 通知的义务

4. 违反国家金融管理法规，非法吸收公众存款或变相吸收公众存款，扰乱金融秩序的行为属于（　　）。
A. 非法吸收公众存款罪　B. 集资诈骗罪
C. 非法经营罪　D. 非法提供公民个人信息罪

二、多选题

1. 下列属于银行的义务的有（　　）。
A. 保密义务　B. 保证支付义务

C. 保障储户存款安全义务　　D. 遵守营业时间的义务

2. 下列哪些部门可以查询、冻结、扣划储蓄账户？（　　）。

A. 法院　　B. 检察院　　C. 公安机关　　D. 环保局

3. 根据存款人的性质不同，可以将存款分为（　　）。

A. 单位存款　　B. 个人储蓄存款　　C. 活期存款　　D. 定期存款

4. 委托贷款和信托贷款的区别有（　　）。

A. 性质不同　　B. 形式不同

C. 确定借款合同内容的主体不同　　D. 责任和风险承担不同

5. 贷款按照有无担保分类可以分为（　　）。

A. 信用贷款　　B. 担保贷款

C. 票据贴现贷款　　D. 项目融资为基础的贷款

三、案例分析题

5万元存银行几十年后却只剩20多元！放在银行的存款也不安全了？

一名80多岁的刘奶奶来到银行，拿出一张存单，票面上写有：中国人民银行定额存单，人民币5万元等字样，背后还盖着红色的印章。原来这是她在1953年4月3日的时候在银行里存的5万元存单，如今距离存款时间已经过去了60多年了。我们也知道以前的5万元，在北京都能买一套四合院了，到了现在肯定是又翻了不知多少倍，老人也是这样认为的，可到了银行却傻眼了。

现在想把钱取出来，却被告知，当时存入的是第一代人民币，5万元只相当于后来的5元钱，所以到现在连本带息只能兑20多元。但老人不同意，从2015年开始就屡次找各大银行讨说法，如今银行让步，考虑让老人支取50元，她一生气就把银行玻璃门砸了。

这种存单是真实有效的，不过1953年的人民币是第一套人民币，最大面额为5万元。1955年，第二套人民币发行，最大面额为100元，和第一套人民币的折合比例达万倍，也就是说老人持有了5万元存单，相当于现在的5元人民币，但当时的银行利息非常低，一年期大概只有1—2厘的利息，经过银行核算，刘奶奶存单连本带利就只有20多元。

问题： 1. 该案例中银行与客户法律关系的成立依据是什么？

2. 谈谈你对这件事情的看法。

项目五 金融担保法律实务

【知识目标】

掌握保证合同、抵押合同和质押合同的订立和履行过程中的相关法律规定，了解银行保函。

【德育目标和职业素养】

帮助学生正确认识担保活动应当遵循平等、自愿、公平、诚实信用的原则，不要轻易为人担保，一旦担保要承担相应的法律后果。

【学习任务】

1. 掌握保证人的条件、保证方式、保证责任、保证期间、保证诉讼时效、保证抵押并存时的执行顺序等相关法律规定。

2. 认识担保物权及其性质，掌握流质条款、抵押物的限制条件、抵押登记、抵押人的权利、抵押权人的权利、抵押权的实现等相关法律规定。

3. 掌握质权的设立条件、质权的善意取得、质押期间质押物的孳息归属、二次质押等相关法律规定。

4. 了解银行保函。

模块一

以第三方的信誉和财产为担保——保证

【导入案例】

哥们义气签担保，连带责任少不了

2021 年 2 月 13 日，被告陈某以资金周转需要为由，让被告岑某为其提供担保，向原告刘某借款50000元，约定借款期限自2021年2月13日起至2021年5月15日止，借期内利息为月息2%，逾期利息为月息2%。担保方式为连带责任保证，担保期限为自借款人债务履行期限届满之日起两年。被告陈某为原告出具借据一张，被告岑某作为担保人签名。借款期限届满后，经原告催要二被告均未偿还借款，原告遂向法院提起诉讼。

【思考】

（1）岑某的担保借款合同是否有效？若有效是否需承担连带责任？

（2）日常生活中要如何规避这类无知的风险？

【分析】

（1）有效，需承担连带责任。这就是在社会上较为普遍的担保借款合同，当事人双方借款，请债务人的熟识的朋友作为担保，而担保人因为感情因素毫无考虑地作了无条件的无限连带责任担保，而债务人逾期不归还借款，债权人起诉债务人和担保人作为共同被告。

（2）签订担保合同的时候一定要了解债务人偿还债务能力。在担保条款中可以约定有关事项，如承担担保责任的条件等。注意添加条款，如债务人的物保，约定债务偿还的顺序。在保证范围和保证期限上做一约定，切忌出现无约定的担保，成为了无限连带责任。还要注意这一情形：保证人在主合同上以保证人身份签字或盖章的形式。在这种情况下，由于对保证的内容没有明确的约定，所以要按法律的规定来推定保证的内容。

一、保证的基本概念

（一）保证

保证是指保证人和债权人约定，当债务人不履行债务时，保证人按照约定履行债务或者承担责任的行为。“保证”是人的一种担保，这种保证的效力全靠保证人的信用。保证人有信用时，保证就可以起到担保的作用；反之，保证人没有信用，保证的担保作用就会减弱或没有。

（二）保证人

具有代为清偿能力的法人、其他组织或者公民，可以作为保证人。

1. 保证人需要具备一定的条件

（1）必须具备相应的民事行为能力；

（2）对法人担任保证人作了限制性规定；

（3）对其他组织担任保证人有条件地赋予保证主体资格。

并非所有的主体都有资格成为保证人，任何单位和个人不得强令银行等金融机构或者企业为他人提供保证；银行等金融机构或者企业对强令其为他人提供保证的行为，有权拒绝。

2. 不具备资格成为保证人的主体

根据《民法典》第六百八十三条的规定，机关法人不得为保证人，但是经国务院批准为使用外国政府或者国际经济组织贷款进行转贷的除外。

以公益为目的的非营利法人、非法人组织不得为保证人。

【小案例】

银行分支机构的担保

2022年2月5日，出借人A与借款人B公司签订《借款合同》一份，约定B从A处借款800万元，利息为月息3分，借款期限至2022年5月4日，C银行（系国有银行的支行）为该笔借款提供连带责任保证担保。借款期内，借款人B偿还借款本金547500元，剩余款项到期未能偿还。出借人A向法院提起诉讼，要求偿还借款本金7452500元及利息和违约金，并要求C银行承担连带偿还责任。

【思考】

C银行分支机构对外担保是否具有保证人的主体资格？是否具有法律效力？

【分析】

《民法典》第七十四条规定，法人可以依法设立分支机构。法律、行政法规规定分支机构应当登记的，依照其规定。分支机构以自己的名义从事民事活动，产生的民事责任由法人承担；也可以先以该分支机构管理的财产承担，不足以承担的，由法人承担。因此，C银行具有保证人的主体资格；担保具有法律效力。银行分支机构中关于经营范围的授权系“概括授权”，可视为法律规定的“书面授权”的一种方式，从而认定对外担保有效。

【知识拓展】

常见的导致保证合同无效的主体有：无完全民事行为能力的自然人，如精神病患者、年幼的小孩等；国家机关，如党委、政协、政府等；以公益为目的的企事业单位、社会团体，如学校、医院、科技馆等；法人的分支机构、职能部门，如分公司、代表处、企业财务部等，但企业法人的分支机构有法人书面授权的，可以在授权范围内提供保证；限制公司为股东或者实际控制人保证。

（三）共同保证

同一债务有两个以上保证人的，保证人应当按照保证合同约定的保证份额，承担保证责任。没有约定保证份额的，保证人承担连带责任，债权人可以要求任何一个保证人承担全部保证责任，保证人都负有担保全部债权实现的义务。已经承担保证责任的保证人，有权向债务人追偿，或者要求承担连带责任的其他保证人清偿其应当承担的份额。

二、保证合同和保证方式

（一）保证合同

1. 保证合同的形式

保证合同为有名合同、从合同、单务合同、无偿合同、诺成合同、要式合同。保证合同必须是以书面形式表示的，但是具体形式可以有多种：

（1）合同中存在保证条款，且保证人在合同上签字，保证合同成立。例如：“保证人×××同意为主合同项下债权人××提供给债务人××借款×元的债权提供担保。”

（2）第三方以书面形式向债权人出具担保书，债权人接受且未提出异议的，保证合同成立。

（3）主合同中虽然没有保证条款，但是，保证人在主合同上以保证人的身份签字或者盖章的，保证合同成立。例如，在主合同的末尾写明：“保证人：×××”。

2. 保证合同的内容

保证合同是为保障债权的实现，保证人和债权人约定，当债务人不履行到期债务或者发生当事人约定的情形时，保证人履行债务或者承担责任的合同。

根据《民法典》第六百八十四条的规定，保证合同应当包括以下内容：①被保证的主债权种类、数额；②债务人履行债务的期限；③保证的方式；④保证担保的范围；⑤保证的期间；⑥双方认为需要约定的其他事项。保证合同不完全具备前款规定内容的，可以补正。

（二）保证的方式

1. 一般保证

一般保证是指当事人在保证合同中约定，债务人不能履行债务时，由保证人承担保证责任。一般保证人享有先诉抗辩权，即在主合同纠纷未经审判或者仲裁，并就债务人财产依法强制执行仍不能履行债务前，对债权人可以拒绝承担保证责任。但有下列情形之一的，保证人不得拒绝承担保证责任：

（1）债务人住所变更，致使债权人要求其履行债务发生重大困难的；

（2）人民法院受理债务人破产案件，中止执行程序的；

（3）保证人以书面形式放弃法律规定的拒绝保证义务的权利的。

2. 连带保证责任

连带保证责任，是指当事人在保证合同中约定保证人与债务人对债务承担连带责任的保证方式。连带责任保证的债务人在主合同规定的债务履行期届满没有履行债务的，债权人可以要求债务人履行债务，也可以要求保证人在其保证范围内承担保证责任。当事人对保证方式没有约定或者约定不明确的，遵照连带保证承担保证责任。

【知识拓展】

一般保证和连带责任保证的保证人享有债务人的抗辩权，债务人放弃对债务的抗辩权的，保证人仍有抗辩权。所谓抗辩权是指债权人行使债权时，债务人根据法定事由，对抗债权人行使请求权的权利。

三、保证责任

（一）保证担保的范围

《民法典》第六百九十一条规定，保证担保的范围包括主债权及利息、违约金、损害赔偿金和实现债权的费用。保证合同另有约定的，按照约定。当事人对保证担保的范围没有约定或者约定不明确的，保证人应当对全部债务承担责任。

（二）保证期间和诉讼时效

1. 保证期间

保证期间是确定保证人承担保证责任的期间，不发生中止、中断和延长。

债权人与保证人可以约定保证期间，但是约定的保证期间早于主债务履行期限或者与主债务履行期限同时届满的，视为没有约定。

（1）一般保证的保证人与债权人未约定保证期间的，保证期间为主债务履行期届满之日起六个月。在合同约定的保证期间和前款规定的保证期间，债权人未对债务人提起诉讼或者申请仲裁的，保证人免除保证责任；债权人已提起诉讼或者申请仲裁的，保证期间适用诉讼时效中断的规定。

（2）连带责任保证的保证人与债权人未约定保证期间的，债权人有权自主债务履行期届满之日起六个月内要求保证人承担保证责任。在合同约定的保证期间和前款规定的保证期间，债权人未要求保证人承担保证责任的，保证人免除保证责任。

（3）最高额保证的保证人依照《民法典》的规定就连续发生的债权作保证，未约定保证期间的，保证人可以随时书面通知债权人终止保证合同，但保证人对于通知到债权人前所发生的债权，承担保证责任。

保证合同约定保证人承担保证责任直至主债务本息还清时为止等类似内容的，视为约定不明。

2. 保证诉讼时效

在保证期间内，债权人主张权利的，保证责任确定。连带保证从确定保证责任时起，开始起算保证的诉讼时效。在一般保证，则在对债务人提起诉讼或者申请仲裁的判决或者仲裁裁决生效之日起算保证的诉讼时效。保证的诉讼时效期间，按照《民法典》的规定应为3年。

【知识拓展】

转让债权、债务或主合同变更时的保证责任

保证期间，债权人依法将主债权转让给第三人的，保证债权同时转让，保证人在原保证担保的范围内对受让人承担保证责任。当事人对保证担保的范围没有约定或者约定不明确的，保证人应当对全部债务承担责任。债权人转让权利的，受让人同时取得与主债权有关的从权利。

保证期间，债权人许可债务人转让债务的，应当取得保证人书面同意。保证人对未经其同意转让的债务部分，不再承担保证责任。

债务人将合同的义务全部或者部分转移给第三人，应当经债权人同意。未经保证人同意的主合同变更，有下列情形的保证人的保证责任并不能解除：

（1）如果减轻债务人的债务的，保证人仍应当对变更后的合同承担保证责任；

（2）如果加重债务人的债务的，保证人对加重的部分不承担保证责任；

（3）变更主合同履行期限的，保证期间为原合同约定的或者法律规定的期间。

（三）保证人不承担民事责任的情形

（1）主合同当事人双方串通，骗取保证人提供保证的；

（2）主合同债权人采取欺诈、胁迫等手段，使保证人在违背真实意思的情况下提供保证的。

保证人承担保证责任后，有权向债务人追偿。人民法院受理债务人破产案件后，债权人未申报债权的，保证人可以参加破产财产分配，预先行使追偿权。

（四）混合担保

同一个债，既有物保（抵押、质押），又有人保（保证）的，称为混合担保。同一债权既有保证又有物的担保的，保证人对物的担保以外的债权承担保证责任。债权人放弃物的担保的，保证人在债权人放弃权利的范围内免除保证责任。例如，一笔贷款既设立了抵押，又有第三人充当连带责任保证人的，应如何承担保证责任？

根据《民法典》的规定，被担保的债权既有物的担保又有人的担保的，债务人不履行到期债务或发生当事人约定的实现担保物权的情形，债权人应当按照约定实现债权；没有约定或约定不明确，债务人自己提供物的担保的，债权人应当先就该物的担保实现债权；第三人提供物的担保的，债权人可以就物的担保实现债权，也可以要求保证人承担保证责任。提供担保的第三人承担担保责任后，有权向债务人追偿。

根据《最高人民法院关于适用〈中华人民共和国民法典〉有关担保问题的解释》第十三条的规定，同一债务有两个以上第三人提供担保，担保人之间约定相互追偿及分担份额，承担了担保责任的担保人有权请求其他担保人按照约定分担份额；担保人之间约定承担连带共同担保，或者约定相互追偿但是未约定分担份额的，各担保人按照比例分担向债务人不能追偿的部分。

同一债务有两个以上第三人提供担保，担保人之间未对相互追偿作出约定且未约定承担连带共同担保，但是各担保人在同一份合同书上签字、盖章或者按指印，承担了担保责任的担保人有权请求其他担保人按照比例分担向债务人不能追偿部分的。

除前两款规定的情形外，承担了担保责任的担保人无权请求其他担保人分担向债务人不能追偿的部分。

【小案例】

混合担保

甲公司向乙银行申请一笔200万元的贷款，甲公司以自己所有的价值50万元的汽车一辆设定了抵押（该汽车已向丁保险公司投保了车辆损失险），同时，由丙公司提供了保证。保证合同中约定丙公司承担一般保证责任。甲公司因经营管理不善，导致效益下降，未能按时归还贷款，而甲公司的车辆因不可归责于己方的车祸报废，丁保险公司及时给予理赔，乙银行要求甲公司偿还贷款，甲公司表示，抵押物已灭失，自己也无力偿还贷款。乙银行要求丙公司归还200万元贷款，遭到拒绝。

【思考】

（1）一般保证的特点是什么？

（2）甲公司作为抵押物的汽车灭失后，乙银行如何实现抵押权？

（3）丙公司拒绝偿还贷款的做法是否有法律依据？

（4）在有汽车作抵押的情况下，丙公司承担多少保证责任？

（5）丁保险公司在作出理赔后，可以向车祸肇事方追偿吗？他行使的是什么权利？

【分析】

（1）①一般保证是在被保证人客观上不能履行债务时才承担责任。

②一般保证承担的是一种补充责任。

③一般保证享有“先诉抗辩权”。

(2) 抵押物因抵押人以外的原因灭失时，如有赔偿金，应向抵押权人作提前清偿。因此，甲公司应将保险公司理赔的保险金用于清偿债务。

(3) 有法律依据。丙公司承担的是一般保证责任，因此，根据《民法典》规定，一般保证责任的保证人在主合同纠纷未经审判或仲裁，并就债务人财产依法强制执行仍不能履行债务前，可以对债权人拒绝承担保证责任。

(4) 本案存在同一债权既有物的担保，又有人的保证的情况。《民法典》规定，一般保证人只对物的担保以外的债权承担保证责任。因此，丙公司应承担150万元的保证责任。

(5) 可以。当保险标的发生保险范围内损失而该损失应当由第三人负赔偿责任时，保险人先予赔偿损失后，即取得对第三者追偿的权利。丁保险公司行使的是代位追偿权。

模块二

以不转移占有的财产为担保——抵押

【小案例】

2022年6月23日，某甲向当地工商银行申请贷款，工商银行要求其提供担保，某甲即同意以其所有的一套住房作为抵押物。双方签订了借款合同及抵押合同。由于银行工作人员的疏忽，双方并未到有关登记部门办理登记手续。

【思考】

(1) 房屋抵押权是否已生效？为什么？

(2) 如果房屋抵押权尚未生效，工商银行应采取什么补救措施？

【分析】

(1) 房屋抵押权尚未生效。《民法典》第三百九十五条规定：债务人或者第三人有权处分的下列财产可以抵押：（一）建筑物和其他土地附着物；（二）建设用地使用权；（三）海域使用权；（四）生产设备、原材料、半成品、产品；（五）正在建造的建筑物、船舶、航空器；（六）交通运输工具；（七）法律、行政法规未禁止抵押的其他财产。抵押人可以将前款所列财产一并抵押。《民法典》第四百零二条规定：以本法第三百九十五条第一款第一项至第三项规定的财产或者第五项规定的正在建造的建筑物抵押的，应当办理抵押登记。抵押权自登记时设立。

根据上述规定，以房屋进行抵押的，必须履行登记手续才能设定抵押权，未经登记抵押权不能产生物权的效力。因此，某甲未办理抵押物登记抵押权不生效。

(2) 工商银行可要求某甲补办抵押登记。虽然抵押权并未生效，但工商银行与某甲之间的抵押合同是成立的，工商银行可以基于合同要求某甲补办抵押登记手续，使之产生物权的效力。

一、抵押的概念与特点

（一）抵押和抵押权的概念

抵押是指债务人或者第三人不转移可以抵押财产的占有，将该财产作为债权的担保。债务人不履行债务时，债权人有权按规定以该财产折价或者以拍卖、变卖该财产的价款优先受偿。提供抵押财产的债务人或者第三人为抵押人，债权人为抵押权人，提供担保的财产为抵押物。

抵押权是债权人对债务人或者第三人不转移占有的担保财产，在债务人届期不履行债务或者发生当事人约定的实现抵押权的情形时，依法享有的就该抵押财产的变价处分权和优先受偿权的总称。

抵押权的种类，根据不同的标准可以进行不同的划分，根据我国《民法典》的相关规定，以抵押财产的不同，将抵押权分为以下常见七种：不动产抵押、动产抵押、权利抵押、共同抵押、财团抵押、浮动抵押、最高额抵押。

（二）抵押权的特点

抵押权是典型的担保物权，其特征主要体现为：从属性、不可分性、特定性、物上代位性、顺序性和追及性。

【知识拓展】

从属性：抵押权与其所担保的债权形成主从关系，抵押权是从权利，受抵押权担保的债权为主权利。抵押权与主债权同命运，在主债权全部消灭时，抵押权也随之消灭。

不可分性：抵押权的不可分性，是指抵押权的效力不可分，抵押权担保债权的全部并及于抵押财产的全部。抵押财产一部分经分割或者让与第三人时，抵押权不受影响。抵押财产部分灭失时，抵押权存在于未灭失的部分之上，未灭失的抵押财产仍担保全部债权。

特定性：抵押权的特定性，是指抵押物和抵押权担保的债权是特定的。抵押权是以抵押财产的价值来担保债权实现的，因此抵押物只能是特定的。

物上代位性：抵押权的物上代位性，是指抵押权的效力及于抵押物的代替物。当抵押物损毁、灭失而得到的赔偿金或保险金，抵押权人可以就该抵押物的代替物即赔偿金或保险金之上行使权利。

顺序性：抵押权的顺序性，是指在同一财产上设定有数个抵押权时，各抵押权之间有一定的先后顺序。抵押权的实质是优先受偿权，在同一财产上有数个抵押权时就应当有一定的顺序。顺序在先的抵押权优于顺序在后的抵押权。

追及性：抵押权的追及性，是指不论抵押财产落入何人之手，抵押权人均可以追及该财产行使权利。

二、抵押法律关系

抵押是一种民事法律关系，是指抵押权人和抵押人因抵押行为而产生的法律上的各种权利义务关系。

（一）抵押权人权利

1. 抵押权的保全

在抵押人的行为足以使抵押物的价值减少时，抵押权人有权要求抵押人停止其行为。

抵押物价值减少时，抵押权人有权要求抵押人恢复抵押物的价值，或提供与减少的价值相当的担保。抵押人对抵押物价值的减少无过错的，抵押权人有权在抵押人因损害而得到的赔偿范围内要求提供担保。抵押物价值减少的部分，仍作为债权的担保。

2. 抵押权的处分

抵押权人可以让与其抵押权，或就抵押权为他人提供担保。但抵押权不得与债权分离单独转让或作为其他债权的担保。

3. 优先受偿权

在债务人不履行债务时，抵押权人可与抵押人协议以抵押物折价或以拍卖、变卖后的价款受偿；协议不成的，抵押权人可以提起诉讼。抵押物折价或拍卖、变卖后，其价款超过债权数额的部分归抵押人所有，不足部分由债务人清偿。

（二）抵押人权利

1. 抵押人对抵押财产的处分权

抵押期间，抵押人转让已办理登记的抵押物的，应当通知抵押权人并告知受让人转让物已经抵押的情况；抵押人未通知抵押权人或者未告知受让人的，转让行为无效。转让抵押物的价款明显低于其价值的，抵押权人可以要求抵押人提供相应的担保；抵押人不提供的，不得转让抵押物。抵押人转让抵押物所得的价款，应当向抵押权人提前清偿所担保的债权或者向与抵押权人约定的第三人提存。超过债权数额的部分，归抵押人所有，不足部分由债务人清偿。

2. 抵押人的出抵权

只要不侵犯抵押权，抵押人就可以以其抵押财产剩余的价值再次设定抵押。

3. 抵押人的出租权

（1）订立抵押合同前抵押财产已出租的，原租赁关系不受该抵押权的影响。

（2）抵押权设立后抵押财产出租的，该租赁关系不得对抗已登记的抵押权。

4. 抵押人的收益权

抵押合同存续期间，抵押人可以就抵押财产获取收益（孳息），但不得对抗抵押权。

5. 抵押人的追偿权

为债务人提供抵押担保的第三人，在抵押权人实现抵押权后，有权向债务人追偿。

【小案例】

动产再抵押的效力如何认定？

2022 年 8 月，甲厂向 A 银行借款 20 万元，期限一年，以本厂所有的一辆价值 40 万元的轿车作抵押，并到车辆管理部门办理了抵押登记；同年 9 月，甲厂又以该轿车作抵押物，向 B 银行借款 15 万元，期限为半年，双方也到车辆管理部门办理了抵押登记手续。2023 年 2 月，甲厂用来抵押的轿车因火灾被烧毁，获保险公司赔偿金 40 万元，2023 年 3 月甲厂向 B 银行的借款到期，B 银行向甲厂追讨 15 万元借款，否则便要拍卖被抵押的轿车。A 银行获悉后，认为甲厂未经其同意便将抵押给该厂的轿车抵押给 B 银行，侵犯了其抵押权。甲厂答复说汽车已被烧毁，抵押权没了标的物，自然也没了抵押权。

【思考】

（1）甲厂用已作抵押的汽车再次抵押是否有效？

（2）汽车被毁，抵押权人如何实现其抵押权？

【分析】

（1）再次抵押有效。抵押人所担保的债权不能超出抵押物的价值；财产抵押后，该财产的价值大于所担保债权的余额部分，可以再次抵押，但不得超出其余额部分。

（2）同一财产向两个以上债权人抵押的，如果抵押合同已登记生效的，拍卖、变卖抵押物所得价款按照抵押物登记先后顺序清偿。抵押权因抵押物灭失而消灭，因灭失所得的赔偿金，应当作为抵押财产。由此可知，甲厂因被抵押轿车的毁损所获得的40万元赔偿金，应作为抵押财产，由A银行、B银行先后受偿20万元、15万元。

三、抵押物的范围

抵押物是指债务人（抵押人）为担保某项义务的履行而移转给债权人（抵押权人）的担保物。可以是有形财产，也可为登记的无形财产如地上权、政府公债、人寿保险等。

（一）法定可以设定抵押的财产

根据《民法典》第三百九十五条的规定，债务人或者第三人有权处分的下列财产可以设定抵押：

（1）建筑物和其他土地附着物；

（2）建设用地使用权；

（3）海域使用权；

（4）生产设备、原材料、半成品、产品；

（5）正在建造的建筑物、船舶、航空器；

（6）交通运输工具；

（7）法律、行政法规未禁止抵押的其他财产。

抵押人可以将前款所列财产一并抵押。

（二）禁止抵押的财产

我国《民法典》规定了一些财产禁止设定抵押担保，这些财产包括：

（1）土地所有权；

（2）耕地、宅基地、自留地、自留山等集体所有的土地使用权，但法律许可抵押的除外；

（3）学校、幼儿园、医院等以公益为目的的事业单位、社会团体的教育设施、医疗卫生设施和其他社会公益设施；

（4）所有权、使用权不明或者有争议的财产；

（5）依法被查封、扣押、监管的财产；

（6）依法不得抵押的其他财产。

法律禁止使用上述财产设定抵押的目的是保护国家公益事业的发展和债务人的长远利益。

【知识拓展】

1. 城市房地产："房随地走，地随房走"

(1) 以建筑物抵押的，该建筑物占用范围内的建设用地使用权一并抵押；

(2) 以建设用地使用权抵押的，该土地上的建筑物一并抵押。

2. 农村集体土地：只能"地随房走"，不能"房随地走"

(1) 乡镇、村企业的建设用地使用权不得"单独"抵押；

(2) 以乡镇、村企业的厂房等建筑物抵押的，其占用范围内的建设用地使用权一并抵押。

3. 以城市房地产设定抵押的，土地上新增的房屋不属于抵押物。抵押权实现时，可以依法将该土地上新增的房屋与抵押物一同变价，但对新增房屋的变价所得，抵押权人无权优先受偿。

4. 当事人以农作物和与其尚未分离的土地使用权同时抵押的，土地使用权部分的抵押无效。

5. 并非所有的土地承包经营权都可以抵押，只有以招标、拍卖、公开协商等方式取得的"荒地"等土地承包经营权，才可以抵押。

四、抵押合同和抵押物登记

抵押人和抵押权人应当以书面形式订立抵押合同。

（一）抵押合同的概述

抵押合同是抵押权人（通常是债权人）与抵押人（既可以是债务人，也可以是第三人）签订的担保性质的合同。

抵押合同应当包括以下内容：

①被担保的主债权种类、数额；②债务人履行债务的期限；③抵押物的名称、数量、质量、状况、所在地、所有权权属或者使用权权属；④抵押担保的范围；⑤当事人认为需要约定的其他事项。抵押合同不完全具备前款规定内容的，可以补正。

（二）禁止流押条款

"流押条款"是指，当事人之间关于债务人届期不履行债务时，债权人（抵押权人）有权直接取得抵押财产所有权的约定。

订立抵押合同时，抵押权人和抵押人不得约定在债务履行期限届满抵押权人未受清偿时，抵押物的所有权直接归债权人所有；但该"流押条款"的无效不影响抵押合同其他条款的效力。

【小案例】

流押条款的效力认定

原告为××农村信用合作社，被告张某于2018年8月10日向原告借款100万元，月利率为7.3125‰，期限至2019年8月9日，被告张某以座落于××县城的自有房产5间抵押，并在××县房管局办理了抵押登记。原、被告签订借款合同的同时，又以书面形式订立"抵押房屋买卖协议"，并约定：如张某不能按期偿还贷款本息，××农村信用合作社将取得抵押房产的所有权，房屋评估价150万元，原告在扣除贷款本息、房产过户手续税费及其他费用后，余款归还张某。张某于2018年10月30日、2019年3月27日分别清偿利息27650元、28960元。本金100万元及下余利息至今未还。原告基于以上事实诉至法院，请求被告偿还借款100万元及利息，实现抵押权，或者判令被告履行抵押房屋买卖合同。

【思考】

（1）原、被告订立的抵押借款合同是否有效？

（2）抵押房屋的买卖协议是否有效？原告如何实现自己的债权？

【分析】

（1）原、被告订立的抵押借款合同符合法律规定，为有效合同。被告未按合同约定期限履行还款付息义务，构成违约。原告请求符合法律规定，予以支持。

（2）原、被告对抵押房屋同时签订的买卖协议，目的是债权期限届满不能受偿时以取得抵押房屋所有权的方式实现被担保债权，违反了《民法典》第四百零一条关于“抵押权人在债务履行期限届满前，与抵押人约定债务人不履行到期债务时抵押财产归债权人所有的，只能依法就抵押财产优先受偿。”的规定，该“抵押房屋买卖协议”无效，属于禁止流押协议的规定。流押协议是移转抵押物所有权的预先约定；被告张某应于法院判决生效后10日内偿还原告××农村信用社借款本金100万元及利息。逾期不履行，拍卖被告抵押房产，原告优先受偿。

（三）抵押物登记

1. 抵押的登记与生效

当事人设定财产抵押时，对于须登记才能确权的抵押物，例如，建筑物及其他土地附着物、建设用地使用权、正在建造的建筑物等，必须办理抵押登记，且抵押权自登记时起设立。

对于生产设备、原材料、半成品、交通工具、正在建造的船舶或航空器等不要求通过登记确权的抵押物，抵押权自抵押合同生效时设立，但未经登记的，抵押权不得对抗善意第三人。

2. 抵押登记的操作

办理抵押登记手续，应当向当地登记部门提供下列文件或复印件：①主合同和抵押合同；②抵押物的所有权和使用权证书。抵押登记办理完毕后，该登记的资料就具有证明的作用，可以供其他人前来查询。

【小案例】

抵押物未登记无法对抗第三人

2020年10月10日，借款人李某向A银行申请借款500万元，期限为两年，由王某所有的房产提供抵押担保。借款人李某、抵押人王某和A银行分别签订了《借款合同》和《最高额抵押合同》，同时办理抵押登记。贷款发放后，由于借款人李某经营不善，无力偿还到期的借款本息。随后，借款人李某、抵押人王某和A银行通过共同协商，同意对该笔借款办理借新还旧，期限为两年，继续用王某的房产提供抵押担保，并和借款人李某、抵押人王某重新签订了《借款合同》和《最高额抵押合同》。

因新贷款与原贷款的抵押物系同一宗抵押物，登记部门在办理新贷款的抵押登记时，需要先注销旧贷款的抵押担保登记才能对新贷款重新办理抵押登记，所以借款人、抵押人、A银行于2022年10月20日共同到登记部门办理了注销抵押登记手续，但当注销抵押登记手续办完后，新贷款的抵押登记尚未办理完毕时，抵押人突然反悔，拒绝履行抵押登记义务，致使重新抵押登记手续未办理成功。A银行在无奈之下，将借款人李某、抵押人王某诉诸法院，请求法院判令对拍卖或变卖王某的房产价款优先受偿。

【思考】

（1）王某应承担的抵押担保债务能否超过500万元？

（2）A银行应如何实现自己的债权？

【分析】

（1）不能。王某提供的是最高额抵押担保，担保的最高债权额为500万元，假设王某要承担抵押担保责任，也仅限于在500万元债务范围内承担责任。

（2）根据《民法典》的有关规定，以无地上定着物的土地使用权、城市房地产、乡（镇）村企业的厂房、林木、航空器、船舶、车辆、企业的设备等抵押的，应当办理抵押物登记，抵押合同自登记之日起生效，当事人未办理抵押物登记的，不得对抗第三人。如李某未能清偿借款本息，则A银行有权就王某的抵押担保房产在最高债权额500万元的限度范围内实现债权。

【知识拓展】

抵押的效力

我国《民法典》规定，抵押的效力主要有以下几点：

（1）抵押担保的范围包括主债权及利息、违约金、损害赔偿金和实现抵押权的费用。抵押合同另有约定的，按照约定。

（2）债务履行期届满，债务人不履行债务致使抵押物被人民法院依法扣押的，自扣押之日起抵押权人有权收取由抵押物分离的天然孳息以及抵押人就抵押物可以收取的法定孳息。抵押权人未将扣押抵押物的事实通知应当清偿法定孳息的义务人的，抵押权的效力不及于该孳息。前款孳息应当先充抵收取孳息的费用。

（3）抵押人将已出租的财产抵押的，应当书面告知承租人，原租赁合同继续有效。

（4）抵押期间，抵押人转让已办理登记的抵押物的，应当通知抵押权人并告知受让人转让物已经抵押的情况；抵押人未通知抵押权人或者未告知受让人的，转让行为无效。转让抵押物的价款明显低于其价值的，抵押权人可以要求抵押人提供相应的担保；抵押人不提供的，不得转让抵押物。抵押人转让抵押物所得的价款，应当向抵押权人提前清偿所担保的债权或者向与抵押权人约定的第三人提存。超过债权数额的部分，归抵押人所有，不足部分由债务人清偿。

（5）抵押权不得与债权分离而单独转让或者作为其他债权的担保。

（6）抵押人的行为足以使抵押物价值减少的，抵押权人有权要求抵押人停止其行为。抵押物价值减少时，抵押权人有权要求抵押人恢复抵押物的价值，或者提供与减少的价值相当的担保。抵押人对抵押物价值减少无过错的，抵押权人只能在抵押人因损害而得到的赔偿范围内要求提供担保。抵押物价值未减少的部分，仍作为债权的担保。

（7）抵押权与其担保的债权同时存在，债权消灭的，抵押权也消灭。

五、抵押权的实现与灭失

（一）抵押权的实现

债务履行期届满抵押权人未受清偿的，可以与抵押人协议以抵押物折价或者以拍卖、变卖该抵押物所得的价款受偿；协议不成的，抵押权人可以向人民法院提起诉讼。抵押物折价或者拍卖、变卖后，其价款超过债权数额的部分归抵押人所有，不足部分由债务人清偿。依据我国法律规定，抵押权的实现必须具备以下四个条件：

（1）抵押权有效存在。抵押权设定如果无效或者已被撤销，则不能实现。

（2）债务人的债务清偿期限届满。债务人履行债务的期限是否届满是决定债务人是否履行债务的时间标准。

（3）债务人未清偿债务。债务履行期限届满债权人未受清偿，表明债务人未按期履行义务，无论债务是迟延履行，还是拒绝履行，债权人都可以行使抵押权，使债权得到清偿。

（4）债务人未清偿不是由于债权人方面的原因。只有在因债务人方面的原因未能清偿债务而使债权人未受清偿时，抵押权人才可以行使抵押权。如果债权人未受清偿是由于其自己的原因造成的，则抵押权人不能行使抵押权。

（二）抵押权的灭失

抵押权和其他民事权利一样，在特定的条件下产生，在特定的条件下也会灭失。抵押权的灭失有以下几种方式：以实现的方式灭失、因抵押权人的放弃而灭失、因抵押合同的无效而灭失、抵押权的部分灭失。

【知识拓展】

同一财产向两个以上债权人抵押的，拍卖、变卖抵押物所得的价款按照以下规定清偿：①抵押合同已登记生效的，按照抵押物登记的先后顺序清偿；顺序相同的，按照债权比例清偿；②抵押合同自签订之日起生效的，该抵押物已登记的，按照第1条规定清偿；未登记的，按照合同生效时间的先后顺序清偿，顺序相同的，按照债权比例清偿。抵押物已登记的先于未登记的受偿。

为债务人抵押担保的第三人，在抵押权人实现抵押权后，有权向债务人追偿。抵押权因抵押物灭失而消灭。因灭失所得的赔偿金，应当作为抵押财产。

六、最高额抵押

（一）最高额抵押的概念

最高额抵押是指抵押人与抵押权人协议，在最高债权额限度内，以抵押物对一定期间内连续发生的债权作担保。债务人不履行到期债务或者发生当事人约定的实现抵押权的情形，抵押权人有权在最高债权额限度内就该担保财产优先受偿。

最高额抵押权设立前已经存在的债权，经当事人同意，可以转入最高额抵押担保的债权范围。

（二）最高额抵押权的特征

（1）最高额抵押是限额抵押。

（2）最高额抵押是为将来发生的债权提供担保。

（3）最高额抵押所担保的最高债权额是确定的，但实际发生额不确定。

（4）最高额抵押是对一定期间内连续发生的债权做担保。

（三）最高额抵押权设定的要求

（1）最高额抵押权须为继续性法律关系中的不特定债权而设立。

（2）当事人须订立最高额抵押合同。

（3）设立最高额抵押权须进行登记。

【小案例】

最高额抵押的主合同债权能否转让给他人

2020年6月28日，某玻璃厂与某银行签订借款合同，借款数额100万元，借款期限至2021年6月27日。合同还约定借款由玻璃厂提供抵押担保，上述合同签订后，银行依约向玻璃厂交付借款100万元。玻璃厂与银行为确保2020年6月28日至2021年6月27日之间已经签订或将要签订的多个主合同项下债务人义务得到切实履行，双方签订《最高额抵押合同》，以机器设备设定抵押，并在工商管理部门办理抵押登记；双方约定担保的债权为自2020年6月28日至2021年6月27日止双方产生的全部债务，本金金额不超过100万元。2021年6月25日，银行将对玻璃厂的债权依法转让给某金融资产管理公司，金融资产管理公司履行了通知暨催收义务，但玻璃厂拒不还款，金融资产管理公司将其诉至法院，要求玻璃厂偿还借款本息，并请求确认对最高额抵押项下的抵押物享有优先受偿权。

【思考】

（1）本案的抵押担保合同属何种担保合同？

（2）银行能否将此最高额抵押的主合同债权转让给他人？

（3）金融资产管理公司能够通过抵押合同实现的债权是多少？

【分析】

（1）本案是最高额抵押担保合同。

（2）最高额抵押担保的债权确定前，部分债权转让的，最高额抵押权不得转让，但是当事人另有约定的除外。最高额抵押所担保的不特定债权，在特定后，债权已届清偿期的，最高额抵押权人可以根据普通抵押权的规定行使其抵押权。本案中，尽管最高额抵押所担保的债权为2020年6月28日至2021年6月27日玻璃厂对债权银行所产生的全部债务，但由于在上述期间内，玻璃厂与银行的主债权债务关系始终是特定的，并未签订多个并存的借款合同，故该最高额抵押权所担保的主合同债权在金融资产管理公司与银行签订债权协议时是特定的，因此，金融资产管理公司与银行签订的债权转让协议并未违反法律法规的强制性规定，金融资产管理公司由于债权受让而与玻璃厂之间形成的债权债务关系合法有效，应受法律保护。

（3）玻璃厂偿还金融资产管理公司借款100万元及利息，且金融资产管理公司对玻璃厂提供抵押担保机器设备在借款范围内享有优先受偿权。

模块三

以转移占有的财产为担保——质押

【小案例】

质押的牛

2017年10月5日，甲向乙借款1000元，同时签订了一份质押合同，约定甲于同年10月8日将一头受胎的母牛作为质物交付给乙，并约定如果母牛生产小牛仍归甲方。甲如期交付。其间，母牛生下小牛一头。半年后，甲债务到期没有还乙的钱，两人协商把母牛卖了，得1500元。

【思考】

（1）本案中小牛的归属于谁？

（2）卖母牛所得1500元如何分配？

（3）假设因为乙的疏忽，把母牛饿死了，如何处理？

【分析】

（1）小牛归出质人。根据《民法典》的规定，质权人有权收取质押财产的孳息，但合同另有约定的除外。本案中，双方对孳息专门作出了约定，从其约定，即归出质人甲方。

（2）卖牛所得1000元归质权人用以清偿债务，500元归出质人。《民法典》第四百三十八条规定，质押财产折价或者拍卖、变卖后，其价款超过债权数额的部分归出质人所有，不足部分由债务人清偿。

（3）根据《民法典》的规定，质权人负有妥善保管质物的义务。因保管不善致使质物灭失或者毁损的，质权人应当承担责任。如母牛被饿死了，质权人应承担赔偿责任。根据评估价格（假定为1500元），赔偿500元给出质人。

一、质押的概念及种类

我国《民法典》将质押分为动产质押和权利质押。动产质押是指债务人或者第三人将其动产移交债权人占有，将该动产作为债权的担保。债务人不履行债务时，债权人有权依照法律规定以该动产折价或者以拍卖、变卖该动产的价款优先受偿。债务人或者第三人为出质人，债权人为质权人，移交的动产为质物。

权利质押是指用代表金钱或财产的有价证券作抵押，对债权人进行担保的行为。我国《民法典》第四百四十条规定债务人或者第三人有权处分的下列权利可以出质：

（1）汇票、本票、支票；

（2）债券、存款单；

（3）仓单、提单；

（4）可以转让的基金份额、股权；

（5）可以转让的注册商标专用权、专利权、著作权等知识产权中的财产权；

（6）现有的以及将有的应收账款；

（7）法律、行政法规规定可以出质的其他财产权利。

二、质押合同和质押合同的效力

出质人和质权人应当以书面形式订立质押合同。质押合同自质物移交于质权人占有时生效。

质押合同应当包括以下内容：①被担保的主债权种类、数额；②债务人履行债务的期限；③质物的名称、数量、质量、状况；④质押担保的范围；⑤质物移交的时间；⑥当事人认为需要约定的其他事项。质押合同不完全具备前款规定内容的，可以补正。

【小案例】

质押合同的效力认定

自然人甲与自然人乙是好友，甲因扩大店面急需资金向乙借款10万元，乙要求甲提供担保，甲将自己的奥迪车出质给乙，乙因自己不会开车，要求甲将该车开回。后甲向自然人丙借款10万元，又将该车出质给丙。丙对该车进行了占有。该奥迪车的价值为50万元。在丙占有期间，因丁向丙租用该车，丙未经甲同意，即与丁签订了租赁合同。丁因违章驾驶造成该车灭失，为此引起纠纷。

【思考】

（1）本案中，甲、乙之间的质押合同是否生效？为什么？

（2）甲、丙之间存在何种法律关系？丙是否有权出租该车为什么？

（3）甲可就该车损失向谁主张权利？为什么？

【分析】

（1）未生效。质押合同自质物移交于质权人占有时生效。《民法典》第四百二十七条至第四百二十九条规定，出质人和质权人应当以书面形式订立质押合同，质押合同自质物移交于质权人占有时生效。本案中，甲与乙之间签订了质押合同，虽然是双方真实意思的表示，且不违反法律的规定，不损害他人利益，质物价值超过所担保债权数额，但该质押合同只具备成立要件，不具备生效要件，因为质押合同的生效以质权人占有质物为要件，乙放弃了质物的占有，故乙的质权未生效。

（2）甲、丙之间存在质权法律关系。丙无权出租该车。质权为担保物权，质权人在质权存续期间对质物不享有使用权、出租权和处分权。本案中，丙作为质权人，未经出质人甲的同意，不享有将质物奥迪车出租给丁的权利。

（3）向丙主张权利。质权人擅自出租质物给出质人造成损失的，应依法承担赔偿责任。根据《民法典》第四百三十二条、第四百三十四条规定，质权人应妥善保管质物，质权人在质权关系存续期间，对质物只享有占有权，不享有使用权、租赁权和处分权。质权人在质权存续期间，未经出质人同意转质，造成质押财产毁损、灭失的，应当承担赔偿责任。本案中，丙擅自出租该车，致使承租人违章驾驶造成该车灭失，丙应对该车的损失向甲承担责任。丙承担责任后，可向丁进行追偿。

三、质权人和出质人的权利与义务

（一）质权人的权利义务

1. 质权人的权利

（1）对质物的占有和留置权。质权人有权在债权受清偿前占有质物。

（2）收取质物的孳息。原则上，对质物所生的孳息，除当事人约定由出质人收取外，质权人有权收取质物孳息。孳息应当先充抵收取孳息的费用。

（3）质物转质权。所谓转质，是指质权人将质物移交于自己的债权人而设定新质权的行为。质权人以质物转质的权利，称为转质权。根据转质是否经过质权人同意，在法律上可以将转质分为承诺转质和责任转质。

（4）处分质物并就其价金优先受偿。

（5）费用支付的请求权。有请求出质人支付保管标的物之费用的权利。

（6）保全质权的权利。质物有损坏或者价值明显减少的可能，足以危害质权人权利的，质权人可以要求出质人提供相应的担保。出质人不提供的，质权人可以拍卖或者变卖质物，并与出质人协议将拍卖或者变卖所得的价款用于提前清偿所担保的债权或者向与出质人约定的第三人提存。

2. 质权人的义务

（1）妥善保管质物的义务。所谓“妥善保管”，指质权人应当对质物保管尽到善良管理人的谨慎与注意。质权人未尽到妥善保管的义务致使质物发生了毁损灭失，除非质权人有证据证明自己已尽到了善良保管人的谨慎与注意的义务，否则，应当承担民事责任。

（2）质权人返还质物或剩余价款的义务。被担保债权消灭，质权也随之消灭。质权既已消灭，质权人就失去了占有质物的根据，应将质物返还出质人。质权实现后，有剩余价款的，质权人应返还出质人。

（二）出质人的权利和义务

1. 出质人的权利

（1）出质人在质权人因保管不善致使质物毁损灭失时，有权要求质权人承担民事责任。质权人不能妥善保管质物可能致使其灭失或者毁损的，出质人可以要求质权人将质物提存，或者要求提前清偿债权而返还质物。

（2）债务履行期届满，债务人履行债务的，或者出质人提前清偿所担保的债权的，出质人有权要求质权人返还质物。

（3）出质人如果是债务人以外的第三人，该第三人代为清偿债权或因质权实行丧失质物的所有权时，有权向债务人追偿。

（4）债务履行期届满，出质人请求质权人及时行使权利，而质权人怠于行使权利致使质物价格下跌的，由此造成的损失，出质人有权要求质权人予以赔偿。

2. 出质人的义务

（1）不得妨害质权人享有并行使对质物的权利。

（2）出质人提供的质物存在损坏或者价值明显减少的可能，足以危害质权人权利的，出质人有义务向质权人提供相应的担保，保障质权的完整性。

【小案例】

动产质押担保的范围及动产质权的实现

某县甲公司因流动资金不足，与该县乙信用社商量借款事宜，应乙信用社的要求，甲公司找到常年业务户丙公司为其提供质押担保。三方于2018年8月3日签订了借款质押担保合同，主要约定：乙信用社贷给甲公司贷款20万元，贷款用途为流动资金，月息为5‰，借款期限为2个月。由丙公司提供一部价值约为20万元的轿车作为质押担保，担保的范围为甲公司所借信用社贷款20万元本金中的15万元。合同签订当日，丙公司当即将轿车移交给乙信用社占有后，乙信用社支付给了甲公司20万元贷款。借款到期后，甲公司无力偿还贷款。丙公司为急需使用小轿车，替甲公司偿还借款15万元后，丙公司要求乙信用社将小轿车返还。乙信用社以甲公司尚欠贷款未还清而拒绝返还。于是丙公司以乙信用社为被告向法院起诉而形成纠纷。

【思考】

（1）如何确定动产质押担保的范围？

（2）乙信用社拒绝返还质物的行为有法律依据吗？

（3）本案将如何处理？

【分析】

（1）质押担保的范围主要包括主债权及利息、违约金、损害赔偿金、质物保管费用和实现质权的费用。质押合同另有约定的，按照约定。

（2）乙信用社拒绝返还质物的行为没有法律依据。我国《民法典》第四百三十六条规定："债务履行期届满债务人履行债务的，或者出质人提前清偿所担保的债权的，质权人应当返还质物。""债务人不履行到期债务或者发生当事人约定的实现质权的情形，质权人可以与出质人协议以质押财产折价，也可以就拍卖、变卖质押财产所得的价款优先受偿。"

（3）为债务人质押担保的第三人，在质权实现后，有权向债务人追偿，丙公司可以依法行使其追偿权。而乙信用社的债权没有完全实现，其可以要求债务人偿还未清偿的部分，而不能再要求已履行了担保责任的出质人承担额外的责任。

四、质权的消灭

质权与其担保的债权同时存在，债权消灭的，质权也消灭；质权因质物灭失而消灭。因灭失所得的赔偿金，应当作为出质财产。

质权消失带来的法律效力：第一，质物因质权人的行为而灭失时，债权人对出质人应承担赔偿责任；第二，质物因出质人的行为而灭失时，债权人可要求出质人另行提供担保；第三，质物因第三人的行为而灭失时，出质人对第三人有损害赔偿请求权。质物投保时，有保险金支付请求权，债权的效力及于赔偿金或保险金；第四，质物因被征用、被没收等法定事由而灭失时，如因被征用获得补偿时，债权的效力及于补偿金上；第五，若质物因不可抗力的原因而灭失，则质权消灭，质物灭失风险由出质人承担。

【小案例】

质物灭失引起的纠纷

2019年3月，何某以其所有的古董花瓶作为质押物，与李某签订一份借款1万元的质押借款协议，约定花瓶交给李某占有保管，一年后还钱并取回花瓶，否则李某有权处理花瓶优先受偿。一个月之后，李某的朋友钱某到李某家做客，无意中打碎了花瓶。李某遂与钱某到估价机构，估价结果是价值18000元。钱某数日后赔给李某现金18000元。何某得知此事后，要求李某归还差价8000元，李某不肯。何某遂将李某起诉至法院。

【思考】

质权是否因质物的灭失而消灭？质物因质权人的行为灭失后，出质人该如何追偿？

【分析】

质物灭失后，质权也随之消灭，质权因质物灭失而消灭。因灭失所得的赔偿金，应当作为出质财产。另，《民法典》第四百三十八条规定："质物折价或者拍卖、变卖后，其价款超过债权数额的部分归出质人所有，不足部分由债务人清偿。"本案中，双方的质押关系因质物灭失而消灭，质物灭失所得的赔偿金18000元抵作借款，超过借款额部分应归还出质人何某。

五、留置与定金

留置是指因保管合同、运输合同、加工承揽合同发生的债权，债权人按照合同约定占有债务人的动产，债务人不按照合同约定的期限履行债务的，债权人有权留置该财产，以该财产折价或者以拍卖、变卖该财产的价款优先受偿。

定金是指当事人可以约定一方向对方给付定金作为债权的担保。债务人履行债务后，定金应当抵作价款或者收回。给付定金的一方不履行约定的债务的，无权要求返还定金；收受定金的一方不履行约定的债务的，应当双倍返还定金。

定金应当以书面形式约定。当事人在定金合同中应当约定交付定金的期限，定金合同从实际交付定金之日起生效。定金的数额由当事人约定，但不得超过主合同标的额的百分之二十。

模块四

银行的信用——银行保函

一、银行保函的基本知识

（一）银行保函的概念

银行保函，又称银行保证书，是指银行应申请人的请求，向受益人开立的一种书面信用担保凭证，保证在申请人未能按双方协议履行其责任或义务时，由担保行代其履行一定金额、一定时限范围内的某种支付或经济赔偿责任。

（二）银行保函的主要内容

（1）保函当事人（受益人、申请人、担保行、通知行或转开行）的完整名称和详细地址；

（2）保函的性质；

（3）合同的主要内容：保函中必须说明交易合同的内容、合同编号、开立日期、签约双方、有无修改等；

（4）保函的编号和开立日期；

（5）保函金额；

（6）保函的有效期限和终止到期日；

（7）当事人的权利和义务；

（8）索偿条件；

（9）其他条款。

（三）银行保函的作用与优势

概括而言，保函从其本质上来说具体有两大基本作用：第一，保证合同价款的支付；第二，发生合同违约时，对受害方进行补偿并对违约责任人进行惩罚。

保函的优势有：①减少资金占用，提高资金使用率；②降低企业成本，增加企业收入；③减少保证金缴退繁杂环节，避免保证金延迟退款甚至挪用风险。

（四）银行保函的当事人

1. 直接（三方）保函结构下的当事人：委托人或申请人、受益人、担保人、其他

（1）委托人（Principal）或申请人（Applicant）是指向担保行申请开立保函的人；

（2）受益人（Beneficiary）是指有权按保函规定出具索款通知或连同其他单据，向担保行索取款项的人；

（3）担保人（Guarantor Bank）是指开立保函的银行；

（4）通知行（Advising Bank）是指接受担保行的委托，将保函通知给受益人的银行。

2. 间接（四方）保函结构下的当事人：委托人、受益人、担保人、指示方

委托人、受益人、担保人内容同直接保函结构下的当事人含义相同，指示方（Instructing Party）指委托人的往来银行，向担保人发出反担保函。

（五）银行保函当事人的权责

1. 委托人的责任

（1）偿付垫款：在担保行按照保函规定向受益人付款后，委托人须立即偿还担保行垫付之款；

（2）负担款：负担保函项下的一切费用及利息；

（3）预支押金：担保人如果认为需要时，应预支部分或全部押金。

2. 担保行的责任、权利

（1）开出保函：担保行一旦接受开立保函申请书，就有责任按照申请书开出保函；

（2）履行保函承诺：担保行一旦开出保函，就有责任按照保函承诺条件，对受益人付款；

（3）追索垫付之款：如果委托人不能立即偿还担保行已付之款，则担保行有权处置押金、抵押品、担保品；如果处置后仍不足抵偿，则担保行有权向委托人追索不足部分。

3. 受益人的权利

依保函索款，即受益人按照保函规定，提交相符的索款声明，或连同有关单据，有权向担保行索偿，并取得付款。

二、银行保函当事人之间的法律关系

（一）银行保函法律关系的特点

（1）保函依据商务合同开出，但又不依附于商务合同，具有独立法律效力。当受益人在保函项下合理索赔时，担保行就必须承担付款责任，而不论委托人是否同意付款，也不管合同履行的实际事实。即保函是独立的承诺并且基本上是单证化的交易业务。

（2）银行信用作为保证，易于为合同双方接受。

（二）当事人间的法律关系

（1）委托人与受益人之间基于彼此签订的合同而产生的债权债务关系或其他权利义务关系。此合同是它们之间权利和义务的依据，相对于保函协议书和保函而言是主合同，他是其他两个合同产生和存在的前提。如果此合同的内容不全面，会给银行的担保义务带来风险。因而银行在接受担保申请时，应要求委托人提供他与受益人之间签订的合同。

（2）委托人与银行之间的法律关系是基于双方签订的《保函委托书》而产生的委托担保关系。《保函委托书》中应对担保债务的内容、数额、担保种类、保证金的交存、手续费的收取、银行开立保函的条件、时间、担保期间、双方违约责任、合同的变更、解除等内容予以详细约定，以明确委托人与银行的权利义务。《保函委托书》是银行向委托人收取手续费及履行保证责任后向其追偿的凭证。因此，银行在接到委托人的担保申请后，要对委托人的资信、债务及担保的内容和经营风险进行认真的评估审查，以最大限度降低自身风险。

（3）担保银行和受益人之间的法律关系是基于保函而产生的保证关系。保函是一种单务合同，受益人可以以此享有要求银行偿付债务的权利。在大多数情况下，保函一经开立，银行就要直接承担保证责任。

依保函的性质不同，可分为从属性保函和见索即付保函。见索即付保函是指对由银行出具的，书面形式表示在受益人交来符合保函条款的索赔书或保函中规定的其他条件时，承担无条件的付款责任。

【小案例】

出具保函的代价

甲银行于 2021 年 4 月为乙公司 2000 万港币借款出具保函，受益人为丙银行，期限为 9 个月，利率为 12%。由于乙公司投资房地产失误，导致公司负债累累，在还款期满后未能依约归还丙银行贷款。2023 年 3 月，丙银行向当地人民法院起诉乙公司和甲银行，要求归还贷款本金及利息。

【思考】

本案中，甲银行是否需要承担责任？

【分析】

需要。担保行甲银行根据乙公司的申请向丙银行开立的是借款保函。所谓借款保函，是指由借款人委托银行向贷款人出具的用以担保借款人按月还本付息的一种保函，一旦出现借款人因某种原因无力偿还或不愿偿还债务等情况，则由银行按协议对贷款人承担还本付息的责任。

【学习互动】

融资担保，是怎样的一种担保，它是如何发挥作用的？

项目要点

第一，保证是指保证人和债权人约定，当债务人不履行债务时，保证人按照约定履行债务或者承担责任的行为。

第二，国家机关不得为保证人，但经国务院批准为使用外国政府或者国际经济组织贷款进行转贷的除外。学校、幼儿园、医院等以公益为目的的事业单位、社会团体不得为保证人。企业法人的分支机构、职能部门不得为保证人。企业法人的分支机构有法人书面授权的，可以在授权范围内提供保证。

第三，保证合同的主要条款有：①被保证的主债权种类、数额；②债务人履行债务的期限；③保证的方式；④保证的范围；⑤保证的期间；⑥双方认为需要约定的其他事项。

第四，保证的方式有一般保证和连带责任保证、共同保证。

第五，在一般保证和连带责任保证中，如果合同约定了保证期间，按其约定；如果未约定期限保证期间为主债务履行届满之日起6个月；约定不明确的，保证期限为主债务届满之日开始起2年。保证合同约定的保证期间早于或者等于主债务履行期间的，视为没有约定，保证期间为主债务履行期届满之日起6个月。

第六，在保证期间内，债权人主张权利的，保证责任确定。连带保证从确定保证责任时起，开始起算保证的诉讼时效。在一般保证，则在对债务人提起诉讼或者申请仲裁的判决或者仲裁裁决生效之日起算保证的诉讼时效。保证的诉讼时效期间，按照《民法典》的规定应为3年。

第七，抵押是指债务人或第三人对债权人以一定财产作为清偿债务担保的法律行为。提供抵押财产的债务人或第三人称为抵押人；所提供抵押财产称为抵押物；债权人则为抵押权人。

第八，抵押合同是抵押权人（通常是债权人）与抵押人（既可以是债务人，也可以是第三人）签订的担保性质的合同。

第九，抵押物登记可以有效地防止重复抵押现象的发生；抵押物登记是不动产抵押合同生效的必要条件；抵押物进行登记能够有效地维护抵押权人的利益。

第十，债务人不履行到期债务或发生当事人约定的实现抵押权的情形，抵押权人可以与抵押人协议以抵押财产折价或以拍卖、变卖该抵押财产所得的价款优先受偿。

第十一，质押也称质权，就是债务人或第三人将其动产移交债权人占有，将该动产作为债权的担保，当债务人不履行债务时，债权人有权依法就该动产卖得价金优先受偿。把该财产称之为质物，提供财产的人称之为出质人，享有质权的人称之为质权人。

第十二，质押合同自质物移交于质权人占有时生效。

第十三，银行保函又称银行保证书，也属银行信用，是指银行应申请人或委托人的要求向受益方开出的，担保申请人一定履行某种义务，并在申请人未能按规定履行其责任和义务时，由担保行代其支付一定金额或作出一定经济赔偿的书面文件。

本项目参考法规

《中华人民共和国民法典》（第四分编 担保物权），2020 年 5 月 28 日第十三届全国人民代表大会第三次会议通过，自 2021 年 1 月 1 日起施行。

学习检测

一、单选题

1. 黄河公司以其房屋作抵押，先后向甲银行借款 100 万元，乙银行借款 300 万元，丙银行借款 500 万元，并依次办理了抵押登记。后丙银行与甲银行商定交换各自抵押权的顺位，并办理了变更登记，但乙银行并不知情。因黄河公司无力偿还三家银行的到期债务，银行拍卖其房屋，仅得价款 600 万元。根据《民法典》的规定，关于三家银行对该价款的分配，下列选项中，正确的是（　　）。

A. 甲银行 100 万元、乙银行 300 万元、丙银行 200 万元

B. 甲银行得不到清偿、乙银行 100 万元、丙银行 500 万元

C. 甲银行得不到清偿、乙银行 300 万元、丙银行 300 万元

D. 甲银行 100 万元、乙银行 200 万元、丙银行 300 万元

2. 甲与乙签订了买卖合同，由甲向乙交付产品，乙支付价款。丙为乙保证支付，下列说法错误的是（　　）。

A. 丙是保证人　　B. 保证合同应是甲与丙签订

C. 保证合同应是乙与丙签订　　D. 甲是债权人，乙是债务人

3. 甲尚未成年；乙为某市工商局；丙为已被申请破产的企业；丁为某国有企业。上述可作保证人的是（　　）。

A. 甲　　B. 乙　　C. 丙　　D. 丁

4. A 企业向甲企业购买一批设备，B 企业为 A 企业作担保，保证合同约定，如果 A 企业无法在合同约定期限内支付货款，B 企业承担连带责任。为此，下列说法正确的是（　　）。

A. 甲企业可以直接向B企业请求支付全部设备款

B. 甲企业应当先向A企业请求支付设备款

C. A企业无法支付设备款，甲企业只能向法院起诉A企业

D. 甲企业只能同时向A、B企业请求支付设备款

二、多选题

1. 下列哪些人不能担任保证人？（　　）。

A. 国家机关　　B. 学校　　C. 医院　　D. 企业的职能部门

2. 甲公司为一房地产企业，其向银行贷款建房本金1000万元，时间为2年，如果到期无法偿还贷款，按照日万分之二的利息支付违约金。乙公司为甲公司保证人，承担连带责任。后由于国家宏观调控政策出台，甲公司的所建房屋没有及时出售以回笼资金，到期无法偿还银行贷款，为此，乙公司应当为甲公司负担的保证人责任包括（　　）。

A. 1000万元本金　　B. 由于违约产生的违约金

C. 银行向甲公司多次催要贷款发生的邮寄、通信等费用

D. 由于甲公司不能及时还款，造成银行向其客户违约的违约金

3. 关于可以设定抵押的财产，下列说法正确的是（　　）。

A. 乡镇企业的厂房　　B. 土地所有权

C. 耕地的使用权　　D. 尚未建造完毕的房屋

4. 老王将其10亩地的果树作抵押向银行贷款，抵押权的效力涉及（　　）。

A. 仅限于这10亩地的果树　　B. 涉及果树所结水果

C. 如果老王为其果树购买了保险，在一次大火中，老王的果园被焚毁，后保险公司赔付了老王保险金，抵押权效力涉及保险金

D. 抵押权的效力还涉及老王承包的这10亩果园的土地使用权

三、判断题

1. 抵押人所担保的债权不得超出其抵押物的价值。（　　）

2. 订立抵押合同时，抵押权人和抵押人在合同中不得约定在债务履行期届满抵押权人未受清偿时，抵押物的所有权转移为债权人所有。（　　）

3. 在一般保证中，保证期间债权人未对债务人提起诉讼或者申请仲裁的，保证人不免除保证责任。（　　）

4. 一般保证的保证人与债权人未约定保证期间的，保证期间为主债务履行期届满之日起3个月。（　　）

5. 抵押贷款，系指按《民法典》规定的抵押方式以借款或第三人的动产或权利作为质押物发放的贷款。（　　）

四、案例分析

A公司向Y银行申请一笔100万元的贷款，A公司以自己所有的价值50万元的汽车一辆设定了抵押，同时由B公司提供了保证，保证合同中B公司承担一般保证责任。A

公司未能按时归还贷款。根据Y银行掌握的情况，B公司资金雄厚，于是Y银行要求B公司归还这100万元贷款，但遭B公司拒绝。

请思考：

（1）B公司的拒绝是否有法律依据？

（2）B公司应当承担多少金额的保证责任？

项目六 证券法律实务

【知识目标】

通过本项目的学习，简单了解证券基础知识、证券法的概念和基本原则，熟悉证券的发行、上市与交易的条件、程序和相关的法律制度，了解上市公司的收购业务，熟悉证券交易禁止行为，知晓证券机构的职能。

【德育目标和职业素养】

通过证券法律制度的学习，帮助学生正确认识证券投资，规范证券从业行为，培养学生守法合规的职业素养。

【学习任务】

1. 认识证券、证券法的概念和基本原则。
2. 熟悉证券的发行方式。
3. 掌握证券上市与交易的条件、程序和相关的法律制度。
4. 了解上市公司的收购业务。
5. 熟悉证券交易禁止行为。
6. 了解证券机构职责。
7. 了解证券相关法律责任。

模块一

合法融资渠道——证券发行

【导入案例】

轻信“购买低价内部股票”数名大学生遭骗数十万

辛某自称正在筹办一家名为“黑马训练营”的大学生学习就业培训机构，主要针对大学生进行就业创业培训。经过几次交流，阿丽和小刚等人就加入了训练营，随着关系的进一步熟悉，辛某便经常与这几名大学生一起出入高档饭店、会所，出手也非常阔绰，辛某“富二代”的形象便牢牢扎根在几个涉世未深的大学生心里。

几个月后，辛某便有意无意地跟阿丽等几个大学生谈起，自己的父亲是某知名企业的大股东，公司现在正在内部集资，可以低价买到一些内部股票，一年之内本金就能翻倍。听到这个消息，阿丽、小刚等几名大学生抱着试探的想法，分别在辛某处购买了几千元的所谓“内部股票”，还签订“购买协议”。为了“放长线钓大鱼”，辛某将此前的大部分本金退还给学生，并告知他们之前投资的本金已经翻倍，利润要等分红后兑现，这下学生们对辛某彻底放下了戒心。自此之后，每隔一段时间辛某就以内部股票的名义向学生们要钱。直到引起阿丽疑心，到公安机关报案的时候，阿丽、小刚、小丁三名大学生分别先后拿出共计121800元、58800元和11000元向辛某购买内部股票，这些钱他们有的是向父母要的，有的则是跟同学借的。

【思考】

内部股票真的存在吗？怎样辨别股票发行是合规的？

【分析】

我国股票的分类有多种，其中有一类属于内部职工股，指采用定向募集方式发起设立的股份有限公司向其内部职工发行的股票。其目的是进一步增加公司的凝聚力和竞争力，吸引员工关注公司的长期持续发展，激励人才、稳定人才，提高员工对公司的责任感和荣誉感，使员工的利益与公司的效益相结合，真正实现公司与员工双赢，经公司董事会决定，在公司内部实施员工股。

根据《中华人民共和国证券法》第九条规定，公开发行证券，必须符合法律、行政法规规定的条件，并依法报经国务院证券监督管理机构或者国务院授权的部门注册。未经依法注册，任何单位和个人不得公开发行证券。

一、证券与证券法

（一）证券的概念

证券是各类财产所有权或债权凭证的统称，是用来证明证券持有人有权依票面所载内容，取得相关权益的凭证。所以，证券的本质是一种交易契约或合同，该契约或合同赋予合同持有人根据该合同的规定，按照合同规定的标准采取相应的行为，并获得相应的收益和权利。

证券按其性质不同，可以分为证据证券、凭证证券和有价证券三大类。

证据证券只是单纯地证明一种事实的书面证明文件，如信用证、证据、提单等。

凭证证券是指认定持证人是某种私权的合法权利者，证明持证人所履行的义务有效的文件，如存款单、借据、收据及定期存款存折等就属于这一类。

有价证券是指标有票面金额，用于证明持有人或该证券指定的特定主体对特定财产拥有所有权或债权的凭证，区别于上面两种证券的主要特征是可以让渡。我国证券市场上流通的证券种类主要有股票、债券、证券投资基金、证券衍生品种等。

（二）证券法

现行《证券法》全文共14章226条，涉及证券发行、证券交易、上市公司的收购、信息披露、投资者保护、证券交易场所、证券公司、证券登记结算机构证券服务机构、证券业协会、证券监督管理机构和法律责任等内容。我国证券市场法律法规体系，是以《证券法》为核心，由相关法律、行政法规、部门规章及规范性文件和自律性规则等构成的法律法规体系，为我国证券市场的健康运行提供了法治保障，也为监管部门履行监管职责提供了制度依据。我国证券市场法律法规体系的主要由下列法律法规及规则组成。

（1）法律。包括《中华人民共和国证券法》《中华人民共和国公司法》等。

（2）行政法规。包括《证券公司监督管理条例》《证券公司风险处置条例》《证券、期货投资咨询管理暂行办法》《证券交易所风险基金管理暂行办法》等。

（3）部门规章及规范性文件。包括《证券发行与承销管理办法》《首次公开发行股票并上市管理办法》《证券公司和证券投资基金管理公司合规管理办法》等。

（4）证券交易所、中国证券业协会等制定的自律性规则。包括《上海证券交易所交易规则》《深圳证券交易所规则》《北京证券交易所交易规则（试行）》《中国证券业协会会员管理办法（2021修订）》等。

证券法立法宗旨是为了规范证券发行和交易行为，保护投资者的合法权益，维护社会经济秩序和社会公共利益，促进社会主义市场经济的发展。

【知识拓展】

证券法遵循的原则

（1）公开、公平、公正原则。证券的发行、交易活动，必须实行公开、公平、公正的原则。这是证券法的基本原则。

（2）自愿、有偿、诚实信用原则。证券发行、交易活动的当事人具有平等的法律地位，应当遵守自愿、有偿、诚实信用的原则。

（3）守法原则。证券的发行、交易活动，必须遵守法律、行政法规；禁止欺诈、内幕交易和操纵证券市场的行为。

（4）分业经营管理。证券业和银行业、信托业、保险业实行分业经营、分业管理，证券公司与银行、信托、保险业务机构分别设立。国家另有规定的除外。

（5）政府监督、自律管理、审计监督三管齐下。国务院证券监督管理机构依法对全国证券市场实行集中统一监督管理。在国家对证券发行、交易活动实行集中统一监督管理的前提下，依法设立证券业协会，实行自律性管理。国家审计机关依法对证券交易所、证券公司、证券登记结算机构、证券监督管理机构进行审计监督。

二、证券发行

证券发行，是指发行人依照法定条件和程序，以募集资金为目的向投资者出售代表一定权利的有价证券的活动。各国对证券发行的审核制度主要有两种做法：注册制和核准制。2023年2月17日起，我国全面实行股票发行注册制。

（一）公开发行证券

公开发行，是指发行人面向社会公众，即以不特定的广大投资者为证券发行的对象，按统一的条件公开发行证券的方式。公开发行一般数额较大，发行人通常委托证券承销商代理发行，因而发行成本较高；公开发行须经过严格的审查，发行过程比较复杂，但信用度较高且流通性较好。股票大多数采用公开方式发行，债券发行有的是公开，有的则是非公开的。公开发行的债券发行利率一般低于非公开发行债券的利率。

有下列情形之一的，为公开发行：①向不特定对象发行证券的；②向特定对象发行证券累计超过200人的，但依法实施员工持股计划的员工人数不计算在内；③法律、行政法规规定的其他发行行为。

【知识拓展】

全面实行股票发行注册制正式实施

资本市场有望迎来四大变化

2023年2月17日，中国证监会发布实施全面实行股票发行注册制相关制度规则，标志着注册制的制度安排基本定型，注册制推广到全市场和各类公开发行股票行为。从科创板到创业板、北交所，再到全市场，在经历了4年试点之后，股票发行注册制将在更广阔的空间发挥其制度优势，促进资本市场更好发挥服务实体经济的功能，并有望引发资本市场诸多变化。

变化之一：以信息披露为核心，让发行上市全过程更加规范透明可预期。

变化之二：发行上市条件更包容，增强服务实体经济和科技创新能力。

变化之三：退市机制更顺畅，防止“劣币驱逐良币”。

变化之四：“优质优价”态势更加明显，市场结构和生态进一步优化。

资料来源：新华网，网址：http://www.xinhuanet.com/mrdx/2023-02/18/c_1310698356.htm，发布时间：2023年2月17日。

（二）非公开发行证券

非公开发行，是指以特定的投资者为对象发行证券的发行方式。非公开发行的数额一般较小，发行程序也比较简单，发行人不必委托中介机构办理推销，可以节省手续费开支，降低成本。但由于非公开发行不经过严格的审查和批准，所以一般不能公开上市，流动性较差。

非公开发行证券，不得采用广告、公开劝诱等变相公开方式。

【小案例】

擅自公开发行股票案

Z某为M公司负责人，通过在国内某知名电子商务网站T网上以销售会员卡的方式公开销售M公司股票，随后Z某通过自己的微博宣传了此次募股行为，并声称有1000人购买了M公司股票，累计金额达100余万元，该微博引起社会广泛关注。北京证监局关注到该条微博，并对微博中所描述的情况展开了调查。

经过调查，Z某通过T网进行过两次M公司股票的销售活动，累计150余人购买了M公司股票，涉及金额约18万余元。

资料来源：北京证监局，网址：http://www.csrc.gov.cn/beijing/c105535/c1257396/content.shtml，发布时间：2013年5月6日。

【思考】

（1）Z某通过T网进行M公司股票的销售行为是否合法？

（2）哪些部门对公开发行证券进行核准？

【分析】

Z某未经许可而通过网络公开销售M公司股票的行为涉嫌擅自公开发行股票，应要求其立即停止该违法行为。《证券法》第九条规定："公开发行证券，必须符合法律、行政法规规定的条件，并依法报经国务院证券监督管理机构或者国务院授权的部门注册。未经依法注册，任何单位和个人不得公开发行证券。证券发行注册制的具体范围、实施步骤，由国务院规定。"

三、股票的发行条件

（一）首次公开发行股票的条件

1. 设立发行股票的条件

股份有限公司的设立，可以采取发起设立或者募集设立的方式。发起设立，是指由发起人认购公司应发行的全部股份而设立公司。募集设立，是指由发起人认购公司应发行股份的一部分，其余股份向社会公开募集或者向特定对象募集而设立公司。

公司因募集设立而首次公开发行股票，根据《证券法》第十一条的规定，设立股份有限公司公开发行股票，应当符合《公司法》规定的条件和经国务院批准的国务院证券监督管理机构规定的其他条件。其中，《公司法》规定的条件包括：发起人认购的股份不得少于公司股份总数的35%；公告招股说明书，并制作认股书。在程序上，发起人向国务院证券监督管理机构报送募股申请和招股说明书；依照《证券法》规定聘请保荐人的，还应当报送保荐人出具的发行保荐书。法律、行政法规规定设立公司必须报经批准的，还应当提交相应的批准文件。获得公开发行注册许可后，发行人再向公司登记机关报送国务院监督管理机构的核准文件，完成设立登记。

【知识拓展】

设立股份有限公司应当具备的条件

《公司法》第七十六条规定，设立股份有限公司，应当具备下列条件：

（1）发起人符合法定人数。应当有2人以上200人以下为发起人，其中须有半数以上的发起人在中国境内有住所；

（2）有符合公司章程规定的全体发起人认购的股本总额或者募集的实收股本总额；

（3）股份发行、筹办事项符合法律规定；

（4）发起人制订公司章程，采用募集方式设立的经创立大会通过；

（5）有公司名称，建立符合股份有限公司要求的组织机构；

（6）有公司住所。

2. 公司首次公开发行新股

首次公开发行股票（IPO），是指公司首次在证券市场公开发行股票募集资金并上市的行为。首次公开发行股票并上市，应当符合发行条件、上市条件以及相关信息披露要求，依法经交易所发行上市审核，并报中国证监会注册。对发行人首次公开发行股票申请予以注册，不表明中国证监会和交易所对该股票的投资价值或者投资者的收益作出实质性判断或者保证，也不表明中国证监会和交易所对注册申请文件的真实性、准确性、完整性作出保证。

《首次公开发行股票注册管理办法》（简称《注册管理办法》）于 2023 年 2 月 17 日起施行。其规定了申请首发上市应当满足以下四方面的基本条件：一是组织机构健全，持续经营满 3 年。二是会计基础工作规范，内控制度健全有效。三是发行人股权清晰，业务完整并具有直接面向市场独立持续经营的能力。四是生产经营合法合规，相关主体不存在《注册管理办法》规定的违法违规记录。同时，根据主板定位特点，规定企业申请在主板上市的，相较科创板、创业板，在实际控制人、管理团队和主营业务方面应满足更长的稳定期要求。

公司首次公开发行新股，应当符合下列条件：

（1）发行人是依法设立且持续经营 3 年以上的股份有限公司，具备健全且运行良好的组织机构，相关机构和人员能够依法履行职责。有限责任公司按原账面净资产值折股整体变更为股份有限公司的，持续经营时间可以从有限责任公司成立之日起计算。

（2）发行人会计基础工作规范，财务报表的编制和披露符合企业会计准则和相关信息披露规则的规定，在所有重大方面公允地反映了发行人的财务状况、经营成果和现金流量，最近三年财务会计报告由注册会计师出具无保留意见的审计报告。

发行人内部控制制度健全且被有效执行，能够合理保证公司运行效率、合法合规和财务报告的可靠性，并由注册会计师出具无保留结论的内部控制鉴证报告。

（3）发行人业务完整，具有直接面向市场独立持续经营的能力：

资产完整，业务及人员、财务、机构独立，与控股股东、实际控制人及其控制的其他企业间不存在对发行人构成重大不利影响的同业竞争，不存在严重影响独立性或者显失公平的关联交易；

主营业务、控制权和管理团队稳定，首次公开发行股票并在主板上市的，最近三年内主营业务和董事、高级管理人员均没有发生重大不利变化；首次公开发行股票并在科创板、创业板上市的，最近二年内主营业务和董事、高级管理人员均没有发生重大不利变化；首次公开发行股票并在科创板上市的，核心技术人员应当稳定且最近二年内没有发生重大不利变化；

发行人的股份权属清晰，不存在导致控制权可能变更的重大权属纠纷，首次公开发行股票并在主板上市的，最近三年实际控制人没有发生变更；首次公开发行股票并在科创板、创业板上市的，最近二年实际控制人没有发生变更；

不存在涉及主要资产、核心技术、商标等的重大权属纠纷，重大偿债风险，重大担保、诉讼、仲裁等或有事项，经营环境已经或者将要发生重大变化等对持续经营有重大不利影响的事项。

(4) 发行人生产经营符合法律、行政法规的规定，符合国家产业政策。最近3年内，发行人及其控股股东、实际控制人不存在贪污、贿赂、侵占财产、挪用财产或者破坏社会主义市场经济秩序的刑事犯罪，不存在欺诈发行、重大信息披露违法或者其他涉及国家安全、公共安全、生态安全、生产安全、公众健康安全等领域的重大违法行为。

董事、监事和高级管理人员不存在最近3年内受到中国证监会行政处罚，或者因涉嫌犯罪正在被司法机关立案侦查或者涉嫌违法违规正在被中国证监会立案调查且尚未有明确结论意见等情形。

【知识拓展】

多层次资本市场相关板块定位

主板突出“大盘蓝筹”特色，重点支持业务模式成熟、经营业绩稳定、规模较大、具有行业代表性的优质企业。

科创板面向世界科技前沿、面向经济主战场、面向国家重大需求。优先支持符合国家战略，拥有关键核心技术，科技创新能力突出，主要依靠核心技术开展生产经营，具有稳定的商业模式，市场认可度高，社会形象良好，具有较强成长性的企业。

创业板深入贯彻创新驱动发展战略，适应发展更多依靠创新、创造、创意的大趋势，主要服务成长型创新创业企业，支持传统产业与新技术、新产业、新业态、新模式深度融合。

（二）上市公司公开发行股票

上市公司公开发行股票，也就是再融资。包括向原股东配售股份（简称“配股”）、向不特定对象公开募集股份（简称“公开增发”）和向特定对象发行股票（简称“定向增发”）。

1. 公开增发

上市公司向不特定对象发行股票，应当符合下列规定：①具备健全且运行良好的组织机构；②现任董事、监事和高级管理人员符合法律、行政法规规定的任职要求；③具有完整的业务体系和直接面向市场独立经营的能力，不存在对持续经营有重大不利影响的情形；④会计基础工作规范，内部控制制度健全且有效执行，财务报表的编制和披露符合企业会计准则和相关信息披露规则的规定，在所有重大方面公允反映了上市公司的财务状况、经营成果和现金流量，最近三年财务会计报告被出具无保留意见审计报告；⑤除金融类企业外，最近一期末不存在金额较大的财务性投资；⑥交易所主板上市公司配股、增发的，应当最近三个会计年度盈利；增发还应当满足最近三个会计年度加权平均净资产收益率平均不低于6%；净利润以扣除非经常性损益前后孰低者为计算依据。

2. 定向增发

上市公司存在下列情形之一的，不得向特定对象发行股票：①擅自改变前次募集资金用途未作纠正，或者未经股东大会认可；②最近一年财务报表的编制和披露在重大方面不符合企业会计准则或者相关信息披露规则的规定；最近一年财务会计报告被出具否定意见或者无法表示意见的审计报告；最近一年财务会计报告被出具保留意见的审计报告，且保留意见所涉及事项对上市公司的重大不利影响尚未消除。本次发行涉及重大资产重组的除外；③现任董事、监事和高级管理人员最近三年受到中国证监会行政处罚，或者最近一年受到证券交易所公开谴责；④上市公司或者其现任董事、监事和高级管理人员因涉嫌犯罪正在被司法机关立案侦查或者涉嫌违法违规正在被中国证监会立案调查；⑤控股股东、实际控制人最近三年存在严重损害上市公司利益或者投资者合法权益的重大违法行为；⑥最近三年存在严重损害投资者合法权益或者社会公共利益的重大违法行为。

3. 募集资金使用的规定

上市公司发行股票，募集资金使用应当符合下列规定：①符合国家产业政策和有关环境保护、土地管理等法律、行政法规规定；②除金融类企业外，本次募集资金使用不得为持有财务性投资，不得直接或者间接投资于以买卖有价证券为主要业务的公司；③募集资金项目实施后，不会与控股股东、实际控制人及其控制的其他企业新增构成重大不利影响的同业竞争、显失公平的关联交易，或者严重影响公司生产经营的独立性；④科创板上市公司发行股票募集的资金应当投资于科技创新领域的业务。

【知识拓展】

战略投资者

战略投资者是指符合国家法律、法规和规定要求，与发行人具有合作关系或合作意向和潜力并愿意按照发行人配售要求与发行人签署战略投资配售协议的法人，是与发行公司业务联系紧密且欲长期持有发行公司股票的法人。

在我国上市公司领域，战略投资者是指具有同行业或相关行业较强的重要战略性资源，与上市公司谋求双方协调互补的长期共同战略利益，愿意长期持有上市公司较大比例股份，愿意并且有能力认真履行相应职责，委派董事实际参与公司治理，提升上市公司治理水平，帮助上市公司显著提高公司质量和内在价值，具有良好诚信记录，最近三年未受到证监会行政处罚或被追究刑事责任的投资者。

四、债券发行的条件

关于公开发行公司债券，根据《证券法》第十五条规定，应当符合下列条件：①具备健全且运行良好的组织机构；②最近三年平均可分配利润足以支付公司债券一年的利息；③国务院规定的其他条件。公开发行公司债券筹集的资金，必须按照公司债券募集办法所列资金用途使用；改变资金用途，必须经债券持有人会议作出决议。公开发行公司债券筹集的资金，不得用于弥补亏损和非生产性支出。

上市公司发行可转换为股票的公司债券，除应当符合第一款规定的条件外，还应当遵守证券法第十二条第二款的规定，即“上市公司发行新股，应当符合经国务院批准的国务院证券监督管理机构规定的条件，具体管理办法由国务院证券监督管理机构规定。”但是，按照公司债券募集办法，上市公司通过收购本公司股份的方式进行公司债券转换的除外。

【小案例】

公司债券募集资金违规使用

根据富贵鸟公开发行公司债券《14募集说明书》及“14富贵鸟”发行公告，“14富贵鸟”债券募集资金用途为“拟用于偿还银行贷款和补充流动资金”。2015年4月30日，富贵鸟使用“14富贵鸟”公开发行债券募集资金174268709.52元购买短期银行理财产品，期限5至12天不等，相关资金使用与核准的“14富贵鸟”募集资金用途不符。

资料来源：中国证监会网站，网址：http://www.csrc.gov.cn/csrc/c101928/c1884412/content.shtml，发布时间：2021年9月7日。

【思考】

公司债券募集资金违规使用，会受到怎样的处罚？

【分析】

《证券法》第一百八十五条规定，发行人擅自改变公开发行证券所募集资金的用途的，责令改正，处以50万元以上500万元以下的罚款；对直接负责的主管人员和其他直接责任人员给予警告，并处以10万元以上100万元以下的罚款。

发行人的控股股东、实际控制人从事或者组织、指使从事前款违法行为的，给予警告，并处以50万元以上500万元以下的罚款；对直接负责的主管人员和其他直接责任人员，处以10万元以上100万元以下的罚款。

（二）再次发行公司债券的限制性规定

根据《证券法》第十七条规定，有下列情形之一的，不得再次公开发行公司债券：①对已公开发行的公司债券或者其他债务有违约或者延迟支付本息的事实，仍处于继续状态；②违反《证券法》规定，改变公开发行公司债券所募资金的用途。

五、证券发行程序

本书以公司公开发行新股的注册程序为例，介绍首次发行注册的程序。

（一）发行人股东大会作出发行决议

上市公司申请发行证券，董事会应当依法就本次股票发行的具体方案、本次募集资金使用的可行性及其他必须明确的事项作出决议，并提请股东大会批准。

发行人股东大会就本次发行股票作出的决议，至少应当包括下列事项：①本次发行股票的种类和数量；②发行对象；③价格区间或者定价方式；④募集资金用途；⑤发行前滚存利润的分配方案；⑥决议的有效期；⑦对董事会办理本次发行具体事宜的授权；⑧其他必须明确的事项。

（二）保荐人保荐并向中国证监会申报

发行人申请首次公开发行股票并上市，应当按照中国证监会有关规定制作注册申请文件，依法由保荐人保荐并向交易所申报。

保荐人应当遵守法律、行政法规和中国证监会的相关规定，恪守业务规则和行业规范，诚实守信，勤勉尽责，尽职推荐发行人证券发行上市，持续督导发行人履行规范运作、信守承诺、信息披露等义务。

交易所收到注册申请文件，5个工作日内作出是否受理的决定。

【知识拓展】

保荐人

保荐人是指企业上市的推荐人，职责是协助上市申请人进行上市申请，负责对申请人的有关文件作出仔细的审核和披露并承担相应的责任。

证券公司从事证券发行上市保荐业务，应依照规定向中国证监会申请保荐机构资格。保荐机构履行保荐职责，应当由取得保荐代表人资格的个人具体负责保荐工作。未经中国证监会核准，任何机构和个人不得从事保荐业务。

（三）中国证监会或国务院授权部门受理申请的注册

中国证监会注册环节，收到交易所审核意见及相关资料后，中国证监会基于交易所审核意见依法履行注册程序，在20个工作日内对发行人的注册申请作出予以注册或者不予注册的决定。

中国证监会的予以注册决定，自作出之日起1年内有效，发行人应当在注册决定有效期内发行股票，发行时点由发行人自主选择。

交易所认为发行人不符合发行条件或者信息披露要求，作出终止发行上市审核决定，或者中国证监会作出不予注册决定的，自决定作出之日起6个月后，发行人可以再次提出公开发行股票并上市申请。

【小案例】

参与证券发行申请注册人员可以是发行申请人亲戚吗？

A股份公司向中国证券监督管理机构提交了公开发行股票的申请，受理此次证券发行申请注册人员中有一位是该公司董事的妻子，俗话说举贤不避亲，请问是否符合规定？

【分析】

根据《证券法》第二十一条规定：参与证券发行申请注册的人员，不得与发行申请人有利害关系，不得直接或者间接接受发行申请人的馈赠，不得持有所注册的发行申请的证券，不得私下与发行申请人进行接触。

（四）公开发行信息

证券发行申请经注册后，发行人应当依照法律、行政法规的规定，在证券公开发行前公告公开发行募集文件，并将该文件置备于指定场所供公众查阅。发行证券的信息依法公开前，任何知情人不得公开或者泄露该信息。发行人不得在公告公开发行募集文件前发行证券。

（五）证券公司承销证券

发行人向不特定对象发行的证券，法律、行政法规规定应当由证券公司承销的，发行人应当同证券公司签订承销协议。公开发行证券的发行人有权依法自主选择承销的证券公司。证券公司不得以不正当竞争手段招揽证券承销业务。

证券公司承销证券，应当对公开发行募集文件的真实性、准确性、完整性进行核查。发现有虚假记载、误导性陈述或者重大遗漏的，不得进行销售活动；已经销售的，必须立即停止销售活动，并采取纠正措施。

【知识拓展】

证券承销

证券承销，是指证券发行人委托具有证券承销资格的证券公司，代其向社会公众投资者募集资本并交付证券的行为和制度。证券承销业务采取代销或者包销方式。证券代销是指证券公司代发行人发售证券，在承销期结束时，将未售出的证券全部退还给发行人的承销方式。证券包销是指证券公司将发行人的证券按照协议全部购入或者在承销期结束时将售后剩余证券全部自行购入的承销方式。

【学习互动】

某公司晚间公告，配股以实施本次配股方案的股权登记日（T 日）收市后的股份总数 30 亿股为基数，按每 10 股配售 3 股的比例向全体股东配售股份。配股配售对象为股权登记日当日收市后，在中国结算上海分公司登记在册的公司全体股东。本次配股由承销商以代销方式承销。本次配股的配股价格为 3.60 元/股。

如本次配股成功，则公司股票将于 T+7 日进行除权交易；如代销期限届满，原股东认购股票的数量未达到拟配股数量的 70%，本次发行失败，则公司股票于 T+7 日恢复交易。如本次配股失败，根据股东指定证券交易营业部的规定，如存在冻结资金利息，将按配股缴款额并加算银行同期存款利息扣除利息所得税后返还已经认购的股东，退款时间为 T+7 日。

互动问题：如果配股失败，对该公司有什么影响？

模块二

金钱游戏——证券上市与交易

【小案例】

沪市主板注册制第一股定价

沪市主板注册制第一股——中重科技（天津）股份有限公司（简称“中重科技”，603135）定价出炉。2023 年 3 月 23 日晚，中重科技发布公告称，确定本次发行价格为 17.80 元，对应发行市盈率为 29.01 倍，发行后总市值 80.10 亿元。按照本次发行价格计算的预计募集资金总额为 16.02 亿元，扣除发行费用后的募资净额为 14.97 亿元。

资料来源：澎湃新闻，网址：https://baijiahao.baidu.com/s?id=1761165256864645446&wfr=spider&for=pc，发布时间：2023 年 3 月 23 日。

【思考】

证券上市交易需要哪个机构的审核？为什么公司要上市？

【分析】

《证券法》第四十六条规定，申请证券上市交易，应当向证券交易所提出申请，由证券交易所依法审核同意，并由双方签订上市协议。证券交易所根据国务院授权的部门的决定安排政府债券上市交易。

证券上市与证券交易有密切的联系，证券上市是证券交易的前提，没有证券的上市，就没有可交易的证券，同时，证券交易是证券上市的目的，证券上市就是为实现证券的流通。

一、证券上市

证券上市是指发行人已发行的证券等按照法定条件和程序，在证券交易所或其他依法设立的证券交易所公开挂牌交易的行为。证券一旦获准在证券交易所上市交易，即为上市证券。

《证券法》第四十七条规定，申请证券上市交易，应当符合证券交易所上市规则规定的上市条件。证券交易所上市规则规定的上市条件，应当对发行人的经营年限、财务状况、最低公开发行比例和公司治理、诚信记录等提出要求。交易所可以根据板块制定上市规则。下面介绍主板市场股票上市规则。

（一）主板股票上市

1. 首次公开发行股票上市条件

发行人首次公开发行股票前已发行的股份，自发行人股票上市之日起 1 年内不得转让。发行人首次公开发行股票后申请其股票在交易所主板上市，应当符合下列条件：①股票已公开发行；②具备健全且运行良好的组织机构；③具有持续经营能力；④公司股本总额不少于人民币 5000 万元；⑤公开发行的股份达到公司股份总数的 25% 以上；公司股本总额超过人民币 4 亿元的，公开发行股份的比例达到 10% 以上；⑥公司及其控股股东、实际控制人最近 3 年不存在贪污、贿赂、侵占财产、挪用财产或者破坏社会主义市场经济秩序的刑事犯罪；⑦最近 3 个会计年度财务会计报告均被出具无保留意见审计报告；⑧本所要求的其他条件。

2. 上市公司股票上市

上市公司向交易所申请办理向不特定对象发行股票或者可转换公司债券等证券发行事宜时，应当提交下列文件：①中国证监会关于同意其发行的文件；②全部发行申报材料；③发行的预计时间安排；④发行具体实施方案和发行公告；⑤招股说明书或者其他发行募集文件；⑥交易所要求的其他文件。

3. 股票终止上市

上市交易的证券，有证券交易所规定的终止上市情形的，由证券交易所按照业务规则终止其上市交易，也即上市公司退市。证券交易所决定终止证券上市交易的，应当及时公告，并报国务院证券监督管理机构备案。

目前，我国上市公司退市总体可分为两大类：强制终止上市（以下简称“强制退市”）和主动终止上市（以下简称“主动退市”）。强制退市分为交易类强制退市、财务类强制退市、规范类强制退市和重大违法类强制退市四类情形。

【知识拓展】

ST与*ST

上市公司出现财务状况异常情况或者其他异常情况，导致其股票存在被强制终止上市的风险，或者投资者难以判断公司前景，投资者权益可能受到损害，存在其他重大风险的，交易所对该公司股票实施风险警示。

风险警示分为警示存在强制终止上市风险的风险警示（以下简称“退市风险警示”）和警示存在其他重大风险的其他风险警示。

上市公司股票被实施退市风险警示的，在公司股票简称前冠以“*ST”字样；上市公司股票被实施其他风险警示的，在公司股票简称前冠以“ST”字样。

公司股票同时被实施退市风险警示和其他风险警示的，在公司股票简称前冠以“*ST”字样。

【小案例】

重大违法强制退市第一股

2018年12月11日晚间，*ST长生发布公告称，公司收到《深圳证券交易所重大违法强制退市事先告知书》，2018年10月16日，公司主要子公司长春长生因违法违规生产疫苗，被药品监督管理部门给予吊销药品生产许可证、处罚没款91亿元等行政处罚。上述违法行为情节恶劣，严重损害国家利益、社会公共利益，触及了深交所《上市公司重大违法强制退市实施办法》第2条、第5条规定的重大违法强制退市情形，深交所拟对公司股票实施重大违法强制退市。

资料来源：北京商报，发布时间：2018年12月12日。

【思考】

重大违法类强制退市有哪些情形?

【分析】

根据《深圳证券交易所股票上市规则（2022年修订）》《上海证券交易所股票上市规则（2022年修订）》规则，重大违法强制退市，包括下列情形：①上市公司存在欺诈发行、重大信息披露违法或者其他严重损害证券市场秩序的重大违法行为，其股票应当被终止上市的情形；②公司存在涉及国家安全、公共安全、生态安全、生产安全和公众健康安全等领域的违法行为，情节恶劣，严重损害国家利益、社会公共利益，或者严重影响上市地位，其股票应当被终止上市的情形。

（二）公司债券的上市

1. 公司债券上市交易的条件

《上海证券交易所公司债券上市规则（2022年修订）》《深圳证券交易所公司债券上市规则（2022年修订）》规定，发行人申请债券在交易所上市，应当符合下列条件：①符合《证券法》等法律、行政法规规定的公开发行条件；②经有权部门同意予以注册并依法完成发行；③符合本所投资者适当性管理相关规定；④交易所规定的其他条件。交易所可以根据市场情况，调整债券上市条件。

2. 公司债券上市的申请

债券发行后，发行人应当及时向交易所提交上市申请所需材料，包括：①发行结果公告；②债券实际募集数额的证明文件；③上市申请书；④有权部门同意债券发行的文件；⑤募集说明书等发行文件。

交易所收到完备的上市申请有关文件后，及时决定是否同意上市。同意上市的，按照相关规定办理债券上市，并与上市发行人签订证券上市协议，明确双方的权利义务和自律管理等有关事项。

3. 债券的停牌、复牌、终止上市

（1）停牌、复牌的情况。发行人未按照交易所规则以及其他相关规定及时履行信息披露义务，或者已经披露的信息不符合要求的，交易所可以对债券实施停牌，待发行人按规定披露后予以复牌。

发行人应当披露的重大信息如存在不确定性因素且预计难以保密的，或者在按规定披露前已经泄露的，发行人应当立即向交易所申请停牌，直至按规定披露后复牌。

发行人、资信评级机构和其他相关主体在评级信息披露前，应当做好信息保密工作，发行人认为有必要时可申请债券停牌以及复牌。

公共媒体中出现发行人尚未披露的信息，可能或者已经导致以下情形之一的，发行人应当向交易所申请停牌，直至按规定披露后复牌：①对债券交易价格产生重大影响；②其他对债券持有人利益有重大影响的情形。

债券价格发生异常波动的，根据发行人的申请或者实际情况，交易所可以对债券实施停牌，待相关情形消除或者发行人披露相关公告后予以复牌。

发行人出现不能按时还本付息或者未能按约定履行提前清偿义务，且未充分披露相关信息情形的，交易所可以对其债券实施停牌，待相关信息披露后予以复牌。

因发行人原因，交易所失去关于发行人的有效信息来源时，交易所可以对其债券实施停牌，直至上述情况消除后予以复牌。

债券停牌或者复牌的，应当及时向市场披露。停牌期间，债券的派息、到期兑付、回售、赎回等工作仍按相关规定和募集说明书等的约定进行。

（2）终止上市的情形。债券上市交易期间，发生下列情形之一的，终止在交易所上市交易：①债券因全部偿付、全部换股，发行人因解散或者宣告破产等导致债券原有债权债务关系消灭的；②经人民法院裁定，批准破产重整计划或者认可破产和解协议的；③经全体债券持有人同意，发行人主动申请终止债券上市交易的；④交易所规定的其他情形。

发行人或者受托管理人应当于上述情形发生后及时披露相关公告。

二、证券交易

证券交易，是指证券持有人依照证券交易规则，将已发行的证券转让给其他投资者的行为。在我国，上海证券交易所和深圳证券交易所都采取会员制。投资者是通过交易所会员来代理买卖证券的。这里所提到的会员，是经有关部门批准设立并具有法人地位的境内证券公司。

（一）证券交易的条件

证券交易的条件是指在证券市场上公开进行交易的证券必须符合法律规定的相关条件才能买卖。按照《证券法》的规定，证券交易的条件主要包括以下内容：

（1）证券交易当事人依法买卖的证券，必须是依法发行并交付的证券。非依法定程序发行的证券，不得买卖。

（2）依法发行的证券，《公司法》和其他法律对其转让期限有限制性规定的，在限定的期限内，不得买卖。

【知识拓展】

限制转让期内转让证券的规定

《证券法》第三十六条规定，上市公司持有5%以上股份的股东、实际控制人、董事、监事、高级管理人员，以及其他持有发行人首次公开发行前发行的股份或者上市公司向特定对象发行的股份的股东，转让其持有的本公司股份的，不得违反法律、行政法规和国务院证券监督管理机构关于持有期限、卖出时间、卖出数量、卖出方式、信息披露等规定，并应当遵守证券交易所的业务规则。

《证券法》第一百八十六条规定，违反本法第三十六条的规定，在限制转让期内转让证券，或者转让股票不符合法律、行政法规和国务院证券监督管理机构规定的，责令改正，给予警告，没收违法所得，并处以买卖证券等值以下的罚款。

（二）证券交易的场所

公开发行的证券，应当在依法设立的证券交易所上市交易或者在国务院批准的其他全国性证券交易场所交易。非公开发行的证券，可以在证券交易所、国务院批准的其他全国性证券交易场所、按照国务院规定设立的区域性股权市场转让。

【知识拓展】

区域性股权市场

区域性股权市场是主要服务于所在省级行政区域内中小微企业的私募股权市场，是多层次资本市场体系的重要组成部分，是地方人民政府扶持中小微企业政策措施的综合运用平台，不得跨省级行政区域经营，不得在省外设立分支机构，不得公开或变相公开发行证券。鼓励地方上市后备企业到区域性股权市场挂牌进行规范培育，鼓励符合条件的区域性股权市场挂牌公司到新三板挂牌或证券交易所上市。

（三）证券交易方式

证券交易的方式可以分为集中竞价交易和非集中竞价交易两种，分别适用于证券交易所和场外交易市场。《证券法》第三十八条规定，证券在证券交易所上市交易，应当采用公开的集中交易方式或者国务院证券监督管理机构批准的其他方式。

【知识拓展】

集中竞价交易

集中竞价交易，是指所有该类证券的买主和卖主集中在证券交易所公开申报和竞价交易，实行价格优先、时间优先的原则。进入证券交易所参与集中交易的，必须是证券交易所的会员。目前，我国上海证券交易所、深圳证券交易所、北京证券交易所采用两种竞价方式：集合竞价方式和连续竞价方式。每个交易日的9：15～9：25为开盘集合竞价时间，9：30～11：30、13：00～14：57为连续竞价时间，14：57～15：00为收盘集合竞价时间。

（四）证券交易的形式

证券交易当事人买卖的证券可以采用纸面形式或者国务院证券监督管理机构规定的其他形式。在实践中，已经很难找到纸面形式的证券了，对于交易形式，证券交易所和新三板都已经明确规定了“无纸化”的形式。

（五）证券交易的收费

证券交易的收费必须合理，并公开收费项目、收费标准和管理办法。以在交易所买卖股票为例，费用通常包括印花税（国家收取）、证券交易监管费（证监会收取）、证券交易经手费（证券交易所收取）、过户费（中国登记结算公司收取）、券商交易佣金（券商收取），这些费用统一由证券公司代收。

（六）证券交易的监督与报告

证券交易场所、证券公司、证券登记结算机构、证券服务机构及其从业人员对证券交易中发现的禁止的交易行为，应当及时向证券监督管理机构报告。

三、信息披露

信息公开也称信息披露，是指证券的发行人和其他法定的相关负有信息公开义务的人在证券发行、上市和交易过程中，按照法定或约定要求将应当向社会公开的财务、经营及其他有关影响证券投资者投资判断的信息向证券监督管理机构和证券交易所报告，并向社会公众公告的活动。信息披露制度是证券法的本质体现，是“三公”原则的主要载体，在证券的发行、交易和上市公司收购等环节都有所体现。一般来讲，信息披露包括证券发行时首次信息披露和证券发行后的信息持续披露。证券同时在境内境外公开发行、交易的，其信息披露义务人在境外披露的信息，应当在境内同时披露。

信息披露义务人披露的信息，应当真实、准确、完整，简明清晰，通俗易懂，不得有虚假记载、误导性陈述或者重大遗漏。

【知识拓展】

上市公司的信息披露义务人

上市公司的信息披露义务人包括发行人、收购人、上市公司董事、监事、高级管理人员等，还包括对上市公司重大事项有重要影响的控股股东、实际控制人。信息披露义务人应当真实、准确、完整、及时地披露信息，不得有虚假记载、误导性陈述或者重大遗漏。信息披露义务人应当同时向所有投资者公开披露信息。

（一）定期报告

上市公司、公司债券上市交易的公司、股票在国务院批准的其他全国性证券交易场所交易的公司，应当按照国务院证券监督管理机构和证券交易场所规定的内容和格式编制定期报告，并按照以下规定报送和公告：

（1）在每一会计年度结束之日起 4 个月内，报送并公告年度报告，其中的年度财务会计报告应当经符合本法规定的会计师事务所审计；

（2）在每一会计年度的上半年结束之日起 2 个月内，报送并公告中期报告。发生可能对上市公司、股票在国务院批准的其他全国性证券交易场所交易的公司的股票交易价格产生较大影响的重大事件，投资者尚未得知时，公司应当立即将有关该重大事件的情况向国务院证券监督管理机构和证券交易场所报送临时报告，并予公告，说明事件的起因、目前的状态和可能产生的法律后果。

（二）临时报告

发生可能对上市公司、股票在国务院批准的其他全国性证券交易场所交易的公司的股票、上市交易公司债券的交易价格产生较大影响的重大事件，投资者尚未得知时，公司应当立即将有关该重大事件的情况向国务院证券监督管理机构和证券交易场所报送临时报告，并予公告，说明事件的起因、目前的状态和可能产生的法律后果。

（三）法律责任

信息披露义务人未按照规定披露信息，或者公告的证券发行文件、定期报告、临时报告及其他信息披露资料存在虚假记载、误导性陈述或者重大遗漏，致使投资者在证券交易中遭受损失的，信息披露义务人应当承担赔偿责任；发行人的控股股东、实际控制人、董事、监事、高级管理人员和其他直接责任人员以及保荐人、承销的证券公司及其直接责任人员，应当与发行人承担连带赔偿责任，但是能够证明自己没有过错的除外。

（四）信息披露媒体

依法披露的信息，应当在证券交易场所的网站和符合国务院证券监督管理机构规定条件的媒体发布，同时将其置备于公司住所、证券交易场所，供社会公众查阅。

（五）信息披露的监督管理

国务院证券监督管理机构对信息披露义务人的信息披露行为进行监督管理。证券交易场所应当对其组织交易的证券的信息披露义务人的信息披露行为进行监督，督促其依法及时、准确地披露信息。

【小案例】

易见股份虚增收入及利润

2016年度至2020年度，易见股份利用之前开展过真实业务的核心企业以及有点肥科技等21家公司，通过私刻其他企业的公章、虚构基础购销业务合同和单据、伪造代付款及保理业务合同等方式开展虚假供应链代付款业务、虚假商业保理业务和虚假供应链预付款业务，虚增收入和利润。此外，2015年度至2020年度，易见股份为完成业绩承诺，大量开展无商业实质的供应链贸易业务，并通过体外个人账户向贸易对手方支付贸易差、服务费、贴现息等费用，扩大收入规模，粉饰经营业绩，虚增贸易收入和利润。

资料来源：中国证监会，网址：http：//www. csrc. gov. cn/csrc/c101928/c7402396/content. shtml，发布时间：2023年3月1日。

【思考】

中国证监会对该公司怎么处罚？

【分析】

信息披露义务人披露的信息，应当真实、准确、完整，简明清晰，通俗易懂，不得有虚假记载、误导性陈述或者重大遗漏。相关法律责任参见《证券法》197条的规定。

【学习互动】

登录上海或者深圳证券交易所，查询信息披露数据，了解某一上市公司定期报告。

模块三

大鱼吃小鱼——上市公司收购

【小案例】

原万家文化“空手套白狼”收购案

2016年11月2日，注册资金200万元、未开展任何业务的龙薇传媒成立，于当年12月26日以30.6亿元的价格购买祥源文化（原万家文化）29.135%的股份。上交所发出询问收购的巨额资金来源的问询函，赵薇夫妇高杠杆借款30.56亿元，杠杆比例高达51倍的意图曝光。收购资金中自有资金仅6000万元，另向银必信借款15亿元、向金融机构质押融资14.999亿元。但龙薇传媒向银必信和银行的借款、融资并未如愿入袋。2017年3月末，龙薇传媒终止了收购方案。这出闹剧最终以赵薇夫妇5年禁入证券市场画上句号。

资料来源：新浪财经，网址：http：//finance. sina. com. cn/roll/2017 - 01 - 12/doc - ifxzqnva3316181. shtml，发布时间：2020年3月20日。

【思考】

上市公司收购需要公告哪些内容？

【分析】

《证券法》要求，支持正规的资金进入股市，防止包括非法融资、配资等违规资金入市。监管机构要提前了解资金的来源和背景，确保干净清白。

法律链接：《证券法》第六十四条规定，上市公司依照规定所作的公告，应当包括下列内容：①持股人的名称、住所；②持有的股票的名称、数额；③持股达到法定比例或者持股增减变化达到法定比例的日期、增持股份的资金来源；④在上市公司中拥有有表决权的股份变动的时间及方式。

一、上市公司收购的概念

上市公司收购是指投资者依法定程序公开收购股份有限公司已经发行上市的股份以达到对该公司控股或兼并目的的行为。实施收购行为的投资者称为收购人，作为收购目标的上市公司称为被收购公司。

二、上市公司收购的方式

按照《证券法》的规定，投资者可以采取要约收购、协议收购及其他合法方式收购上市公司。

（一）要约收购

1. 概念

要约收购是指收购人通过向目标公司的股东发出购买其所持该公司股份的书面意见表示，并按照依法公告的收购要约中所规定的收购条件、价格、期限以及其他规定事项，收购目标公司股份的收购方式。

2. 适用条件

（1）通过证券交易所的证券交易，收购人持有一个上市公司的股份达到该公司已发行股份的30%时，继续增持股份的，应当采取要约方式进行，发出全面要约或者部分要约。

（2）以要约方式收购一个上市公司股份的，其预定收购的股份比例均不得低于该上市公司已发行股份的5%。收购人应当公平对待被收购公司的所有股东。持有同一种类股份的股东应当得到同等对待。

【小案例】

希努尔要约收购

希努尔（002485）因收购人协议转让股份超过该上市公司已发行股份的30%，从而触发全面要约收购，此次要约收购的有效期为2017年6月28日至2017年7月27日，收购人为广州雪松文化旅游投资有限公司，要约收购价格为21.33元/股。

新郎希努尔集团、新郎国际、欧美尔家居、正道咨询、昌盛三号基金、昌盛四号基金合计持有希努尔2亿股股份，占希努尔已发行股份数的62.51%。经各方友好协商，收购人广州雪松文化旅游投资有限公司已与上述股东签订《股份转让协议》，拟受让其所持希努尔全部股份，从而实现对希努尔的控制。

资料来源：证券时报，发布时间：2017年6月14日。

（二）协议收购概念

协议收购是指投资者在证券交易场所之外与目标公司的股东（主要是持股比例较高的大股东）就股票价格、数量等方面进行私下协商（相对公开市场而言，而非黑市交易），购买目标公司的股票，以期达到对目标公司的控股或兼并目的。

采取协议收购方式的，收购人可以依照法律、行政法规的规定同被收购公司的股东以协议方式进行股份转让。以协议方式收购上市公司时，达成协议后，收购人必须在3日内将该收购协议向国务院证券监督管理机构及证券交易所作出书面报告，并予公告。在公告前不得履行收购协议。

三、上市公司收购的程序

（一）要约收购的程序

1. 提示性公告

以要约方式收购上市公司股份的，收购人应当编制要约收购报告书，聘请财务顾问，通知被收购公司，同时对要约报告书摘要作出提示性公告。本次收购依法应当取得相关部门批准的，收购人应当在要约收购报告书摘要中作出特别提示，并在取得批准后公告要约收购报告书。

收购人自作出要约收购提示性公告起60日内，未公告要约收购报告书的，收购人应当在期满后次一个工作日通知被收购公司，并予公告；此后每30日应当公告一次，直至公告要约收购报告书。

收购人在公告要约收购报告书之前可以自行取消收购计划，不过应当公告原因；自公告之日起12个月内，该收购人不得再次对同一上市公司进行收购。

【知识拓展】

上市公司收购报告书载明事项

要约收购报告书，应当载明下列事项：

（1）收购人的姓名、住所；收购人为法人的，载明其名称、注册地及法定代表人，与其控股股东、实际控制人之间的股权控制关系结构图；

（2）收购人关于收购的决定及收购目的，是否拟在未来12个月内继续增持；

（3）上市公司的名称、收购股份的种类；

（4）预定收购股份的数量和比例；

（5）收购价格；

（6）收购所需资金额、资金来源及资金保证，或者其他支付安排；

（7）收购要约约定的条件；

（8）收购期限；

（9）公告收购报告书时持有被收购公司的股份数量、比例；

（10）本次收购对上市公司的影响分析，包括收购人及其关联方所从事的业务与上市公司的业务是否存在同业竞争或者潜在的同业竞争，是否存在持续关联交易；存在同业竞争或者持续关联交易的，收购人是否已作出相应的安排，确保收购人及其关联方与上市公司之间避免同业竞争以及保持上市公司的独立性；

（11）未来12个月内对上市公司资产、业务、人员、组织结构、公司章程等进行调整的后续计划；

（12）前24个月内收购人及其关联方与上市公司之间的重大交易；

（13）前6个月内通过证券交易所的证券交易买卖被收购公司股票的情况；

（14）中国证监会要求披露的其他内容。

2. 收购要约

收购要约约定的收购期限不得少于30日，并不得超过60日；但出现竞争要约的除外。在收购要约确定的承诺期内，收购人不得撤销其收购要约。收购人需要变更收购要约的，必须及时公告，载明具体变更事项，并通知被收购公司。在收购要约期限届满前15日内，收购人不得变更收购要约，但出现竞争要约的除外。

3. 竞争要约

发出竞争要约的收购人最迟不得晚于初始要约收购期限届满前15日发出要约收购的提示性公告，并应当根据规定履行报告、公告义务。

出现竞争要约时，发出初始要约的收购人变更收购要约距初始要约收购期限届满不足15日的，应当延长收购期限，延长后的要约期应当不少于15日，但不得超过最后一个竞争要约的期满日，并按规定比例追加履约保证金。

4. 要约价格

收购人对同一种类股票的要约价格不得低于要约收购提示性公告日前6个月内收购人取得该种股票所支付的最高价格。

要约价格低于提示性公告日前30个交易日该种股票的每日加权平均价格的算术平均值的，收购人聘请的财务顾问应当就该种股票前6个月的交易情况进行分析，说明是否存在股价被操纵、收购人是否有未披露的一致行动人、收购人前6个月取得公司股份是否存在其他支付安排、要约价格的合理性等。

收购要约提出的各项收购条件，应当适用于被收购公司的所有股东。上市公司发行不同种类股份的，收购人可以针对持有不同种类股份的股东提出不同的收购条件。

5. 禁售义务

采取要约收购方式的，收购人作出公告后至收购期限届满前，不得卖出被收购公司的股票，也不得采取要约规定以外的形式和超出要约的条件买入被收购公司的股票。

6. 预受要约

预受，是指被收购公司股东同意接受要约的初步意思表示，在要约收购期限内不可撤回之前不构成承诺。在要约收购期限届满3个交易日前，预受股东可以委托证券公司办理撤回预受要约的手续，证券登记结算机构根据预受要约股东的撤回申请解除对预受要约股票的临时保管。在要约收购期限届满前3个交易日内，预受股东不得撤回其对要约的接受。在要约收购期限内，收购人应当每日在证券交易所网站上公告已预受收购要约的股份数量。

7. 被收购公司董事会的义务

（1）被收购公司董事会应当对收购人的主体资格、资信情况及收购意图进行调查，对要约条件进行分析，对股东是否接受要约提出建议，并聘请独立财务顾问提出专业意见。在收购人公告要约收购报告书后20日内，被收购公司董事会应当公告被收购公司董事会报告书与独立财务顾问的专业意见。收购人对收购要约条件做出重大变更的，被收购公司董事会应当在3个工作日内公告董事会及独立财务顾问就要约条件的变更情况所出具的补充意见。

（2）董事会针对收购所作出的决策及采取的措施，应当有利于维护公司及其股东的利益，不得滥用职权对收购设置不适当的障碍，不得利用公司资源向收购人提供任何形式的财务资助，不得损害公司及其股东的合法权益。

（3）在收购人作出提示性公告后至要约收购完成前，被收购公司除继续从事正常的经营活动或者执行股东大会已经作出的决议外，未经股东大会批准，被收购公司董事会不得通过处置公司资产、对外投资、调整公司主要业务、担保、贷款等方式，对公司的资产、负债、权益或者经营成果造成重大影响。

（4）在要约收购期间，被收购公司董事不得辞职。

8. 收购结束与公告

收购期限届满后15日内，收购人应当向证券交易所提交关于收购情况的书面报告，并予以公告。

（二）协议收购的程序

1. 订立协议

采取协议收购方式的，收购人可以依照法律、行政法规的规定同被收购公司的股东以协议方式进行股权转让。

2. 报告并公告收购协议

收购人与被收购公司达成协议后，收购人必须在3日内将该收购协议向国务院证券监督管理机构及证券交易所作出书面报告，并予公告。在未作出公告前不得履行收购协议。

3. 保管股票与存放资金

采取协议收购方式的，协议收购的相关当事人应当向证券登记结算机构申请办理拟转让股份的临时保管手续，并可以将用于支付的现金存放于证券登记结算机构指定的银行。

4. 履行收购协议

收购报告书公告后，相关当事人应当按照证券交易所和证券登记结算机构的业务规则，在证券交易所就本次股份转让予以确认后，凭全部转让款项存放于双方认可的银行账户的证明，向证券登记结算机构申请解除拟协议转让股票的临时保管，并办理过户登记手续。

收购人未按规定履行报告、公告义务，或者未按规定提出申请的，证券交易所和证券登记结算机构不予办理股份转让和过户登记手续。

收购人在收购报告书公告后30日内仍未完成相关股份过户手续的，应当立即作出公告，说明理由；在未完成相关股份过户期间，应当每隔30日公告相关股份过户办理进展情况。

5. 收购结束报告与公告

协议收购结束报告与公告，与要约收购相同。

四、上市公司收购的后果

（一）收购人股份转让的时间限制

为了防止恶意收购，更好地保护中小投资者的合法权益，《证券法》规定，在上市公司收购中，收购人持有的被收购的上市公司的股票，在收购行为完成后的18个月内不得转让。

（二）变更企业形式

收购行为完成后，被收购公司不再具备股份有限公司条件的，应当依法变更企业形式。

（三）公司合并

收购行为完成后，收购人与被收购公司合并，并将该公司解散的，被解散公司的原有股票由收购人依法更换。

收购行为完成后，收购人应当在15日内将收购情况报告国务院证券监督管理机构和证券交易所，并予公告。

【学习互动】

登录上海或深圳证券交易所官网，查找最近上市公司收购报告书摘要，了解收购人、收购的方式和收购的目的。

模块四

不能逾越的红线——禁止的交易行为

【小案例】

说者无意听有心 谨防过失泄天机

某公司高管小勇经常在家中与人电话沟通要购买某上市公司借壳上市一事，其妻子小渝听到了电话内容，但是小勇没有亲自向小渝说过借壳上市的进展。随后不久，小渝将借壳一事告知给了外甥女小琴，并推荐她购买包括该上市公司股票在内的几只股票。小琴根据小渝的建议，利用自己账户合计买入卖壳的上市公司股票9.96万股。股票复牌后涨幅几近翻番，小琴将其持有的该上市公司股票陆续卖出，总共获利11.23万元。

资料来源：中国证券业协会投资者保护案例，发布时间：2019－11。

【思考】

小勇、小渝、小琴的行为属于证券市场的禁止交易行为吗？为什么？

【分析】

小勇的行为属于知悉内幕信息者在信息公开前泄露该信息的行为。同时，其配偶小渝在家中偶然获知内幕信息后，将有关信息告诉了小琴，并建议其买入被借壳上市公司的股票，属于泄露内幕信息并建议他人买卖该证券的行为。小琴接受了小渝的建议，多次买入被借壳的上市公司股票，属于知悉内幕信息者在信息公开前买卖该证券的行为，属于证券市场禁止交易的内幕交易。《证券法》第五十条规定，禁止证券交易内幕信息的知情人和非法获取内幕信息的人利用内幕信息从事证券交易活动。

一、禁止内幕交易

内幕交易是一种典型的证券欺诈行为，是指证券交易内幕信息知情人或非法获取内幕信息的其他人员违反法律、法规的规定，在内幕消息公开前，泄露内幕信息，根据内幕信息买卖证券或向他人提出买卖证券建议的行为。内幕交易一直以来都是证券监管机构积极防控和严厉打击的对象。要理解内幕交易，需从内幕信息、内幕信息知情人和内幕交易行为这三个点出发。

（一）内幕信息

内幕信息是指证券交易活动中，涉及发行人的经营、财务或者对该发行人证券的市场价格有重大影响的尚未公开的信息。

下列信息皆属内幕信息：①《证券法》第八十条第二款、第八十一条第二款所列的重大事件；②公司分配股利或者增资的计划；③公司股权结构的重大变化；④公司债务担保的重大变更；⑤公司营业用主要资产的抵押、出售或者报废一次超过该资产的 30%；⑥公司的董事、监事、高级管理人员的行为可能依法承担重大损害赔偿责任；⑦上市公司收购的有关方案；⑧国务院证券监督管理机构认定的对证券交易价格有显著影响的其他重要信息。

【知识拓展】

重大事件

（1）公司的经营方针和经营范围的重大变化；

（2）公司的重大投资行为和重大的购置财产的决定；

（3）公司订立重要合同，可能对公司的资产、负债、权益和经营成果产生重要影响；

（4）公司发生重大债务和未能清偿到期重大债务的违约情况；

（5）公司发生重大亏损或者重大损失；

（6）公司生产经营的外部条件发生的重大变化；

（7）公司的董事、1/3 以上监事或者经理发生变动；

（8）持有公司 5% 以上股份的股东或者实际控制人，其持有股份或者控制公司的情况发生较大变化；

（9）公司减资、合并、分立、解散及申请破产的决定；

（10）涉及公司的重大诉讼，股东大会、董事会决议被依法撤销或者宣告无效；

（11）公司涉嫌犯罪被司法机关立案调查，公司董事、监事、高级管理人员涉嫌犯罪被司法机关采取强制措施；

（12）国务院证券监督管理机构规定的其他事项。

（二）证券交易内幕信息的知情人

证券交易内幕信息的知情人包括：

（1）发行人及其董事、监事、高级管理人员；

（2）持有公司5%以上股份的股东及其董事、监事、高级管理人员，公司的实际控制人及其董事、监事、高级管理人员；

（3）发行人控股或者实际控制的公司及其董事、监事、高级管理人员；

（4）由于所任公司职务或者因与公司业务往来可以获取公司有关内幕信息的人员；

（5）上市公司收购人或者重大资产交易方及其控股股东、实际控制人、董事、监事和高级管理人员；

（6）因职务、工作可以获取内幕信息的证券交易场所、证券公司、证券登记结算机构、证券服务机构的有关人员；

（7）因职责、工作可以获取内幕信息的证券监督管理机构工作人员；

（8）因法定职责对证券的发行、交易或者对上市公司及其收购、重大资产交易进行管理可以获取内幕信息的有关主管部门、监管机构的工作人员；

（9）国务院证券监督管理机构规定的可以获取内幕信息的其他人员。

（三）内幕交易行为

内幕交易行为即指内幕信息知情人利用其掌握的内幕信息获利或者减免损失的行为，这种获利可能是直接获利或间接获利。

最常见的内幕交易行为是在内幕信息公开前的敏感期买卖公司证券，这种买卖证券的行为可能是内幕人员自己操作，或是明示、暗示其他人进行证券买卖。例如，上市公司高管在公司发生亏损等内幕信息对外公布前大量抛售公司股票，为自己止损，便是一种典型的内幕交易行为。

此外，在内幕信息向公众公开前，内幕人员泄露内幕信息给他人，也是被法律所禁止的内幕行为。

【小案例】

最“悲情”的内幕交易

刘某程系合纵锂业股东殷某的丈夫，代表殷某出席股东会并发表意见。刘某程于2017年3月因讨论签署《一致行动协议》，了解到合纵锂业和永兴特钢（现名“永兴材料”）并购合作的内幕信息。麦某伟与刘某程是佛友，关系密切，经常一起参加佛事活动，刘某程将内幕信息告知于他。4月13日，麦某伟便在方正证券开了个股票账户。随后麦某伟用自有资金加上融资来的钱，一共2314.88万元，在2017年4月20日至5月19日差不多一个月的时间里，麦某伟利用本人账户累计买入“永兴特钢”股票838591股，成交金额2316.26万元。4月20日到5月19日21个交易日期间，永兴材料均价27.28元/股。永兴材料在2017年11月29日发布《发行股份购买资产预案》之后，股价一路震荡下跌。从麦某伟买入到2018年10月23日，永兴材料跌幅达52.86%。如果扣除融资金额的话，麦某伟亏损比例为89.72%。监管部门对麦某伟处以50万元罚款。

资料来源：中国证券监督管理委员会山东监管局，网址 http://www.csrc.gov.cn/shandong/c104206/c1351488/content.shtml，发布时间：2019年11月7日。

【思考】

内幕交易亏损，是否仍然要对当事人采取罚款？

【分析】

内幕交易亏损不是从轻处罚的理由。

《证券法》第五十三条规定，证券交易内幕信息的知情人和非法获取内幕信息的人，在内幕信息公开前，不得买卖该公司的证券，或者泄露该信息，或者建议他人买卖该证券。

内幕交易行为给投资者造成损失的，应当依法承担赔偿责任。

《证券法》第一百九十一条规定，证券交易内幕信息的知情人或者非法获取内幕信息的人违反《证券法》第五十三条的规定从事内幕交易的，责令依法处理非法持有的证券，没收违法所得，并处以违法所得1倍以上10倍以下的罚款；没有违法所得或者违法所得不足50万元的，处以50万元以上500万元以下的罚款。单位从事内幕交易的，还应当对直接负责的主管人员和其他直接责任人员给予警告，并处以20万元以上200万元以下的罚款。国务院证券监督管理机构工作人员从事内幕交易的，从重处罚。

二、禁止操纵市场

（一）操纵市场的概念

操纵市场又称为操纵行情，是指行为人以谋取利益或减少损失为目的，利用资金、信息等优势，以各种不正当手段，故意通过交易扭曲证券交易价格或交易量，制造证券市场假象，诱使投资者对证券价值产生错误判断，诱导其跟进买入或卖出的行为。

（二）操纵市场行为

《证券法》第五十五条规定，操纵市场行为主要包括：

（1）单独或者通过合谋，集中资金优势、持股优势或者利用信息优势联合或者连续买卖；

（2）与他人串通，以事先约定的时间、价格和方式相互进行证券交易；

（3）在自己实际控制的账户之间进行证券交易；

（4）不以成交为目的，频繁或者大量申报并撤销申报；

（5）利用虚假或者不确定的重大信息，诱导投资者进行证券交易；

（6）对证券、发行人公开作出评价、预测或者投资建议，并进行反向证券交易；

（7）利用在其他相关市场的活动操纵证券市场；

（8）操纵证券市场的其他手段。

操纵证券市场行为给投资者造成损失的，行为人应当依法承担赔偿责任。

（三）操作市场的法律责任

《证券法》第一百九十二条规定，违反第五十五条的规定，操纵证券市场的，责令依法处理其非法持有的证券，没收违法所得，并处以违法所得1倍以上10倍以下的罚款；没有违法所得或者违法所得不足100万元的，处以100万元以上1000万元以下的罚款。单位操纵证券市场的，还应当对直接负责的主管人员和其他直接责任人员给予警告，并处以50万元以上500万元以下的罚款。

三、禁止编造、传播虚假信息或者误导性信息

（一）编造、传播虚假信息或者误导性信息的相关规定

禁止编造、传播虚假信息或者误导性信息，意在使证券市场上的主体审慎地对待制造和传播信息行为，并对自己的言论负责任。《证券法》第五十六条规定，禁止任何单位和个人编造、传播虚假信息或者误导性信息，扰乱证券市场。禁止证券交易场所、证券公司、证券登记结算机构、证券服务机构及其从业人员，证券业协会、证券监督管理机构及其工作人员，在证券交易活动中作出虚假陈述或者信息误导。

各种传播媒介传播证券市场信息必须真实、客观，禁止误导。传播媒介及其从事证券市场信息报道的工作人员不得从事与其工作职责发生利益冲突的证券买卖。

编造、传播虚假信息或者误导性信息，扰乱证券市场，给投资者造成损失的，应当依法承担赔偿责任。

（二）编造、传播虚假信息或者误导性信息的法律责任

《证券法》第一百九十三条规定，违反第五十六条第一款、第三款的规定，编造、传播虚假信息或者误导性信息，扰乱证券市场的，没收违法所得，并处以违法所得1倍以上10倍以下的罚款；没有违法所得或者违法所得不足20万元的，处以20万元以上200万元以下的罚款。

违反第五十六条第二款的规定，在证券交易活动中作出虚假陈述或者信息误导的，责令改正，处以20万元以上200万元以下的罚款；属于国家工作人员的，还应当依法给予处分。

传播媒介及其从事证券市场信息报道的工作人员违反第五十六条第三款的规定，从事与其工作职责发生利益冲突的证券买卖的，没收违法所得，并处以买卖证券等值以下的罚款。

【小案例】

东方金钰虚假陈述案

东方金钰于2020年9月15日晚公告，收到证监会《行政处罚决定书》《市场禁入决定书》，经查明，东方金钰存在以下违法事实：

2016年12月至2018年5月间，东方金钰为完成营业收入、利润总额等业绩指标，虚构其所控制的瑞丽市姐告宏宁珠宝有限公司与普某腊、保某、李某青、凤某、自某堵、张某梅六名自然人名义客户之间的翡翠原石销售交易。

1. 东方金钰通过其控制的姐告宏宁虚构销售和采购交易。
2. 东方金钰2016年年度报告的营业收入、营业成本、利润总额存在虚假记载。
3. 东方金钰2017年年度报告的营业收入、营业成本、利润总额存在虚假记载。
4. 东方金钰2018年半年度报告的营业收入、营业成本、利润总额、应收账款存在虚假记载。

资料来源：东方财富网，网址：https：//caifuhao. eastmoney. com/news/20210708151614693413800，发布时间：2021年7月8日。

【思考】

《证券法》关于虚假陈述对投资者保护是如何规定的？

【分析】

作为全国首例依照新虚假陈述司法解释判决的案例，东方金钰公司实际控制人赵某作为第一责任主体赔偿投资者损失。体现了“追首恶”理念，为提高违法违规成本、震慑“关键少数”、保护中小投资者合法权益提供了典范。《证券法》第九十五条第三款规定，投资者提起虚假陈述等证券民事赔偿诉讼时，诉讼标的是同一种类，且当事人一方人数众多的，可以依法推选代表人进行诉讼。

对按照前款规定提起的诉讼，可能存在有相同诉讼请求的其他众多投资者的，人民法院可以发出公告，说明该诉讼请求的案件情况，通知投资者在一定期间向人民法院登记。人民法院作出的判决、裁定，对参加登记的投资者发生效力。

投资者保护机构受50名以上投资者委托，可以作为代表人参加诉讼，并为经证券登记结算机构确认的权利人依照前款规定向人民法院登记，但投资者明确表示不愿意参加该诉讼的除外。

四、欺诈客户

欺诈客户，是指证券公司及其从业人员在证券交易及相关活动中，进行的违背客户真实意思表示、损害其利益的行为。

《证券法》第五十七条规定，禁止证券公司及其从业人员从事下列损害客户利益的欺诈行为：①违背客户的委托为其买卖证券；②不在规定时间内向客户提供交易的确认文件；③未经客户的委托，擅自为客户买卖证券，或者假借客户的名义买卖证券；④为牟取佣金收入，诱使客户进行不必要的证券买卖；⑤其他违背客户真实意思表示，损害客户利益的行为。

《证券法》第一百九十四条规定，证券公司及其从业人员违反第五十七条的规定，有损害客户利益的行为的，给予警告，没收违法所得，并处以违法所得1倍以上10倍以下的罚款；没有违法所得或者违法所得不足10万元的，处以10万元以上100万元以下的罚款；情节严重的，暂停或者撤销相关业务许可。

五、其他禁止违法行为

其他禁止的交易行为，主要包括：任何单位和个人违反规定，出借自己的证券账户或者借用他人的证券账户从事证券交易；禁止资金违规流入股市；禁止投资者违规利用财政资金、银行信贷资金买卖证券。

《证券法》还规定，国有独资企业、国有独资公司、国有资本控股公司买卖上市交易的股票，必须遵守国家有关规定。

证券交易所、证券公司、证券登记结算机构、证券服务机构及其从业人员对证券交易中发现的禁止的交易行为，应当及时向证券监督管理机构报告。

【小案例】

违法使用他人账户从事证券交易

2017 年 9 月 27 日至 2018 年 6 月 20 日期间，肖某萍时任重庆三圣实业股份有限公司（简称“三圣股份”）职工监事，通过“王某阳”“王某”和“向某”等证券账户将其持有的“三圣股份”在买入后六个月内卖出，或卖出后六个月内又买入，累计买入 31500 股，成交金额 608746 元，累计卖出 27800 股，成交金额 533166.72 元。

资料来源：宁波证监局，网址：http：//www.csrc.gov.cn/ningbo/c104130/c1352267/content.shtml，发布时间：2020 年 4 月 27 日。

【思考】

肖某萍的行为违反了《证券法》哪些规定？

【分析】

肖某萍违反《证券法》第五十八条的规定，构成了《证券法》第一百九十五条所述违法行为。应对肖某萍给予警告，并处以 4 万元罚款。

【学习互动】

登录深圳证券交易所投资者教育栏目（网址 http：//investor.szse.cn/warning/），自主学习有关证券禁止交易行为的相关内容，了解行为的危害，学习投资者的维权方法。

模块五

各司其职，各尽其责——证券机构

【导入案例】

小白想炒股

小白今年刚满 18 周岁，听同学说他家人通过买股票赚了钱。于是小白也想用自己平时存的压岁钱去炒股。但不知道去哪里买？怎么买？会不会亏钱？这或许是我们很多金融小白的困惑吧，要想成为一名股民，我们需要不断地学习金融知识，提高自己的财商。

【思考】

投资者参与证券交易时，会涉及哪些相关金融机构？

我国证券市场经过 30 年的发展，逐步形成了以国务院证券监督管理机构及派出机构、证券交易所、证券业协会和证券投资者保护基金为一体的监管体系和自律管理体系。

一、证券交易所

（一）证券交易所的定义

证券交易所是证券买卖双方公开交易的场所，是一个高度组织化、集中进行证券交易的市场，它是整个证券市场的核心。证券交易所本身并不进行证券买卖，也不决定证券价格，而是为证券交易提供场所和设施，配备必要的管理和服务人员，并对证券交易进行周密的组织和严格的管理，使证券交易顺利进行且有个稳定、公开、高效的系统。

《证券法》第九十六条规定，证券交易所、国务院批准的其他全国性证券交易场所为证券集中交易提供场所和设施，组织和监督证券交易，实行自律管理，依法登记，取得法人资格。证券交易所、国务院批准的其他全国性证券交易场所的设立、变更和解散由国务院决定。国务院批准的其他全国性证券交易场所的组织机构、管理办法等，由国务院规定。

《证券法》第一百零五条规定，进入实行会员制的证券交易所参与集中交易的，必须是证券交易所的会员。证券交易所不得允许非会员直接参与股票的集中交易。实行会员制的证券交易所设理事会、监事会。证券交易所设总经理一人，由国务院证券监督管理机构任免。在我国上海证券交易所、深圳证券交易所都实行会员制，最高权力机构为会员大会，理事会为决策机构。北京证券交易所于2021年9月3日注册成立，是经国务院批准设立的我国第一家公司制证券交易所。

【知识拓展】

全国中小企业股份转让系统

全国中小企业股份转让系统（以下简称“全国股转系统”，俗称“新三板”）是经国务院批准，依据证券法设立的继上交所、深交所之后第三家全国性证券交易场所，也是我国第一家公司制运营的证券交易场所。全国中小企业股份转让系统有限责任公司（以下简称“全国股转公司”）为其运营机构，于2012年9月20日在国家工商总局注册，2013年1月16日正式揭牌运营，注册资本30亿元。全国股转公司主要职能包括：提供证券交易的技术系统和设施；制定和修改全国股转系统业务规则；接受并审查股票挂牌及其他相关业务申请，安排符合条件的公司股票挂牌；组织、监督证券交易及相关活动；对挂牌公司及其他信息披露义务人进行监管；对主办券商等全国股转系统参与人进行监管；管理和公布全国股转系统相关信息；中国证监会批准的其他职能。公司建立了党委会、股东会、董事会、监事会和经营管理层，形成了党委领导下的“三会一层”的治理结构。

资料来源：全国中小企业股份转让系统官网，网址：https：//www. neeq. com. cn/company/introduce. html。

（二）证券交易所的主要职能

证券交易所组织和监督证券交易，实施自律管理，应当遵循社会公共利益优先原则，维护市场的公平、有序、透明。以上海证券交易所为例，其职能包括：

（1）提供证券集中交易的场所、设施和服务；

（2）制定和修改证券交易所的业务规则；

（3）依法审核公开发行证券申请；

（4）审核、安排证券上市交易，决定证券终止上市和重新上市等；

（5）提供非公开发行证券转让服务；

(6) 组织和监督证券交易；

(7) 组织实施交易品种和交易方式创新；

(8) 对会员进行监管；

(9) 对证券上市交易公司及相关信息披露义务人进行监管，提供网站供信息披露义务人依法披露信息；

(10) 对证券服务机构为证券上市、交易等提供服务的行为进行监管；

(11) 设立或者参与设立证券登记结算机构；

(12) 管理和公布市场信息；

(13) 开展投资者教育和保护；

(14) 法律、行政法规规定的以及中国证监会许可、授权或者委托的其他职能。

二、证券公司

(一) 证券公司的基本概念

证券公司，是指依照《公司法》和《证券法》设立的经营证券业务的有限责任公司或者股份有限公司。在我国，设立证券公司必须经国务院证券监督管理机构审查批准。证券公司是证券市场的主要中介机构，在证券市场运行中发挥着重要的作用。

(二) 证券公司设立的条件

《证券法》第一百一十八条规定，设立证券公司，应当具备下列条件，并经国务院证券监督管理机构批准：

(1) 有符合法律、行政法规规定的公司章程；

(2) 主要股东及公司的实际控制人具有良好的财务状况和诚信记录，最近 3 年无重大违法违规记录；

(3) 有符合本法规定的公司注册资本；

(4) 董事、监事、高级管理人员、从业人员符合本法规定的条件；

(5) 有完善的风险管理与内部控制制度；

(6) 有合格的经营场所、业务设施和信息技术系统；

(7) 法律、行政法规和经国务院批准的国务院证券监督管理机构规定的其他条件。

(三) 证券公司的主要业务

《证券法》第一百二十条规定，经国务院证券监督管理机构核准，取得经营证券业务许可证，证券公司可以经营下列部分或者全部证券业务：

(1) 证券经纪；

(2) 证券投资咨询；

(3) 与证券交易、证券投资活动有关的财务顾问；

(4) 证券承销与保荐；

(5) 证券融资融券；

(6) 证券做市交易；

(7) 证券自营；

(8) 其他证券业务。

证券公司经营证券资产管理业务的，应当符合《中华人民共和国证券投资基金法》等法律、行政法规的规定。

除证券公司外，任何单位和个人不得从事证券承销、证券保荐、证券经纪和证券融资融券业务。

证券公司从事证券融资融券业务，应当采取措施，严格防范和控制风险，不得违反规定向客户出借资金或者证券。

（四）证券公司经营的限制规定

《证券法》对证券公司经营作了限制：

（1）证券公司除依照规定为其客户提供融资融券外，不得为其股东或者股东的关联人提供融资或者担保。

（2）证券公司应当建立健全内部控制制度，采取有效隔离措施，防范公司与客户之间、不同客户之间的利益冲突。证券公司必须将其证券经纪业务、证券承销业务、证券自营业务、证券做市业务和证券资产管理业务分开办理，不得混合操作。

（3）证券公司的自营业务必须以自己的名义进行，不得假借他人名义或者以个人名义进行。证券公司不得将其自营账户借给他人使用。

（4）证券公司客户的交易结算资金应当存放在商业银行，以每个客户的名义单独立户管理。具体办法和实施步骤由国务院规定。

（5）证券公司办理经纪业务，不得接受客户的全权委托而决定证券买卖、选择证券种类、决定买卖数量或者买卖价格。证券公司不得允许他人以证券公司的名义直接参与证券的集中交易。

（6）证券公司不得以任何方式对客户证券买卖的收益或者赔偿证券买卖的损失作出承诺。

（7）证券公司的从业人员在证券交易活动中，执行所属的证券公司的指令或者利用职务违反交易规则的，由所属的证券公司承担全部责任。

（8）证券公司的从业人员不得私下接受客户委托买卖证券。

（9）证券公司应当妥善保存客户开户资料、委托记录、交易记录和与内部管理、业务经营有关的各项资料，任何人不得隐匿、伪造、篡改或者毁损。上述资料的保存期限不得少于20年。

【小案例】

私下接受客户委托买卖证券

张某2018年8月1日入职某证券公司营业部，2018年11月15日，客户林某将证券账户转托管到证券公司，委托张某操作其证券账户，未签订书面协议。由于亏损，2019年3月22日，张某与林某补充签订了《理财协议》，约定理财期限为2018年11月15日至2019年12月底，张某保证补偿账户上的亏损。2018年11月15日至2019年5月18日期间，张某操作林某证券账户未获得收益。张某于2019年5月18日从证券公司离职。

【思考】

张某行为是否违规？

【分析】

《证券法》第一百三十六条规定，证券公司的从业人员不得私下接受客户委托买卖证券。张某是证券公司从业人员，私下接受客户林某委托买卖证券，属于违规行为。

三、证券登记结算机构

中国证券登记结算有限责任公司（以下简称“中国结算”）是为证券交易提供集中登记、存管与结算服务，不以营利为目的的法人。2001 年 10 月 1 日起，上海、深圳证券交易所承担的全部证券登记结算业务划归中国结算承担，《证券法》规定的全国集中统一运营的证券登记结算体制由此形成。按照《证券登记结算管理办法》，证券登记结算机构实行行业自律管理。

（一）证券登记结算机构设立的条件

设立证券登记结算机构必须经国务院证券监督管理机构批准。应当具备下列条件：

（1）自有资金不少于人民币 2 亿元；

（2）具有证券登记、存管和结算服务所必须的场所和设施；

（3）国务院证券监督管理机构规定的其他条件。

证券登记结算机构的名称中应当标明证券登记结算字样。

（二）证券登记结算机构的职能

证券登记结算机构履行下列职能：

（1）证券账户、结算账户的设立；

（2）证券的存管和过户；

（3）证券持有人名册登记；

（4）证券交易所上市证券交易的清算和交收；

（5）受发行人的委托派发证券权益；

（6）办理与上述业务有关的查询、信息服务；

（7）国务院证券监督管理机构批准的其他业务。

四、证券服务机构

（一）证券服务机构的类别

证券服务机构，是指依法设立的从事证券服务业务的法人机构，主要包括证券投资咨询机构、财务顾问机构、资信评级机构、资产评估机构、会计师事务所、律师事务所、信息技术系统服务的证券服务机构等。从事证券投资咨询服务业务，应当经国务院证券监督管理机构核准；未经核准，不得为证券的交易及相关活动提供服务。从事其他证券服务业务，应当报国务院证券监督管理机构和国务院有关主管部门备案。

（二）证券投资咨询机构及其从业人员从事证券服务业务禁止行为

证券投资咨询机构及其从业人员从事证券服务业务不得有下列行为：

（1）代理委托人从事证券投资；

（2）与委托人约定分享证券投资收益或者分担证券投资损失；

（3）买卖本证券投资咨询机构提供服务的证券；

（4）法律、行政法规禁止的其他行为。

有上面行为之一，给投资者造成损失的，应当依法承担赔偿责任。

【小案例】

诱导客户交易遭处分

湘财证券股份有限公司上海陆家嘴证券营业部某投资顾问在向客户提供投资建议过程中，向客户明示所推荐新三板挂牌公司股票的交易价格和交易时间，存在诱导客户交易的行为，且未提示投资风险。该投资顾问未按照公司制度和工作安排违规提供投资顾问服务，损害了客户利益，营业部未能及时发现上述行为，反映出营业部对投资顾问人员管控不力、内部控制不完善。

按照《证券公司监督管理条例》第七十条第一款第（一）项的规定，我局拟作出如下监督管理措施决定：责令你营业部在本决定下发之日起1年内，每6个月开展一次内部合规检查，并在每次检查后10个工作日内，向我局报送合规检查报告。

资料来源：上海证监局，网址：http：//www. csrc. gov. cn/shanghai/c103864/c1069031/content. shtml，发布时间：2020年1月23日。

【思考】

证券投资顾问是否可以向客户明示证券的交易价格和交易时间？

【分析】

《证券投资顾问业务暂行规定》（2020年10月修订）第三十一条规定，证券投资顾问不得通过广播、电视、网络、报刊等公众媒体，作出买入、卖出或者持有具体证券的投资建议。

第三十二条规定，证券公司、证券投资咨询机构及其人员从事证券投资顾问业务，违反法律、行政法规和本规定的，中国证监会及其派出机构可以采取责令改正、监管谈话、出具警示函、责令增加内部合规检查次数并提交合规检查报告、责令清理违规业务、责令暂停新增客户、责令处分有关人员等监管措施；情节严重的，中国证监会依照法律、行政法规和有关规定作出行政处罚；涉嫌犯罪的，依法移送司法机关。

五、证券业协会

（一）中国证券业协会的性质

中国证券业协会是证券业的自律性组织，是社会团体法人。中国证券业协会正式成立于1991年8月28日，是依据《中华人民共和国证券法》和《社会团体登记管理条例》的有关规定设立的具有独立法人地位的、由经营证券业务的金融机构自愿组成的行业性自律组织，是非营利性社会团体法人。中国证券业协会采取会员制的组织形式，证券公司应当加入中国证券业协会。中国证券业协会的权力机构为全体会员组成的会员大会。中国证券业协会章程由会员大会制定，并报中国证监会备案。证券业协会设理事会。理事会成员依章程的规定由选举产生。

（二）中国证券业协会的职责

证券业协会履行下列职责：

（1）教育和组织会员及其从业人员遵守证券法律、行政法规，组织开展证券行业诚信建设，督促证券行业履行社会责任；

（2）依法维护会员的合法权益，向证券监督管理机构反映会员的建议和要求；

（3）督促会员开展投资者教育和保护活动，维护投资者合法权益；

（4）制定和实施证券行业自律规则，监督、检查会员及其从业人员行为，对违反法律、行政法规、自律规则或者协会章程的，按照规定给予纪律处分或者实施其他自律管理措施；

（5）制定证券行业业务规范，组织从业人员的业务培训；

（6）组织会员就证券行业的发展、运作及有关内容进行研究，收集整理、发布证券相关信息，提供会员服务，组织行业交流，引导行业创新发展；

（7）对会员之间、会员与客户之间发生的证券业务纠纷进行调解；

（8）证券业协会章程规定的其他职责。

六、证券监督管理机构

（一）国务院证券监督管理机构

证券监管是指证券监督管理部门根据证券法规对证券发行和交易实施的监督管理。我国证券市场监管机构是国务院证券监督管理机构，由中国证券监督管理委员会及其派出机构组成。国务院证券监督管理机构依法对证券市场实行监督管理，维护证券市场秩序，保障其合法运行。

【知识拓展】

中国证监会

国务院证券监督管理机构是指中国证券监督管理委员会（简称“中国证监会”），它是国务院直属正部级事业单位，是全国证券期货市场的主管部门。中国证监会设在北京，在省、自治区、直辖市和计划单列市设立36个证券监管局，以及上海、深圳证券监管专员办事处。

（二）国务院证券监督管理机构

国务院证券监督管理机构依法对全国证券市场实行集中统一监督管理。国务院证券监督管理机构在对证券市场实施监督管理中履行下列职责：

（1）依法制定有关证券市场监督管理的规章、规则，并依法进行审批、核准、注册，办理备案；

（2）依法对证券的发行、上市、交易、登记、存管、结算等行为，进行监督管理；

（3）依法对证券发行人、证券公司、证券服务机构、证券交易场所、证券登记结算机构的证券业务活动，进行监督管理；

（4）依法制定从事证券业务人员的行为准则，并监督实施；

（5）依法监督检查证券发行、上市、交易的信息披露；

（6）依法对证券业协会的自律管理活动进行指导和监督；

（7）依法监测并防范、处置证券市场风险；

（8）依法开展投资者教育；

（9）依法对证券违法行为进行查处；

（10）法律、行政法规规定的其他职责。

【学习互动】

登录中国证券业协会官网（https：//www. sac. net. cn/cyry/kspt/kstz/），查找证券从业人员资格考试的相关要求，如果你报考，应该选择哪一类？

项目要点

第一，证券法是指调整证券发行、交易和证券监管过程中发生的各种社会关系的法律规范的总称。证券法立法宗旨是规范证券发行和交易行为，保护投资者的合法权益，维护社会经济秩序和社会公共利益，促进社会主义市场经济的发展。

第二，证券发行是发行人依照法定条件和程序，以募集资金为目的向投资者出售代表一定权利的有价证券的活动。证券的发行程序包括股票的发行程序和公司债券的发行程序。

第三，上市公司申请公开发行证券或者非公开发行新股，应当由保荐人保荐。

第四，证券发行人应当同证券公司签订承销协议，确定双方在证券承销关系中的具体权利义务。证券承销业务采取代销或者包销方式。

第五，证券上市与证券交易有密切的联系，证券上市是前提，证券交易是目的。

第六，证券交易当事人依法买卖的证券，必须是依法发行并交付的证券。非依法定程序发行的证券，不得买卖。

第七，证券在证券交易所上市交易，应当采用公开的集中交易方式或者国务院证券监督管理机构批准的其他方式。证券交易所有权对不再具备上市条件的股票决定暂停和终止其上市交易。

第八，上市公司收购是指投资者依法定程序公开收购股份有限公司已经发行上市的股份以达到对该公司控股或兼并目的的行为。按照证券法的规定，投资者可以采取要约收购、协议收购及其他合法方式收购上市公司。

第九，证券的发行、交易活动，必须遵守法律、行政法规；禁止欺诈、内幕交易和操纵证券市场、编造传播虚假信息或者误导性信息、出借证券账户的行为。

第十，证券机构，包括证券交易所、证券公司、证券登记结算机构、证券交易服务机构、证券业协会和证券监督管理机构。

本项目参考法规

1.《中华人民共和国证券法》（2020 年修订版）。

2.《证券公司监督管理条例》（2014 年修订版）。

3.《首次公开发行股票并上市管理办法》(2022 年修订版)。
4.《首次公开发行股票注册管理办法》(2023 年)。
5.《上海证券交易所公司债券上市规则》(2022 年修订)。
6.《深圳证券交易所公司债券上市规则》(2022 年修订)。
7.《上海证券交易所股票上市规则》(2022 年修订)。
8.《深圳证券交易所股票上市规则》(2022 年修订)。

学习检测

一、单项选择题

1. 我国证券市场法律法规体系，是以（　　）为核心。
A.《中华人民共和国证券法》　　B.《中华人民共和国公司法》
C.《中华人民共和国刑法》　　D.《中华人民共和国宪法》

2. 证券的发行、交易活动，必须遵循的原则不包括下列选项中的（　　）。
A. 公开　　B. 有效　　C. 公平　　D. 公正

3. 向特定对象发行证券累计超过（　　）人的，属于公开发行证券。
A. 500　　B. 300　　C. 100　　D. 200

4. 下列不属于强制退市情形的是（　　）。
A. 发行类强制退市　　B. 财务类强制退市
C. 规范类强制退市　　D. 重大违法类强制退市

5. 内幕信息的知情人包括（　　）。
A. 持有公司 2% 以上股权的股东及其董事、监事、高级管理人员，公司的实际控制人及董事监事、高级管理人员
B. 发行人控股的公司及其董事、监事、高级管理人员
C. 由于所任公司职务可以获取公司有关内幕信息的人员
D. 保荐人、承销的证券公司、证券交易所、证券登记结算机构、证券服务机构的有关人员

6. 在上市公司收购中，收购人持有的被收购的上市公司的股票，在收购行为完成后的（　　）内不得转让。
A. 6 个月　　B. 9 个月　　C. 18 个月　　D. 24 个月

7. 王某委托证券公司进行证券买卖，证券公司为了谋取佣金收入，诱使王某进行了一些不必要的证券买卖，该证券公司的行为属于（　　）。
A. 欺诈客户行为　　B. 内幕交易行为　　C. 操纵市场行为　　D. 信用交易行为

8. 未经法定机关核准，擅自公开或者变相公开发行证券的，责令停止发行，退还所募资金并加算银行同期存款利息，处以非法募集资金金额（　　）的罚款。
A. 1% 以上 5% 以下　　B. 1% 以上 10% 以下
C. 违法所得 1 倍以上 5 倍以下　　D. 违法所得 1 倍以上 10 倍以下

9. 证券公司违背客户的委托买卖证券，违法所得8万元，则应该给予（　　）罚款。

A. 3万元以上30万元以下　　B. 10万元以上30万元以下

C. 30万元以上60万元以下　　D. 10万元以上100万元以下

10. 违反《证券法》规定，操纵证券市场的，责令依法处理非法持有的证券，没收违法所得，并处以（　　）的罚款。

A. 30万元以上60万元以下　　B. 3万元以上60万元以下

C. 违法所得1倍以上5倍以下　　D. 违法所得1倍以上10倍以下

二、多项选择题

1. 公司公开发行新股，应当符合（　　）。

A. 最近3年财务会计报告被出具无保留意见审计报告

B. 具有持续经营能力

C. 发行人最近3年不存在贪污、贿赂行为

D. 具有健全且运行良好的组织机构

2. 符合下列哪一种情形的，为公开发行？（　　）。

A. 向不特定对象发行证券的

B. 向特定对象发行证券累计超过150人的

C. 法律、行政法规规定的其他发行行为

D. 向特定对象发行证券累计超过200人的

3. 下列属于操纵证券市场行为的是（　　）。

A. 单独或者通过合谋，集中资金优势、持股优势或者利用信息优势联合或连续买卖，操纵证券交易价格或者证券交易量

B. 以其他手段操纵证券市场

C. 与他人串通，以事先约定的时间、价格和方式相互进行证券交易，影响证券交易价格或者证券交易量

D. 在自己实际控制的账户之间进行证券交易，影响证券交易价格或者证券交易量

4. 下列选项中，属于证券登记结算机构职能的是（　　）。

A. 证券的存管和过户　　B. 公布证券交易即时行情

C. 证券持有人名册登记　　D. 证券账户、结算账户的设立

5. 公司发生的下列情形中，国务院证券监督管理机构可以决定暂停公司股票上市交易的有（　　）。

A. 最近2年连续亏损　　B. 最近3年连续亏损

C. 公司未按照规定公开其财务状况　　D. 有重大违法行为

6. 禁止交易的行为有（　　）。

A. 内幕交易行为　　B. 操纵市场行为

C. 欺诈客户行为　　D. 制造虚假信息行为

7. 上市公司的信息披露义务人包括（　　）。

A. 发行人　　B. 收购人

C. 上市公司董事　　D. 股东

8. 上市公司收购的方式包括（　　）。

A. 要约收购　　B. 其他合法方式　　C. 协议收购　　D. 谈判收购

9. 下列属于证券服务的机构的是（　　）。

A. 财务顾问机构　　B. 资产评估机构　　C. 律师事务所　　D. 会计师事务所

10. 下列属于证券自律组织的是（　　）。

A. 中国证监会　　B. 证券交易所

C. 中国证券业协会　　D. 中国证券登记结算有限责任公司

三、简答题

1. 简述我国证券市场法律法规体系的五个层级。
2. 简述股票首次公开发行上市的基本条件。
3. 简述内幕信息知情人的内容。

四、案例分析

小李刚工作2年，积累了存款，想着让钱增值。有一天接到某投资管理公司的电话，称公司是专从事股票研究的机构，现在推出一种新的理财产品，无须缴纳会员费，只需将自己的证券账户号码及交易密码告诉业务员，由公司组织专家团队为其操作，公司保证客户资金安全，且保证客户至少不会“赔本”。随后，该公司给小李发来合同样本。小李想反正也没交服务费，银行密码在自己手中，资金也很安全，于是决定试一下。但是，在随后的操作过程中，小李的股票账户并没有像公司宣称的那样出现迅速升值，而是在短短一周内亏损严重。小李这才恍然大悟，赶紧终止合作并将情况反映到监管部门。经查，该公司未经证监会批准，以约定盈利分成的方式代客理财，非法从事证券经营活动，最终被依法取缔。

资料来源：中国证券业协会，网址：https：//tzz. sac. net. cn/wqbh/wqal/202004/t20200423 _142534. html，发布时间：2019 年 11 月 1 日。

问题：代客理财、保证客户收益是合法的证券活动吗？为什么？

项目七 证券投资基金法律实务

【知识目标】

通过本项目的学习，了解和掌握证券投资基金的基础概念、基本理论。明确证券投资基金当事人的权利义务，掌握证券投资基金的运作和监管程序的法律规范。

【德育目标和职业素养】

通过对专业理财平台的认知，了解代人理财应遵循的规则，受人之托，忠人之事，依法合规，诚信执业。

【学习任务】

1. 认识证券投资基金和证券投资基金法。
2. 运用基金合同，明确证券投资基金各当事人的权利义务。
3. 了解证券投资基金的运作和监管程序的法律规范。

【导入案例】

基金经理背信案

证监会查明，王某某任职南方基金期间，操作“王法林”账户买卖“太钢不锈”和“柳钢股份”两只股票，为账户非法获利1509407元。具体情况如下：

王某某通过网上交易方式，直接操作其父王法林在华泰证券常州和平南路营业部开立的“王法林”账户买卖“太钢不锈”和“柳钢股份”股票，共获利1509407元。根据南方基金公司基金金元、基金宝元公布的王某某交易期间季度报告披露的“投资组合报告——期末按市值占基金资产净值比例大小排序的前十名股票明细”，“太钢不锈”股票一直是基金金元投资排名前三位且重仓持有的股票；“太钢不锈”股票是基金宝元投资排名前五位且重仓持有的股票；“柳钢股份”股票是基金宝元投资排名第六位的股票。

【思考】

王某某上述行为违反了哪些法律法规规定？

【分析】

王某某的上述行为违反了《证券投资基金法》第十七条有关禁止从事损害基金财产和基金份额持有人利益的证券交易及其他活动的规定，同时也违反了《证券法》第四十三条有关禁止有关人员参与股票交易的规定，构成了《证券投资基金法》第二十一条所述基金管理人不得利用基金财产或者职务之便为基金份额持有人以外的人牟取利益以及《证券法》第一百九十九条所述违反法律规定参与股票交易的行为。根据王某某违法行为的事实、性质、情节与社会危害程度，依据《证券投资基金法》《证券法》的规定，最终王某某基金从业资格被取消，违法所得被没收，并被处以罚款50万元。

模块一

专业的理财平台——证券投资基金概述

一、证券投资基金的概念

（一）证券投资基金的概念

证券投资基金，是指一种借助专业性投资管理服务的集合证券投资方式，即通过发行基金份额，集中投资者的资金，由专业的管理者负责管理资金，主要投资于股票、债券等金融工具的集合投资方式。

在日常经济生活中，许多人虽然有闲散资金，也愿意投资获益，但或者缺乏专业的投资能力，也没有足够的时间和精力获取此方面的专业能力，或者闲散资金不多，尚不足以庞大到可以雇用专人为自己单独提供投资服务。这样，证券投资基金通过集合广大中小投资者的闲散资金，就有足够的财力雇佣专业的投资管理服务，具有规模化、专业化和组合投资的优势。因此，证券投资基金为社会公众投资者提供了一种方便的投资方式，在很多经济发达国家，证券投资基金成为社会公众投资者的一种主要投资方式，证券投资基金本身也因为积聚了大量资金，而成为该国资本市场的主要机构投资者之一。

【相关知识】

1997 年，国务院证券委员会发布《证券投资基金管理暂行办法》，中国开始发展证券投资基金。2003 年 10 月 28 日，第十届全国人大常委会第五次会议通过了《中华人民共和国证券投资基金法》（以下简称《证券投资基金法》），中国证券投资基金的发展开始步上法治的轨道。随着资本市场的发展，2012 年 12 月 28 日第十一届全国人民代表大会常务委员会对该法进行了修订，自 2013 年 6 月 1 日起施行。随后 2015 年 4 月 24 日第十二届全国人民代表大会常务委员会第十四次会议又对该法进行了修正。

（二）证券投资基金的特点

与股票、债券、定期存款、外汇等投资工具一样，证券投资基金也为投资者提供了一种投资渠道。与其他的投资工具相比，证券投资基金具有以下特点：

1. 集合理财，专业管理

基金将众多投资者的资金集中起来，委托基金管理人进行共同投资，表现出一种集合理财的特点。通过汇集众多投资者的资金，积少成多，有利于发挥资金的规模优势，降低投资成本。基金由基金管理人进行投资管理和运作。基金管理人一般拥有大量的专业投资研究人员和强大的信息网络，能够更好地对证券市场进行全方位的动态跟踪与分析。将资金交给基金管理人管理，使中小投资者也能享受到专业化的投资管理服务。

2. 组合投资，分散风险

为降低投资风险，我国《证券投资基金法》规定，基金必须以组合投资的方式进行基金的投资运作，从而使“组合投资、分散风险”成为基金的一大特色。“组合投资、分散风险”的科学性已为现代投资学所证明，中小投资者由于资金量小，一般无法通过购买不同的股票分散投资风险。基金通常会购买几十种甚至上百种股票，投资者购买基金就相当于用很少的资金购买了“一篮子”股票，某些股票下跌造成的损失可以用其他股票上涨的盈利来弥补，因此可以充分享受到组合投资，分散风险的好处。

3. 利益共享，风险共担

基金投资者是基金的所有者。基金投资人共担风险，共享收益。基金投资收益在扣除由基金承担的费用后的盈余全部归基金投资者所有，并依据投资者所持有的基金份额比例进行分配。为基金提供服务的基金托管人、基金管理人只能按规定收取一定的托管费、管理费，并不参与基金收益的分配。

4. 严格监管，信息透明

为切实保护投资者的利益，增强投资者对基金投资的信心，中国证监会对基金实行比较严格的监管，对各种有损投资者利益的行为进行严厉的打击，并强制进行较为充分的信息披露。在这种情况下，严格监管与信息透明也就成为基金的一个显著特点。

5. 独立托管，保障安全

基金管理人负责基金的投资操作，本身并不经手基金财产的保管。基金财产的报告由独立于基金管理人的基金托管人负责。这种相互制约、相互监督的制衡机制对于投资者的利益提供给了重要的保护。

二、证券投资基金的种类

根据不同的标准可以将证券投资基金划分为不同的种类，这里主要介绍两种分类：

（一）根据基金是否可以增加或赎回，证券投资基金可以分为开放式基金和封闭式基金

开放式基金，是指基金份额总额不固定，基金份额可以在基金合同约定的时间和场所申购或者赎回的基金。

封闭式基金，是指经核准的基金份额总额在基金合同期限内固定不变，基金份额可以在依法设立的证券交易场所交易，但基金份额持有人不得申购赎回的基金。

【知识拓展】

开放式基金和封闭式基金的主要区别如下：

（1）基金规模的可变性不同。封闭式基金均有明确的存续期限，在此期限内已发行的基金单位不能被赎回。开放式基金所发行的基金单位是可赎回的，而且投资者在基金的

存续期内也可随意申购基金单位，导致基金的资金总额每天不断地变化。

（2）基金单位的买卖方式不同。封闭式基金发起设立时，投资者可以向基金管理公司或销售机构认购；当封闭式基金上市交易时，投资者又可委托证券商在证券交易所按市价买卖。而投资者投资于开放式基金时，他们可以随时向基金管理公司或销售机构申购或赎回。

（3）基金单位的买卖价格形成方式不同。封闭式基金因在交易所上市，其买卖价格受市场供求关系影响较大。而开放式基金的买卖价格是以基金单位的资产净值为基础计算的，可直接反映基金单位资产净值的高低。在基金的买卖费用方面，投资者在买卖封闭式基金时与买卖上市股票一样，也要在价格之外付出一定比例的证券交易税和手续费；而开放式基金的投资者需要缴纳的相关费用则包含于基金价格之中。一般而言，买卖封闭式基金的费用要高于开放式基金。

（4）基金单位的投资策略不同。由于封闭式基金不能随时被赎回，其募集得到的资金可全部用于投资，这样基金管理公司便可据以制定长期的投资策略，取得长期经营绩效。而开放式基金则必须保留一部分现金，以便投资者随时赎回，而不能尽数地用于长期投资，一般投资于变现能力强的资产。

（二）根据组织形态的不同，证券投资基金可分为契约型投资基金和公司型投资基金

契约型投资基金也称信托型投资基金，是根据一定的信托契约原理，由基金发起人和基金管理人、基金托管人订立基金契约而组建的投资基金。我国目前《证券投资基金法》所规定的便是契约型基金。基金管理公司依据法律、法规和基金契约负责基金的经营和管理操作；基金托管人负责保管基金资产，执行管理人的有关指令，办理基金名下的资金往来；投资者通过购买基金单位，享有基金投资收益。

公司型投资基金，是具有共同投资目标的投资者，依据公司法组成以营利为目的、投资于特定对象（如各种有价证券、货币）的股份制投资公司。这种基金通过发行股份的方式筹集资金，是具有法人资格的经济实体。基金持有人既是基金投资者又是公司股东，按照公司章程的规定，享受权利、履行义务。公司型投资基金成立后，通常委托特定的基金管理公司运用基金资产进行投资并管理基金资产。

【知识拓展】

契约型投资基金与公司型投资基金的主要区别有以下几点：

（1）法律依据不同。契约型投资基金是依照基金契约组建的，在缺乏证券投资基金的特别法时，信托法便是契约型投资基金设立的依据。我国《证券投资基金法》第二条就明确规定：本法未规定的，适用信托法、证券法和其他法律法规的规定。公司型投资基金则仿照公司组建，在特别法没有规定时，适用公司法的相关规定。

（2）法人资格不同。契约型投资基金不具有法人资格，而公司型投资基金本身就是具有法人资格的股份有限公司。

（3）投资者的地位不同。契约型投资基金的投资者作为信托契约中规定的受益人，对基金的重要投资决策通常不具有发言权；公司型投资基金的投资者作为公司的股东有权对公司的重大决策进行审批，发表自己的意见。

（4）融资渠道不同。公司型投资基金由于具有法人资格，在资金运用状况良好、业务开展顺利，又需要扩大公司规模、增加资产时，可以向银行借款；契约型投资基金因不具有法人资格，一般不向银行借款。

（5）经营财产的依据不同。契约型投资基金凭借基金契约经营基金财产。

模块二

规范投资行为——证券投资基金当事人的权利义务

证券投资资金是投资者直接按照基金合同组织起来的，投资者与基金管理人、基金托管人之间的关系、各自的权利义务，均由基金合同约定。

一、基金合同

由于我国证券投资基金全部按照契约来组织，因此基金合同是证券投资基金法律关系的基本文件。基金管理人、基金托管人和基金份额持有人的权利、义务都依照《证券投资基金法》在基金合同中约定。

相关链接：

《证券投资基金法》第五十二条规定，基金合同应当包括下列内容：

（1）募集基金的目的和基金名称；

（2）基金管理人、基金托管人的名称和住所；

（3）基金的运作方式；

（4）封闭式基金的基金份额总额和基金合同期限，或者开放式基金的最低募集份额总额；

（5）确定基金份额发售日期、价格和费用的原则；

（6）基金份额持有人、基金管理人和基金托管人的权利、义务；

（7）基金份额持有人大会召集、议事及表决的程序和规则；

（8）基金份额发售、交易、申购、赎回的程序、时间、地点、费用计算方式，以及给付赎回款项的时间和方式；

（9）基金收益分配原则、执行方式；

（10）基金管理人、基金托管人报酬的提取、支付方式与比例；

（11）与基金财产管理、运用有关的其他费用的提取、支付方式；

（12）基金财产的投资方向和投资限制；

（13）基金资产净值的计算方法和公告方式；

（14）基金募集未达到法定要求的处理方式；

（15）基金合同解除和终止的事由、程序以及基金财产清算方式；

（16）争议解决方式；

（17）当事人约定的其他事项。

基金合同是最典型的格式合同，由基金管理人在向公众发售基金份额时提供，投资者基本上只有接受或者不接受的选择，而不能个别谈判具体条款。因此，我国《证券投资基金法》中对于上述一些事项有明确的强制性规定，基金合同必须遵守。中国证监会也发布了对基金合同的内容和格式准则，要求在我国境内申请募集证券投资基金的，都必须适用该准则。只有在该准则规定内容之外的事项，当事人可以在不违反《证券投资基金法》和该准则及中国证监会其他规定的前提下，当事人根据实际情况自行约定。如果该准则确实有些具体要求对当事人不适用的，必须经过证监会同意后，当事人才可以对相应内容作出合理调整和变动。

二、证券投资基金当事人的权利义务

证券投资基金当事人包括基金份额持有人、基金管理人、基金托管人。

（一）基金份额持有人的权利义务

基金份额持有人是基金的提供者，是证券投资基金能够设立的基础，是基金的实际所有者。基金的一切活动都是为了增加持有人的收益，一切风险管理都是围绕保护投资者利益设计的。因此，基金份额持有者是基金一切活动的中心。

1. 基金份额持有人的权利

我国《证券投资基金法》第四十六条规定，我国基金份额持有人享有如下权利：①分享基金财产收益；②参与分配清算后的剩余基金财产；③依法转让或者申请赎回其持有的基金份额；④按照规定要求召开基金份额持有人大会或者召集基金份额持有人大会；⑤对基金份额持有人大会审议事项行使表决权；⑥对基金管理人、基金托管人、基金服务机构损害其合法权益的行为依法提起诉讼；⑦基金合同约定的其他权利。

【知识拓展】

尽管《证券投资基金法》将起诉权列为基金份额持有人的一种权利，但实际上该权利能否行使受制于基金份额持有人在基金合同中对争议解决方式的约定。实践中，基金合同往往对争议解决方式订有仲裁条款，此时基金份额持有人就只能向仲裁机构申请仲裁。只有在基金合同当事人没有在基金合同订立仲裁条款，事后又没有达成书面仲裁协议的，才可以向人民法院起诉。

2. 基金份额持有人的义务

基金份额持有人在享有权利的同时，也必须承担一定的义务。按照《证券投资基金法》第三条、第四条及相关规定，基金投资人的义务包括：①遵守基金合同；②交纳基金认购、申购款项及规定的费用；③在持有的基金份额范围内承担基金亏损或者基金合同终止的有限责任；④不从事任何有损基金及基金份额持有人合法权益的活动；⑤其他义务。

【知识拓展】

基金份额持有人大会是指当发生影响基金当事人的权益或其他重大事项需要商讨和解决时，按照《基金合同》有关规定召集、召开并由基金份额持有人进行表决的会议。基金份额持有人大会是基金份额持有人权利行使的重要形式。

（二）基金管理人的权利义务

基金管理人是指发行基金份额募集证券投资基金，并按照法律、行政法规的规定和基金合同的约定，为基金份额持有人的利益，采取资产组合方式对基金财产进行管理、运用的机构。基金管理人在证券投资基金的运作中处于核心地位。在我国，基金管理人由依法设立的公司或者合伙企业担任。

【知识拓展】

基金管理人的设立条件

我国《证券投资基金法》第十三条的规定：设立管理公开募集基金的基金管理公司，应当具备下列条件，并经国务院证券监督管理机构批准：

（1）有符合本法和《中华人民共和国公司法》规定的章程；

（2）注册资本不低于一亿元人民币，且必须为实缴货币资本；

（3）主要股东应当具有经营金融业务或者管理金融机构的良好业绩、良好的财务状况和社会信誉，资产规模达到国务院规定的标准，最近三年没有违法记录；

（4）取得基金从业资格的人员达到法定人数；

（5）董事、监事、高级管理人员具备相应的任职条件；

（6）有符合要求的营业场所、安全防范设施和与基金管理业务有关的其他设施；

（7）有良好的内部治理结构、完善的内部稽核监控制度、风险控制制度；

（8）法律、行政法规规定的和经国务院批准的国务院证券监督管理机构规定的其他条件。

1. 基金管理人的职责义务

依照我国《证券投资基金法》第十九条的规定，基金管理人的职责包括：

（1）依法募集资金，办理基金份额的发售和登记事宜；

（2）办理基金备案手续；

（3）对所管理的不同基金财产分别管理、分别记账，进行证券投资；

（4）按照基金合同的约定确定基金收益分配方案，及时向基金份额持有人分配收益；

（5）进行基金会计核算并编制基金财务会计报告；

（6）编制中期和年度基金报告；

（7）计算并公告基金资产净值，确定基金份额申购、赎回价格；

（8）办理与基金财产管理业务活动有关的信息披露事项；

（9）按照规定召集基金份额持有人大会；

（10）保存基金财产管理业务活动的记录、账册、报表和其他相关资料；

（11）以基金管理人名义，代表基金份额持有人利益行使诉讼权利或者实施其他法律行为；

（12）国务院证券监督管理机构规定的其他职责。

【知识拓展】

基金管理人的其他义务

中国证监会在《基金合同准则》中还规定了基金管理人的其他义务，要求必须列入基金合同中去，包括：

(1) 自本合同生效之日起，按照诚实信用、勤勉尽责的原则管理和运用委托财产；

(2) 配备足够的具有专业能力的人员进行投资分析、决策，以专业化的经营方式管理和运作委托财产；

(3) 建立健全内部风险控制、监察与稽核、财务管理及人事管理等制度，保证所管理的委托财产与旗下基金财产、其他委托财产和资产管理人的财产相互独立，对所管理的不同财产分别管理，分别记账，进行投资；

(4) 除法律法规、本合同及其他有关规定外，不得为资产管理人及任何第三人谋取利益，未经资产委托人同意不得委托第三人运作委托财产；

(5) 按照本合同接受资产委托人和资产托管人的监督；

(6) 按照《试点办法》和本合同的规定，编制并向资产委托人报送委托财产的投资报告，对报告期内委托财产的投资运作等情况做出说明；

(7) 按照《试点办法》和本合同的规定，编制季度及年度报告，并向中国证监会备案；

(8) 保守商业秘密，不得泄露委托财产投资计划、投资意向等；

(9) 保存委托财产管理业务活动的全部会计资料，并妥善保存有关的合同、协议、交易记录及其他相关资料；

(10) 公平对待所管理的不同财产，不得从事任何有损委托财产及其他当事人利益的活动；

(11) 对相关交易主体和资产进行全面的尽职调查，形成书面工作底稿，并制作尽职调查报告（专项资产管理计划适用）；

(12) 国家有关法律法规、监管机构及本合同规定的其他义务。

2. 基金管理人的权利

除了义务之外，《基金合同准则》还明确列出了基金管理人的权利，包括：

(1) 自本合同生效之日起，按照本合同的约定，对委托财产进行投资运作及管理；

(2) 按照本合同的约定，及时、足额获得资产管理人报酬；

(3) 根据本合同及其他有关规定，监督资产托管人；对于资产托管人违反了本合同或有关法律法规规定的行为，对委托财产及其他当事人的利益造成重大损失的，应及时采取措施制止，同时通知资产委托人并报告中国证监会；

(4) 经资产委托人授权，代理资产委托人行使部分因委托财产投资所产生的权利；

(5) 委托其母公司对专项资产管理计划进行投资管理（专项资产管理计划适用）；

(6) 委托其他机构对投资涉及的资产进行尽职调查、资产评估等（专项资产管理计划适用）；

(7) 以受托人的名义，代表专项资产管理计划行使投资过程中产生的权属登记等权利（专项资产管理计划适用）；

(8) 国家有关法律法规、监管机构及本合同规定的其他权利。

【知识拓展】

基金管理人禁止从事的行为

我国《证券投资基金法》第二十条规定，公开募集基金的基金管理人及其董事、监事、高级管理人员和其他从业人员不得有下列行为：

（1）将其固有财产或者他人财产混同于基金财产从事证券投资；

（2）不公平地对待其管理的不同基金财产；

（3）利用基金财产或者职务之便为基金份额持有人以外的人牟取利益；

（4）向基金份额持有人违规承诺收益或者承担损失；

（5）侵占、挪用基金财产；

（6）泄露因职务便利获取的未公开信息、利用该信息从事或者明示、暗示他人从事相关的交易活动；

（7）玩忽职守，不按照规定履行职责；

（8）法律、行政法规和国务院证券监督管理机构规定禁止的其他行为。

【小案例】

中国证监会对某基金管理公司原基金经理张某立案调查。调查发现，张某在担任融通基金的基金经理期间，利用职务便利获取融通基金的基金投资信息，并操作他人控制的“周某”账户，采取先于融通基金旗下的有关基金买入或卖出同一股票的交易方式为他人牟取利益，其个人从中获取好处。此外，张某还通过网络下单方式，操作其配偶的同名账户交易了多只股票，获取不当利益。

【问题】

周某的行为违反了《证券投资基金法》关于基金管理人职责义务的哪些规定？

【分析】

《证券投资基金法》第一百二十三条规定，基金管理人、基金托管人及其董事、监事、高级管理人员和其他从业人员有本法第二十条所列行为之一的，责令改正，没收违法所得，并处违法所得一倍以上五倍以下罚款；没有违法所得或者违法所得不足一百万元的，并处十万元以上一百万元以下罚款；基金管理人、基金托管人有上述行为的，还应当对其直接负责的主管人员和其他直接责任人员给予警告，暂停或者撤销基金从业资格，并处三万元以上三十万元以下罚款。

（三）基金托管人的权利义务

基金托管人是指与基金管理人订立基金契约，负责保管和接受管理公司指示实际运用基金资产的机构，通常由有实力的商业银行或信托公司担任。根据我国《证券投资基金法》第三十三条规定，基金托管人由依法设立的商业银行或者其他金融机构担任。

【知识拓展】

基金托管人的设立条件

《证券投资基金法》第三十三条规定，申请取得基金托管资格，应当具备下列条件：①净资产和风险控制指标符合有关规定；②设有专门的基金托管部门；③取得基金从业资格的专职人员达到法定人数；④有安全保管基金财产的条件；⑤有安全高效的清算、交割系统；⑥有符合要求的营业场所、安全防范设施和与基金托管业务有关的其他设施；⑦有完善的内部稽核监控制度和风险控制制度；⑧法律、行政法规规定的和经国务院批准的国务院证券监督管理机构、国务院银行业监督管理机构规定的其他条件。

1. 基金托管人的义务

根据《证券投资基金法》及其相关规定，基金托管人应担承担的义务包括：①安全保管委托财产；②设立专门的资产托管部门，具有符合要求的营业场所，配备足够的、合格的熟悉资产托管业务的专职人员，负责委托财产托管事宜；③对所托管的不同财产分别设置账户，确保委托财产的完整与独立；④除法律法规、本合同及其他有关规定外，不得为资产托管人及任何第三人谋取利益，未经资产委托人同意不得委托第三人托管委托财产；⑤按规定开设和注销委托财产的资金账户、证券账户和期货账户等投资所需账户；⑥复核资产管理人编制的委托财产的投资报告，并出具书面意见；⑦保守商业秘密，除法律法规、本合同及其他有关规定另有规定外，不得向他人泄露；⑧编制委托财产年度托管报告，并向中国证监会备案；⑨按照本合同的约定，根据资产管理人的投资指令，及时办理清算、交割事宜；⑩按照法律法规及本合同的规定监督资产管理人的投资运作。资产托管人发现资产管理人的投资指令违反法律、行政法规和其他有关规定，或者违反本合同约定的，应当拒绝执行，立即通知资产管理人和资产委托人并及时报告中国证监会。资产托管人发现资产管理人依据交易程序已经生效的投资指令违反法律、行政法规和其他规定，或者违反本合同约定的，应当立即通知资产管理人和资产委托人并及时报告中国证监会；⑪公平对待所托管的不同财产，不得从事任何有损委托财产及其他当事人利益的活动；⑫国家有关法律法规、监管机构及本合同规定的其他义务。

2. 基金托管人的权利

《基金合同准则》还明确规定了基金托管人的权利，包括：①获得基金托管费；②监督基金管理人对本基金的投资运作；③其他权利。

我国《证券投资基金法》规定的基金管理人不得从事的行为，同样适用于基金托管人。

模块三

避免“老鼠仓”——证券投资基金的运作与监管

一、证券投资基金的运作

（一）证券投资基金的募集

1. 证券募集的申请

《证券投资基金法》规定，基金管理人依法发售基金份额，募集基金，应当经过国务院证券监督管理机构核准。基金管理人发售基金份额，募集基金，应当向国务院证券监督管理机构提交下列文件：①申请报告；②基金合同草案；③基金托管协议草案；④招募说明书草案；⑤律师事务所出具的法律意见书；⑥国务院证券监督管理机构规定提交的其他文件。

2. 基金募集的审批

国务院证券监督管理机构应当自受理公开募集基金的募集注册申请之日起6个月内依照法律、行政法规及国务院证券监督管理机构的规定进行审查，作出注册或者不予注册的决定，并通知申请人；不予注册的，应当说明理由。

3. 基金份额的发售

根据《证券投资基金法》的规定，基金募集申请经核准后，方可发售基金份额。基金管理人当自收到核准文件之日6个月内进行基金募集。超过6个月开始募集，原核准的事项未发生实质性变化的，应当报国务院证券监督管理机构备案；发生实质性变化的，应当向国务院证券监督管理机构重新提交申请。基金募集不得超过国务院证券监督管理机构核准的基金募集期限。基金募集期限自基金份额发售之日起计算。基金份额的发售，由基金管理人负责办理；基金管理人可以委托经国务院证券监督管理机构认定的其他机构代为办理。基金管理人应当在基金份额发售的3日前公布内容真实、准确、完整的招募说明书、基金合同及其他有关文件。

4. 验资及备案

我国《证券投资基金法》规定，基金募集期限届满，封闭式基金募集的基金份额总额达到核准规模的80%以上，开放式基金募集的基金份额总额超过核准的最低募集份额总额，并且基金份额持有人的人数符合国务院证券监督管理机构规定的，基金管理人应当自募集期限届满之日起10日内聘请法定验资机构验资，自收到验资报告之日起10日内，向国务院证券监督管理机构提交验资报告，办理基金备案手续，并予以公告。

5. 基金管理人在基金募集中的责任

基金募集期限届满，封闭式基金募集的基金份额总额未达到核准规模的80%以上，开放式基金募集的基金份额总额未超过核准的最低募集份额总额，或者基金份额持有人的人数不符合国务院证券监督管理机构规定时，基金管理人应当承担下列责任：

（1）以其固有财产承担因募集行为而产生的债务和费用；

（2）在基金募集期限届满后30日内返还投资人已缴纳的款项，并加计银行同期存款利息。

（二）证券投资基金的交易

1. 基金份额的上市交易

基金份额上市是指符合法定条件的基金份额，经国家主管机构的批准，依法在证券交易所公开挂牌交易的行为。根据我国《证券投资基金法》的规定，封闭式基金的基金份额，经基金管理申请，国务院证券监督管理机构核准，可以在证券交易所上市交易。国务院证券监督管理机构可以授权证券交易所依照法定条件和程序核准基金份额上市交易。基金份额上市交易规则由证券交易所制定，报国务院证券监督管理机构核准。

【知识拓展】

基金份额上市交易，应当符合下列条件：①基金的募集符合本法规定；②基金合同期限为五年以上；③基金募集金额不低于二亿元人民币；④基金份额持有人不少于一千人；⑤基金份额上市交易规则规定的其他条件。

2. 证券投资基金上市的终止

基金份额上市交易后，有下列情形之一的，由证券交易所终止其上市交易，并报国务院证券监督管理机构备案：①不再具备《证券投资基金法》规定的上市交易条件；②基金合同期限届满；③基金份额持有人大会决定提前终止上市交易；④基金合同约定的或者基金份额上市交易规则规定的终止上市交易的其他情形。

3. 基金份额的申购与赎回

申购是指投资者向发行开放式基金的基金管理人申请购买开放式基金的基金份额的行为。赎回是指发行开放式基金的基金份额的基金管理人按基金份额持有人的要求回购其所持有的基金份额的行为。

【知识拓展】

根据我国《证券投资基金法》的规定，开放式基金的基金份额的申购、赎回、登记，由基金管理人或者其委托的基金服务机构办理。基金管理人应当按时支付赎回款项，但是下列情形除外：①因不可抗力导致基金管理人不能支付赎回款项；②证券交易场所依法决定临时停市，导致基金管理人无法计算当日基金资产净值；③基金合同约定的其他特殊情形。发生上述情形之一的，基金管理人应当在当日报国务院证券监督管理机构备案。

（三）证券投资基金的运作

1. 基金资产的组合投资方式及其比例

《证券投资基金法》中规定，基金管理人运用基金财产进行证券投资，应当采用资产组合的方式。资产组合的具体方式和投资比例，依照本法和国务院证券监督管理机构的规定在基金合同中约定。

证券投资基金采用资产组合方式进行投资是证券投资基金的重要特征。资产组合方式是指，根据证券投资基金的投资方向和投资目标，将基金财产投资于按照一定原则选择以及一定比例组合的多种证券。运用基金财产进行证券投资，除应当以资产组合方式进行外，还需要遵守对投资于某一证券的比例限制，以分散投资风险，保障基金财产的安全和流动性，并避免因基金财产过分投资于某一证券而影响该证券交易价格的公正性。

2. 基金财产的投资范围及其限制

为防范风险，我国对基金财产可投资的证券限定在较小的范围内，同时又做了较灵活的规定。我国《证券投资基金法》第七十二条规定：基金财产应当用于下列投资：①上市交易的股票、债券；②国务院证券监督管理机构规定的其他证券及其衍生品种。

【知识拓展】

为保障基金资产的安全，维护基金份额持有人的利益，我国《证券投资基金法》第七十三条对基金资产的投向做了严格的限定，要求基金财产不得用于下列投资或者活动：①承销证券；②违反规定向他人贷款或者提供担保；③从事承担无限责任的投资；④买卖其他基金份额，但是国务院证券监督管理机构另有规定的除外；⑤向基金管理人、基金托管人出资；⑥从事内幕交易、操纵证券交易价格及其他不正当的证券交易活动；⑦法律、行政法规和国务院证券监督管理机构规定禁止的其他活动。

二、证券投资基金监管要求

（一）证券投资基金信息披露

基金管理人、基金托管人和其他基金信息披露义务人应当依法披露基金信息，并保证所披露信息的真实性、准确性和完整性。基金信息披露义务人应当确保应予披露的基金信息在国务院证券监督管理机构规定时间内披露，并保证投资人能够按照基金合同约定的时间和方式查阅或者复制公开披露的信息资料。对公开披露的基金信息出具审计报告或者法律意见书的会计师事务所、律师事务所，应当保证其所出具文件内容的真实性、准确性和完整性。

1. 公开披露的基金信息的内容

（1）基金招募说明书、基金合同、基金托管协议；

（2）基金募集情况；

（3）基金份额上市交易公告书；

（4）基金资产净值、基金份额净值；

（5）基金份额申购、赎回价格；

（6）基金财产的资产组合季度报告、财务会计报告及中期和年度基金报告；

（7）临时报告；

（8）基金份额持有人大会决议；

（9）基金管理人、基金托管人的专门基金托管部门的重大人事变动；

（10）涉及基金财产、基金管理业务、基金托管业务的诉讼或者仲裁；

（11）国务院证券监督管理机构规定应予披露的其他信息。

2. 公开披露基金信息的禁止性行为的规定

（1）虚假记载、误导性陈述或者重大遗漏；

（2）对证券投资业绩进行预测；

（3）违规承诺收益或者承担损失；

（4）诋毁其他基金管理人、基金托管人或者基金销售机构；

（5）法律、行政法规和国务院证券监督管理机构规定禁止的其他行为。

【知识拓展】

老鼠仓

老鼠仓是指庄家在用公有资金在拉升股价之前，先用自己个人（机构负责人、操盘手及其亲属、关系户）的资金在低位建仓，待用公有资金拉升到高位后个人仓位率先卖出获利，当然，最后亏损的是公家资金。

（二）证券投资基金监督管理

国务院证券监督管理机构随时对基金募集、交易、投资运作以及相关的业务活动和财务会计资料进行检查、稽核，对违法、违规行为予以查处、制止，以确保基金的安全和投资者利益。

1. 国务院证券监督管理机构的职责

国务院证券监督管理机构依法履行下列职责：

①依法制定有关证券投资基金活动监督管理的规章、规则，并依法行使审批或者核准权；②办理基金备案；③对基金管理人、基金托管人及其他机构从事证券投资基金活动进行监督管理，对违法行为进行查处，并予以公告；④制定基金从业人员的资格标准和行为准则，并监督实施；⑤监督检查基金信息的披露情况；⑥指导和监督基金同业协会的活动；⑦法律、行政法规规定的其他职责。

2. 证券投资基金的终止及清算

我国《证券投资基金法》规定，有下列情形之一的，基金合同终止：①基金合同期限届满而未延期；②基金份额持有人大会决定终止；③基金管理人、基金托管人职责终止，在六个月内没有新基金管理人、新基金托管人承接；④基金合同约定的其他情形。

基金合同终止时，基金管理人应当组织清算组对基金财产进行清算。清算组由基金管理人、基金托管人以及相关的中介服务机构组成。清算组作出的清算报告经会计师事务所审计，律师事务所出具法律意见书后，报国务院证券监督管理机构备案并公告。清算后的剩余基金财产，应当按照基金份额持有人所持份额比例进行分配。

项目要点

第一，证券投资基金，是指一种借助专业性投资管理服务的集合证券投资方式，即通过发行基金份额，集中投资者的资金，由专业的管理者负责管理资金，主要投资于股票、债券等金融工具的集合投资方式。具有集合理财、专业管理，组合投资、分散风险，利益共享、风险共担，严格监管、信息透明，独立托管、保障安全等特点。可以分为开放式基金和封闭式基金，契约型投资基金和公司型投资基金等类型。

第二，基金合同是证券投资基金法律关系的基本文件。证券投资基金当事人即基金管理人、基金托管人和基金份额持有人的权利、义务都依照《证券投资基金法》在基金合同中约定。

第三，基金管理人依法募集、交易、运作基金，国务院证券监督管理机构随时对基金募集、交易、投资运作以及相关的业务活动进行检查、稽核，对违法、违规行为予以查处、制止，以确保基金的安全和投资者的利益。

第四，基金管理人、基金托管人和其他基金信息披露义务人应当依法披露基金信息，以保证所披露信息的真实性、准确性和完整性。

【学习互动】

谈谈如何避免“老鼠仓”？

本项目参考法规

1.《中华人民共和国证券投资基金法》（2015 年修订版）。

2.《中华人民共和国证券法》(2019年修订版)。

学习检测

一、不定项选择题

1. 下列各项中，属于证券投资基金上市的条件是（　　）。

A. 基金合同期限为3年以上

B. 基金募集金额不低于1亿元人民币

C. 基金持有人不少于2000人

D. 基金的募集符合《证券投资基金法》的规定

2. 下列关于证券投资基金发行的说法，不正确的是（　　）。

A. 证券投资基金由基金管理人依法募集

B. 国务院证券监督管理机构应当自受理基金募集申请之日起6个月内作出核准或者不予核准的决定

C. 基金管理人应当在基金份额发售的3日前公布招募说明书

D. 基金募集期限满，开发式基金募集的基金份额总额应达到核准规模的80%以上

3. 基金按（　　）划分，可分为封闭式基金和开放式基金。

A. 可否赎回　　B. 组织形式不同　　C. 投资目标不同　　D. 运作方式不同

4. 公开披露的基金信息不包括（　　）。

A. 基金资产净值、基金份额净值

B. 涉及基金管理人、基金财产、基金托管业务的诉讼

C. 对证券投资业绩进行的预测

D. 基金财产的资产组合季度报告、财务会计报告及中期和年度报告

5. 基金托管人的主要职责为（　　）。

A. 保管基金资产　　B. 监督基金管理公司的投资运作

C. 核算基金单位资产净值　　D. 发放基金投资收益

6. 基金管理人、基金托管人和其他基金信息披露义务人应当依法披露的基金信息，不能有的行为是（　　）。

A. 虚假记载、误导性陈述或者重大遗漏

B. 对证券投资业绩进行预测

C. 诋毁其他基金管理人、基金托管人或者基金份额发售机构

D. 违规承诺收益或者承担损失

7. 我国《证券投资基金法》规定，设立基金管理公司，应当具备的条件是（　　）。

A. 注册资本不低于5000万元人民币，且必须为实缴货币资本

B. 主要股东最近5年没有违法记录，注册资本不低于3亿元人民币

C. 取得基金从业资格的人员达到法定人数

D. 有完善的内部稽核监控制度和风险控制制度

二、论述题

1. 请结合我国《证券投资基金法》的有关规定，说说基金管理人、托管人的设立条件及其职责。

2. 请结合我国《证券投资基金法》的有关规定，说说违反我国《证券投资基金法》的法律责任有哪些。

项目八 保险法律实务

【知识目标】

通过本项目的学习，了解和掌握保险和保险法的基础概念、基本理论和保险基本原则，理解保险公司的经营规则和保险监管，明确保险合同双方当事人的权利义务。

【德育目标和职业素养】

学会运用保险合同维护合法权益，杜绝保险欺诈。

【学习任务】

1. 认识保险和保险法。
2. 运用保险合同，明确保险当事人的权利义务。
3. 了解保险公司的设立条件和经营范围。
4. 掌握保险经营规则。
5. 熟悉保险中介制度，知悉保险代理人的职责。
6. 了解保险监管和法律责任。

【导入案例】

中等职业学校学生实习责任保险

根据教育部财政部中国保险监督管理委员会《关于在中等职业学校推行学生实习责任保险的通知》（教职成〔2009〕13号）精神，教育部职业教育与成人教育司在2010年1月15日下发了《中等职业学校学生实习责任保险实施方案》，从此，中职生在实习期间获得了全面的责任保险保障。该方案的详细内容如下：

1. 被保险人

全国范围内由国家或社会力量举办的各类中等职业学校。

2. 保险标的

学生在实习实训全过程中造成的人身伤害，依法应由校方承担的经济赔偿责任。

3. 适用条款

(1) 主险:《职业院校学生实习责任保险条款》。

(2) 附加险:①《附加教学实训责任保险条款》;②《附加学生实习第三者责任保险条款》。

4. 保障内容

(1) 学生顶岗实习期间遭受人身伤害的校方责任。在保险期间内,在中华人民共和国境内(港澳台地区除外),被保险人的注册学生在实习单位顶岗实习期间,因实习原因遭受意外事故而导致伤残或死亡,依法应由被保险人承担的经济赔偿责任,保险人按照保险合同的约定负责赔偿。

(2) 学生顶岗实习期间遭受人身伤害的工伤责任。在保险期间内,被保险人的注册学生在中华人民共和国境内(港澳台地区除外)顶岗实习期间,因发生认定或视同为工伤的情形导致伤残或死亡,保险人按照保险合同约定负责赔偿。

(3) 学生教学实训期间的校方责任。被保险人的注册学生在被保险人组织或安排的校内教学实训活动中,因遭受意外事故而导致伤残或死亡,依法应由被保险人承担的经济赔偿责任,保险人按照附加险合同的约定负责赔偿。

(4) 学生实习第三者责任。被保险人的注册学生在实习期间,因疏忽或过失造成其他第三者的人身伤亡,依法应由被保险人承担的经济赔偿责任,保险人依照附加保险合同的约定负责赔偿。

(5) 法律费用。保险事故发生后,被保险人因保险事故而被提起仲裁或者诉讼的,对应由被保险人支付的仲裁或诉讼费用以及其他必要的、合理的费用,经保险人事先书面同意,保险人按照保险合同约定也负责赔偿。

5. 保险期限

保险期限分为一年和半年两种。

6. 保费及保险金额

中等职业学校学生实习责任保险的保费及保险金额,是以职业学校为全部在校注册学生投保为基础制定的,并按照保险期限分为一年及半年两种投保缴费办法。

【思考】

(1) 谈谈保险在社会生活各领域中的作用。

(2) 保险法律关系的各要素是什么?

模块一

“我为人人,人人为我”——认识保险和保险法

一、认识保险

保险存在的自然基础是危险或风险的广泛存在。危险可以说是无处不在、无时不有

的，它给人们的生活和生产都造成了一定的损失。保险制度的产生，就是源于人类应对各种灾害风险的需要。

一般来说，危险的应对方法有四种：回避危险、预防危险的发生、自己承担发生的危险、转嫁危险。其中转嫁危险又有很多不同的办法，而最科学、最被普遍采用的就是保险。

保险有广义和狭义之分。广义上的保险是指为了偿付自然灾害和意外事故所致损失、保障社会安定、建立专门用途的后备基金的一种经济活动方式。通常包括社会保险、商业保险和互助保险。

狭义上的保险，仅指商业保险，是指人们基于自愿原则，通过向专业保险组织支付少量的保险费，来应对意外事故所致损失的一种风险预防和补救措施。本书所讲的保险，也仅指狭义上的保险。

从法律角度看，保险是一种合同契约行为，是以合同形式建立的一种民事法律关系，投保人同意缴纳保险费，保险人同意根据保险合同的约定赔偿被保险人因保险事故的发生而造成的经济损失。保险体现了民事和商务法律关系中的法律主体之间的权利与义务的关系。

保险关系涉及投保人、保险人、被保险人、受益人等诸多法律关系主体，具有一定的技术性色彩和相当的复杂性。

【知识拓展】

《中华人民共和国保险法》第二条规定：本法所称保险，是指投保人根据合同约定，向保险人支付保险费，保险人对于合同约定的可能发生的事故因其发生所造成的财产损失承担赔偿保险金责任，或者当被保险人死亡、伤残、疾病或者达到合同约定的年龄、期限等条件时承担给付保险金责任的商业保险行为。

（一）保险与类似概念的联系与区别

1. 保险与储蓄

保险与储蓄都是以现在资金的剩余做将来的准备，聚集一定的资金作为必要的后备，都体现了有备无患的思想，但两者也有很大的区别。

第一，储蓄的本利给付是确定的，保险的保险金给付是不确定的，取决于合同约定的保险事故和损失是否发生。

第二，保险事故在保险期内发生即可得到应有的保险金补偿，而储蓄余额与储蓄时间有关。

第三，保险基金来自各个经济单位缴纳的保费，不能随意处分，储蓄可由单个经济单位处分。

第四，储蓄具有个别对等支付关系，保险则没有，在多数险种中，大多数人缴纳保险费但拿不到保险金。保险的价值在于一旦风险损失发生可以获得经济保障。

2. 保险与赌博

保险与赌博都涉及金钱财物的得失，都取决于不确定的偶然事件的发生，但两者有着本质的区别。第一，保险是分散已有的风险，而赌博是产生新的风险。保险是将集中在个别人身上的风险分散到众多的被保险人身上，而赌博使本来并不存在的风险产生了。第二，保险是以诚信为原则的一种社会经济互助行为，而赌博则是一种损人利己的讹诈行为。

3. 保险与彩票

保险和彩票的共同点是两者都是互助机制，都是多数人的钱给少数人，都是建立在概率的基础之上。两者的不同点更为明显：保险保障的是纯粹风险，也就是只能带来损失不能带来收益的风险，有损失才有补偿，不要寄希望通过保险发财，虽然投资型险种也可以带来效益，但那是附带的功能，保险的本质是保障和补偿。彩票则完全是投机风险，这一点跟赌博有点类似。彩民支出的成本和中彩的概率是不对等的。

保险与保证、慈善、投资股票、基金在性质上也存在明显的不同。

【小案例】

张某诉某寿险公司退保纠纷案

2021 年 10 月，张某向法院起诉某人寿保险股份有限公司，要求解除其于 2018 年 8 月购买的寿险年金保险合同，同时要求被告全额退还保费并支付利息。

被告保险公司答辩称，原告张某购买的是分 12 年缴费的保险，每年保费 10000 元，至今，累计缴费 40000 元。如果张某要解除合同即退保，只能按照保险合同的约定，退回现金价值 15663 元。

法院经审理认定，双方签订的保险合同有效，原被告之间的保险解除合同，被告退回现金价值 15663 元。驳回原告的其他诉讼请求。

【思考】

（1）投保人退保时，保险公司是否应全额退还所收取的保险费？

（2）保险和储蓄有什么区别？

【分析】

《保险法》第四十七条规定，投保人解除合同的，保险人应当自收到解除合同通知之日起三十日内，按照合同约定退还保险单的现金价值。

（二）保险的要素

保险的要素，又称保险的构成、保险的要件，是指保险得以成立的基本条件。构成保险必须具备以下三个构成要素：一是特定的危险，即可保风险的存在；二是多数人的互助共济；三是对危险事故所致损失进行补偿。

1. 特定的危险

对于保险人而言，并不是所有危险都可以承保。保险人可以接受的危险必须满足一定的可保条件。可保风险就是指符合保险人承保条件的特定风险。

【知识拓展】

危险的存在，是构成保险的第一要件。但是并非任何危险，都可构成保险危险。保险制度上所说的危险必须满足以下条件：

①危险发生与否不能确定；②危险发生的时间不能确定；③危险所导致的后果不能确

定；④危险的发生对被保险人来说，是非故意的。

2. 多数人的互助共济

保险是建立在“我为人人，人人为我”这一互助共济基础上的，其基本原理是集合危险、分散损失，实现互助共济。因此，保险的经营模式都是通过集合多数人的资金，用以补偿少数人的损失。也只有多数人的参与，才可能积聚起足够的资金，确保少数人在遭受意外损失时可以得到及时、充分的补偿，确保个体的危险和损失能够合理分摊到多数人身上。互助共济既是保险的基础，同时也是保险的最终目的。

3. 对危险事故所致损失进行补偿

“无损失，无保险”。保险的机能在于进行损失补偿，进而确保社会经济生活的安定。这种补偿不是恢复已被毁损、灭失的原物，也不是赔偿实务，通常是通过支付货币的方式来实现的。因此，危险事故所导致的损失，必须是在经济上能够计算价值的，否则，保险的赔偿将无法实现。

（三）保险的基本类型

保险根据不同的标准，可以作出不同的分类，根据保险标的不同，保险分为财产保险与人身保险。

财产保险是指以财产以及同财产有关的利益为保险标的的保险。常见的财产保险有财产损失保险、责任保险、信用保险等。

人身保险是指以人的寿命或身体为保险标的的保险。保险人对被保险人在保险期限内死亡、伤残或合同期满仍生存的，依合同约定支付保险金，常见的人身保险合同有人寿保险、健康保险、意外伤害保险等。

这个分类是保险最基本的分类，也是《保险法》采纳的分类标准。此外，根据保险人承担责任的次序不同，保险分为原保险与再保险；根据实施的形式不同，保险分为强制保险与自愿保险；根据保险的实施范围，保险还可分为社会保险和商业保险。

【知识拓展】

社会保险是指国家为了预防和分担年老、失业、疾病以及死亡等社会风险，实现社会安全，而强制社会多数成员参加的，具有所得重新分配功能的非营利性的社会安全制度。社会保险的主要项目包括养老保险、医疗保险、失业保险、工伤保险和生育保险。根据《劳动合同法》的规定，用人单位必须为劳动者缴纳上述五险。

二、保险法的概念和调整对象

（一）保险法的概念

保险法是以保险关系为调整对象的一切法律规范的总称。所谓保险关系，是指当事人之间基于保险合同所发生的权利义务关系以及国家对保险业进行监管过程中所产生的各种关系。

我国《保险法》于 1995 年 6 月 30 日第八届全国人民代表大会常务委员会第十四次会议通过后，经历了 2002 年修正、2009 年修订以及 2014 年第二次修正和 2015 年第三次修正，即目前适用的是 2015 年 4 月 24 日根据第十二届全国人民代表大会常务委员会第十四次会议修订的版本。

（二）保险法调整对象

根据我国《保险法》的规定，保险法的调整对象是商业保险关系，具体包括保险营业关系和保险监管关系两个方面。

1. 保险营业关系

保险营业关系包括保险合同关系、保险中介关系、保险方内部及相互之间的关系、投保方内部及相互之间关系。其中，保险合同关系是平等的当事人间通过订立保险合同所形成的民事关系，其内容包括保险合同的订立、履行、变更、解除和终止等，是保险法调整对象的主要内容。

2. 保险监督关系

保险监督关系包括国家与保险人、投保人及保险中介人之间的关系。其中，国家与保险人之间的关系，即国家与保险企业之间的监督与被监督、管理与被管理的关系，这是保险业健康发展的需要。国家与投保人之间的关系，则既包括国家保护投保人所形成的关系，也包括国家强制投保人所形成的关系，如交强险。国家与保险中介人之间的关系则主要是一种管理与被管理的关系。

三、保险法基本原则

保险法的基本原则有四个，分别为诚实信用原则、保险利益原则、损失补偿原则和近因原则。其中，诚实信用原则包括若干重要原则，如投保人的如实告知义务、保险人的说明义务、保证规则、弃权规则、禁止反言规则与不可抗辩规则等。保险利益原则在财产保险和人身保险中有不同的表现。损失补偿原则强调保险赔付应限于填补被保险人的损失，而不能成为被保险人牟利工具。近因原则是将保险人的赔付责任限定于发生约定保险事故且保险事故和保险标的的受损之间存在因果关系的情形下。

（一）诚实信用原则

诚实信用原则，是保险法上的一项基本原则，是指保险合同当事人在签订合同、行使权利和履行义务时，应基于诚信的要求，尽到提示、说明、告知、通知、协助、诚实、遵守诺言、不反悔和适当关照对方当事人的利益等义务。

【小案例】

李某诉中国人寿广西分公司理赔纠纷案

2017 年 8 月，李某向中国人寿投保康宁终身保险，该保单对被保险人（李某）重大疾病、身故、身体高度等进行保险，并约定保险金额为 8 万元。在投保时，保险人对投保人的身体健康情况进行了询问，投保人李某对是否患有某种疾病的回答，均为“否”。

实际上，李某于 2015 年被医院确诊为乳腺癌，并在医院进行多次治疗，2018 年做了乳腺切除手术。出院后，李某向中国人寿提出理赔申请。

调取李某的住院资料后，中国人寿作出了拒赔的决定，并与李某解除了合同。同时，退还了李某保单现金价值。李某不服向法院提起了诉讼。

【思考】

本案中，李某是否可以获得保险赔偿？

【分析】

参见《中华人民共和国保险法》（2015年）第十六条的规定。

（二）保险利益原则

保险利益原则，又称可保利益，是指投保人对保险标的具有的法律上承认的利益，即在保险事故发生时，可能遭受的损失或失去的利益。

投保人对保险标的必须具有可保利益，把与自己没有利害关系的项目投保，企图在事故发生后取得赔偿，是违背保险损失补偿原则的，法律不予保护。许多国家的法律都明文规定，无保险利益的保险合同不发生法律效力。

法律把保险利益作为保险合同生效的重要条件，主要有两层含义：

（1）对保险标的有保险利益的人才具有投保人的资格；

（2）保险利益是保险合同生效的依据。签订保险合同时投保人必须有保险利益或在保险事故发生时具有保险利益。

【小案例】

如何认定人身保险的保险利益

2017年10月，刘某为妻子李某投保了30万元的人寿保险，保险费一次交清，受益人为刘某本人。2019年5月，刘某和李某因感情破裂而离婚。离婚后，两人很快又各自成立了新的家庭。2019年12月，李某因交通意外事故死亡，刘某得知后向保险公司提出索赔。由于保险单在李某手中，李某的再婚丈夫白某也持保险单请求保险公司支付保险金。保险公司在理赔过程中，存在两种不同意见。

一种意见认为，刘某在投保时对李某具有保险利益，但是二人离异后已经不再对前妻具有保险利益，故保险合同随着双方婚姻关系的解除而失效，应按无效合同处理。

另一种意见认为，人身保险的保险利益只要在投保时存在即可，刘某在二人离异后对李某不再具有保险利益，并不影响保险合同的效力。

【问题】

刘某对李某是否具有保险利益，刘某是否可以获得保险理赔？

【分析】

《中华人民共和国保险法》第十二条规定："人身保险的投保人在保险合同订立时，对被保险人应当具有保险利益，财产保险的被保险人在保险事故发生时，对保险标的应当具有保险利益。"

"保险利益是指投保人或被保险人对保险标的具有法律上承认的利益。"

（三）损失补偿原则

所谓损失补偿原则，是指当被保险人因保险事故而遭受损失时，其从保险人处所能获得的赔偿只能以其实际损失为限。此原则强调保险赔付只能填补被保险人的损失，而不能成为被保险人获利的工具。

损失补偿原则的功能与价值体现在以下两个方面：

一是有利于维护保险双方的正当权益，充分发挥保险的经济补偿职能；

二是有利于防止被保险人从保险中盈利，从而减少道德风险。

（四）近因原则

所谓近因，是指直接导致结果发生的原因。近因原则，是指只有当保险事故的发生和损害结果之间存在近因关系时，保险人才对损失负有赔偿责任。

在保险索赔和理赔中，损失原因的确定对于判定保险人是否应承担赔付责任至关重要。因为，只有当发生约定的保险事故，并且导致保险标的受损（即保险事故和保险标的受损之间存在直接因果关系）时，保险人才负有赔付责任。

造成保险标的损害原因只有一个时，这个原因就是近因。若这个原因属于被保风险，保险人负保险责任，若该原因属于未保风险或责任免除，则保险人不承担保险责任。

如连续发生的多项原因中含有除外风险或未保风险，若前因是被保风险，后因是除外风险或未保风险，且后因是前因直接、必然的结果，保险人负全部保险责任；若前因是除外风险或未保风险，后因是承保风险，后因是前因的合理延续的直接、必然结果，保险人不负保险责任。

模块二

享受权利，履行义务的依据——保险合同

【小案例】

保险公司免责条款的说明义务

张春艳，女，12 岁，于 2011 年 9 月 1 日在某寿险投保了国寿学生儿童定期寿险（A 型），保额为 10000 元，保单期间为 2011 年 9 月 1 日至 2012 年 8 月 31 日。被保险人张春艳于 2012 年 8 月 5 日因先天性心脏病——原发性肺动脉高压、呼吸衰竭到武鸣县人民医院治疗，经治疗无效于当天死亡。

《国寿学生儿童定期寿险（A 型）》条款“责任免除”第十条规定，被保险人的遗传性疾病，先天性畸形、变形或者染色体异常的保险人免责。

受益人向保险公司申请理赔，要求保险公司按疾病死亡赔付保险金共 10000 元，认为保险公司业务员未对条款及免责事项作出解释。同时也没有送达保险凭证（保单）和保险合同条款。

【思考】

保险合同生效了吗？保险公司是否需要承担赔付责任？

【分析】

《保险法》第十条规定：保险合同是投保人与保险人约定保险权利义务的协议。

《保险法》第十三条规定：投保人提出保险要求，经保险人同意承保，保险合同成

立。保险人应当及时向投保人签发保险单或其他保险凭证。

《保险法》第十七条规定：订立保险合同，采用保险人提供格式条款的，保险人向投保人提供投保单应当附格式条款，保险人应当向投保人说明合同的内容。

对保险合同中免除保险人责任的条款，保险人在订立合同时应当在投保单、保险单或其他保险凭证上作出足以引起投保人注意的提示，并对该条款的内容以书面或口头形式向投保人作出明确说明，未作提示或明确说明的，该条款不产生效力。

一、认识保险合同

（一）保险合同的概念和特征

保险合同是合同的一种，又称保险契约，是投保人与保险人约定保险权利义务关系的协议。

投保人是指与保险人订立保险合同，并按照合同约定负有支付保险费义务的人。

保险人是指与投保人订立保险合同，并按照合同约定承担赔偿或者给付保险金责任的保险公司。

与一般合同相比，保险合同又是一种特殊类型的合同，因此，它有着自己的特点，这些特点主要体现在它的双务性、射幸性、附和性、补偿性等方面。

【知识拓展】

双务合同：是指双方当事人都负有一定的义务。

射幸合同：是指在合同成立时，当事人应为的给付，取决于合同成立后偶然事件的发生。

附和合同：也称格式合同，是指合同的内容不是由当事人协商确定的，而是由一方当事人预先拟定，另一方当事人作出是否同意的意思表示。

补偿合同：是指保险人对投保人所承担的义务仅限于损失部分的补偿，赔偿不能高于损失的数额。

（二）保险合同的内容

保险合同的内容，即保险合同条款，它确定了合同当事人及关系人的权利和义务，是保险人对承保标的履行保险责任的法律依据。根据《保险法》第十八条的规定，保险合同包括下列事项：

（1）保险人的名称和住所。

（2）投保人、被保险人及受益人的名称和住所。

（3）保险标的。保险标的是指保险所要保障的对象，在财产保险中，它是指财产本身及其有关的利益，在人身保险中，它是人的寿命和身体。

（4）保险责任和责任免除。保险责任是指保险单上载明的，在约定危险发生时，保险人所承担的赔偿或给付的责任。除外责任是指依据法律或合同的规定，保险人不负赔偿或给付责任的范围，通常包括战争、罢工及道德危险等。

（5）保险期间和保险责任开始的时间。保险期间是指保险人对保险标的承担保险责任的期间。保险责任开始的时间并不一定与合同成立的时间一致，当事人可以另行规定保险责任的开始时间。

(6) 保险金额。保险金额是指保险人承担赔偿或者给付保险金责任的最高限额。

(7) 保险费及支付办法。保险费是投保人向保险人支付费用，作为保险人按照合同约定承担赔偿或者给付保险金责任的对价。

(8) 保险金赔偿或给付办法。

(9) 违约责任和争议处理。

(10) 订立合同的年、月、日。

(三) 保险合同的形式

保险合同的形式是指保险合同订立的凭证，是当事人意思表示一致的结果。实践中主要表现为投保单、保险单、暂保单与保险凭证。

(四) 保险合同的当事人、关系人的权利、义务

1. 保险合同当事人的权利、义务

保险合同当事人是指直接享有合同权利和承担合同义务的人。保险合同的当事人是保险人和投保人。

保险人是指与投保人订立保险合同，并承担赔偿或者给付保险金责任的保险公司。

保险人的权利义务表现为：在订立保险合同时对保险条款说明的义务；收取保险费的权利；在合同约定的保险事故发生时承担保险责任的义务。

投保人是指与保险人订立保险合同，并按照保险合同负有支付保险费义务的人。投保人可以是自然人，也可以是法人或其他组织。投保人对保险标的必须具有保险利益。

投保人的权利与义务表现为：在订立保险合同时履行如实告知义务；在合同成立后承担交付保险费的义务；在危险增加时的通知义务；在保险事故发生时的通知义务以及请求保险人赔偿或给付保险金的权利。

2. 保险合同关系人的权利、义务

保险合同的关系人是指因保险合同的成立而享受合同利益或承担某些义务的人。保险合同的关系人包括被保险人和受益人。

被保险人是指其财产或人身受保险合同保障，享有保险金请求权的人。投保人可以为被保险人。被保险人是受保险合同保障的人。

受益人是指人身保险合同中由被保险人或者投保人指定的享有保险金请求权的人。受益人仅适用于人身保险合同。

受益人由被保险人或投保人指定。投保人指定受益人需要经被保险人同意。被保险人或投保人可以指定一人或数人为受益人。受益人为数人的，被保险人或投保人可以确定收益顺序和收益份额。

受益人基于人身保险合同所享有的保险金的请求权即为受益权，受益人在保险事故发生后，有权向保险人主张保险金的给付。

【小案例】

如何确定受益人

保险营销员向张某一家推销保险，张某决定帮其妻子李某购买一份人身意外险，并指定死亡受益人为其小儿子张小明。张某妻子李某在被保险人处签字时，却把受益人改为其大儿子张大明。

【思考】

保险公司应以谁为受益人?

【分析】

《保险法》第三十九条规定：人身保险的受益人由被保险人或投保人指定。投保人指定受益人时须经被保险人同意。

二、人身保险合同

（一）人身保险合同的概念和特征

人身保险合同，是指投保人和保险人约定的，由投保人向保险人支付保险费，保险人在被保险人死亡、伤残、疾病或者达到合同约定的年龄期限时承担给付保险金责任的合同。

人身保险合同具有保险合同的基本特征，但其与财产保险合同相比较，有以下法律特征：

1. 保险标的的不可估价性

在人身保险合同中，保险标的是被保险人的寿命和身体。以被保险人的寿命和身体为存在形式的保险利益，是不能也无法用金钱价值予以准确衡量的。

2. 保险金的定额给付性

人身保险合同的保险金额，不能以保险标的价值为依据，而是由合同双方当事人协商确定一个数额，在保险事故发生时，保险人不必考虑保险事故是否给被保险人造成经济损失以及损失金额，只需按照合同约定的定额给付保险金。

3. 保险费支付的非诉讼性

在人身保险合同中，保险人对人身保险的保险费，不得用诉讼方式要求投保人支付。

4. 保险责任准备金的储蓄性

人身保险合同主要以投保人多次交纳的保险费集中起来，构成人身保险责任准备金，而最终由保险人以保险金的形式返还给被保险人或受益人，保险人充当着保险费资金管理人的角色，因此，人身保险合同具有储蓄性质。

5. 不存在代位性

人身保险合同不存在代位求偿权。我国《保险法》第四十六条规定：被保险人因第三者的行为而发生死亡、伤残或者疾病等保险事故的，保险人向被保险人或者受益人给付保险金后，不享有向第三者追偿的权利，但被保险人或受益人仍有权向第三者请求赔偿。

【小案例】

保费的非诉讼性

蔡某于2016年10月21日在某寿险公司投保了一份“美满一生”寿险产品，交费年限为5年，每年交费10000元。在交了两年保险费后，2018年起蔡某不再交任何的保险费。在保险公司催告30日后，蔡某仍未支付2018年及之后的保险费。

【思考】

(1) 蔡某与保险公司的保险合同是否还有效?

(2) 保险公司是否可以通过打官司(诉讼)的方式,要求蔡某支付后面3年的保险费?

【分析】

《保险法》第三十六条规定:合同约定分期支付保险费,投保人支付首期保险费后,除合同另有约定外,投保人自保险人催告之日起超过三十日未支付当期保险费,或者超过约定的期限六十日未支付当期保险费的,合同效力中止,或者由保险人按照合同约定的条件减少保险金额。

《保险法》第三十八条规定:保险人对人寿保险的保险费,不得用诉讼方式要求投保人支付。

(二)人身保险合同的分类

根据保险责任的不同,可以把人身保险合同分为人寿保险合同、意外伤害保险合同和健康保险合同。这是最重要的法律意义上的分类。

(1) 人寿保险合同是以被保险人在一定期限内死亡或生存为给付保险金条件的人身保险合同。

(2) 意外伤害保险合同是以被保险人遭受意外伤害并致伤残或死亡为给付保险金条件的人身保险合同。

(3) 健康保险合同是以被保险人因疾病、分娩而致伤残或死亡为给付保险金条件的人身保险合同。

按设计类型则可以分为普通保险合同、利差返还型保险合同、分红型保险合同、万能型保险合同、投资连结型保险合同。

按投保方式可以分为个人保险合同和团体保险等。

【知识拓展】

万能型保险产品并非“万能”

近日,广西保监局发布《万能型保险产品面面观》保险消费提示指出:近期,保险公司通过银行代理销售的部分万能型保险产品,具有预期收益高、费用低、支取灵活等特点,引起很多消费者关注,但部分消费者对产品了解不多,甚至还有误解。万能型保险产品并非“万能”,投保前须全方位了解。

消费提示说,万能型保险产品一般是需要支付费用的,包括风险保费、保单初始费用、保单管理费、中途退保或部分领取的手续费等,尽管近期通过银行销售的万能型保险产品总体费用较低,但并非都是“零费用”。消费者投保时,要注意阅读保险条款中关于费用的部分,并注意接听保险公司的回访电话,认真回答问题,对于不清楚的地方,应要求保险公司作出明确解释。

消费提示还提醒消费者,购买万能型保险产品后,投保人可以选择在合同有效期内随时领取保单账户价值,同时还应注意,部分领取有手续费,有的保险产品是投保满1年以上免收手续费，有的是满5年以上免收手续费，条款有明确规定，投保人应认真阅读。

资料来源：中国经济网，网址：http：//finance1. ce. cn/rolling/201401/05/t20140105_ 2051918. shtml，发布时间2014年1月5日。

（三）人身保险合同的内容

人身保险合同除了应具备保险合同条款的一般规定之外，还存在着特殊的、规定的条款。

1. 不可抗辩条款

不可抗辩是指保险人不得以被保险人在投保单上的误告或隐瞒事实为理由，而主张合同无效或拒绝赔偿。该条款是指在人身保险合同中所约定的，在被保险人生存期间，从人身保险合同成立之日起满一定时期（一般为2年）后，保险合同成为不可争议的文件，保险人不得以投保人在订立合同时违反诚信原则，未如实履行告知义务为由，而主张解除合同的条款。

2. 年龄误告条款

年龄误告条款是指投保人在投保时错误地申报了被保险人的年龄，所申报的被保险人年龄与实际年龄不符的条款。投保人申报的被保险人年龄不真实，并且其真实年龄不符合合同约定的年龄限制的，保险人可以解除合同，并在扣除手续费后，向投保人退还保险费，但是自合同成立之日起超过2年的除外。

3. 宽限期条款

宽限期条款是指保险人和投保人在保险合同中约定的，允许投保人向保险人缓交保险费的期限的条款。

《保险法》第三十六条规定：合同约定分期支付保险费，投保人支付首期保险费后，除合同另有约定外，投保人自保险人催告之日起超过三十日未支付当期保险费，或者超过约定的期限六十日未支付当期保险费的，合同效力中止，或者由保险人按照合同约定的条件减少保险金额。

4. 复效条款

复效条款是指投保人因不能如期交纳保险费导致保险合同效力中止后，重新恢复合同效力的条款。

《保险法》第三十七条规定：合同效力依照本法第三十六条规定中止的，经保险人与投保人协商并达成协议，在投保人补交保险费后，合同效力恢复。但是，自合同效力中止之日起满二年双方未达成协议的，保险人有权解除合同。

5. 不丧失价值条款

不丧失价值条款是指投保人有权在合同有效期内选择以有利于自己的方式处置保险单上现金价值的条款。除定期保险外，一般人身保险合同在交付约定期间的保险费后都有一定的现金价值，这种价值通常称为不没收价值或不没收给付。

6. 自杀条款

自杀条款是指在人身保险合同中，人身保险的被保险人在投保后一定期间内自杀者，保险人不承担保险金的给付义务，仅退还保险单的现金价值。但经过法定期间后自杀的，保险人应承担保险责任的条款。

《保险法》第四十四条规定，以被保险人死亡为给付保险金条件的合同，自合同成立或者合同效力恢复之日起二年内，被保险人自杀的，保险人不承担给付保险金的责任，但被保险人自杀时为无民事行为能力人的除外。

三、财产保险合同

【小案例】

蒋某诉甲、乙保险公司索赔案

2008年2月，南宁七星区蒋某向甲保险公司投保了家庭财产及附加盗窃险，保险公司约定保险金额为5万元，保险期限为2008年2月26日零时起至2012年2月25日24时止。2008年5月，蒋某所在公司又为每名职工在乙保险公司投保了家庭财产保险及附加盗窃险，每人的保险金额为5万元，保险期限为2008年7月7日零时起至2011年7月6日24时止。甲、乙两保险公司都分别向蒋某出具了保险单。2010年3月，蒋某下班回家后，发现家中财产被盗，并立刻向公安机关报案，并同时通知了两家保险公司。经公安机关现场勘验后认定，蒋某被盗物品价值5万元。因公安机关一直未能破案，蒋某便向两家保险公司提出各赔偿5万元的要求。但两家保险公司都以蒋某重复投保，造成保险合同无效为由拒绝赔偿。蒋某起诉至法院，请求法院判令甲保险公司和乙保险公司按保险合同的约定各赔偿5万元。

【思考】

(1) 蒋某是否可以向两家以上保险公司投保财产险？

(2) 蒋某是否可以获得两家保险公司各5万元的保险金赔偿？

【分析】

《保险法》第五十六条规定：重复保险的投保人应当将重复保险的有关情况通知各保险人。重复保险的各保险人赔偿保险金的总和不得超过保险价值。除合同另有约定外，各保险人按照其保险金额与保险金额总和的比例承担赔偿保险金的责任。

(一) 财产保险合同的概念和特征

财产保险合同是指投保人与保险人订立的，投保人以财产及有关利益作为保险标的，向保险人交纳保险费，保险人在保险事故发生时承担赔偿责任的保险合同。我国《保险法》第十二条第四款规定，“财产保险是以财产及其有关利益为保险标的的保险。”

财产保险合同除具有一般保险合同的共同特征之外，还具有自己的特征：

(1) 财产保险合同的保险标的是财产及其有关利益。财产指的是一切有形的动产与不动产；有关利益是指基于权利而产生的现有利益。

(2) 财产保险合同是补偿性保险合同。财产保险合同贯彻损害填补原则，以填补被保险人的损失为目的，无损失无赔偿。

(3) 财产保险合同的保险金额不得超过保险价值。超过保险价值的，超过的部分无效。

(二) 财产保险合同的分类

我国《保险法》规定了财产保险的业务范围，财产保险业务包括财产损失保险、责任保险、信用保险等保险业务。因此，保险合同的分类也表现为以下几种。

财产损失保险合同是指以各种生产资料、生活资料等有形财产的实际损失为补偿目的的保险合同。主要包括企业财产保险合同、家庭财产保险合同、工程保险合同、运输工具保险合同和货物运输保险合同等。

责任保险合同是指以被保险人依法对第三者应负的赔偿责任为保险标的的保险合同。

信用保险合同是以信用交易中债务人的信用作为保险标的，在债务人未能如约履行债务清偿而使债权人遭受经济损失时，由保险人向债权人提供风险保障的一种保险合同。

（三）财产保险合同的内容

1. 保险标的

财产保险的保险标的是财产及其有关利益。

2. 保险责任和除外责任

财产保险合同中的风险责任多属于不可抗力的自然灾害或意外事故。保险人的赔偿责任包括灾害事故引起的直接损失，不包括间接损失。

在财产保险合同中，保险人一般把下列情形作为除外责任范围：①战争、军事行动和动乱；②核辐射或污染；③财产的自然损耗；④被保险人的故意行为。

3. 保险价值

保险标的的保险价值，可以由投保人和保险人约定并在合同中载明，也可以按照保险事故发生时保险标的的实际价值确定。前者被称为定值保险合同，后者被称为不定值保险合同。

4. 保险金额

保险金额是指保险人承担赔偿或者给付保险金责任的最高限额。在财产保险合同中，保险金额的确定有三种情形，即保险金额与保险价值相等；保险金额超过保险价值；保险金额低于保险价值。保险金额等于保险价值的，为足额保险。被保险人因保险事故所发生的实际损失可以获得足够的赔偿，即损失多少补偿多少。保险金额超过保险价值的，为超额保险，保险金额不得超过保险价值；超过保险价值的，超过部分无效。保险金额低于保险价值的，为不足额保险。保险金额低于保险价值的，除合同另有约定外，保险人按照保险金额与保险价值的比例承担赔偿责任。

5. 保险代位

保险代位是保险补偿原则的重要体现，目的在于防止被保险人获得超额补偿。因第三者对保险标的的损害而造成保险事故的，保险人自向被保险人赔偿保险金之日起，在赔偿金额范围内代位行使被保险人对第三者请求赔偿的权利。

【小案例】

陈某私自免除第三人的债务，保险公司是否需要承担赔偿责任

陈某将自己的轿车投保于保险公司。一日，其车被房东之子（未成年）损坏，花去修理费1500元。陈某遂与房东达成协议：房东免收陈某2个月房租1300元，陈某不再要求房东赔偿修车费。后陈某将该次事故报保险公司要求索赔。

【思考】

在此情形下，保险公司是否需要赔偿？如需要，应赔多少？1500元、1300元还是200元？

【分析】

《保险法》第六十一条规定：保险事故发生后，保险人未赔偿保险金之前，被保险人放弃对第三者请求赔偿的权利的，保险人不承担赔偿保险金的责任。保险人向被保险人赔偿保险金后，被保险人未经保险人同意放弃对第三者请求赔偿的权利的，该行为无效。

6. 重复保险

重复保险是指投保人对同一保险标的、同一保险利益、同一保险事故分别与两个以上保险人订立保险合同的保险。重复保险的投保人应当将重复保险的有关情况通知各保险人。重复保险的保险金额总和超过保险价值的，各保险人的赔偿金额的总和不得超过保险价值。除合同另有约定外，各保险人按照其保险金额与保险金额总和的比例承担赔偿责任。

模块三

揭开保险人的面纱——保险公司

【小案例】

大家保险集团有限责任公司成立

2019 年 6 月 25 日，大家保险集团有限责任公司成立，注册资本为 203.6 亿元。由中国保险保障基金有限责任公司、上海汽车工业（集团）总公司、中国石油化工集团有限公司出资设立。2019 年 7 月 11 日，大家保险集团正式在安邦总部大厦揭牌。

【思考】

设立保险公司应具备什么条件？

【分析】

参见《保险法》第六十八条的规定。

一、保险公司的设立条件

保险公司是指经保险监管部门批准设立，并依据公司法和保险法登记注册的以营利为目的的企业法人。根据我国《保险法》的规定，设立保险公司应当经国务院保险监督机构批准。

根据我国《保险法》第六十八条规定，设立保险公司，应当具备下列条件：

（1）主要股东具有持续盈利能力，信誉良好，最近三年无重大违规记录，净资产不低于人民币 2 亿元。

（2）有符合《保险法》和《公司法》规定的章程。公司章程是设立公司的必要条件，是公司组织和行为的基本准则。公司章程对公司、股东、监事、高级管理人员具有约束力。保险公司的章程是保险公司赖以设立、存续和开展保险业务的基本文件。

（3）有符合《保险法》规定的注册资本。根据我国《保险法》第六十九条规定，设立保险公司，其注册的最低限额为人民币二亿元。保险公司注册资本最低限额必须为实缴货币资本。国务院保险监督管理机构根据保险公司的业务范围、经营规模，可以调整其注册资本的最低限额，但不得低于人民币二亿元的限额。

（4）有具有任职专业知识和业务工作经验的董事、监事和高级管理人员。

（5）有健全的组织机构和管理制度。

（6）有符合要求的营业场所和经营业务有关的其他设施。

（7）法律、行政法规和国务院保险监督管理机构规定的其他条件。

二、保险公司的设立程序

《保险法》第六十七条规定，设立保险公司应当经过国务院保险监督管理机构批准。设立保险公司应该经过下列程序：

（一）提出申请

申请设立保险公司，应当向国务院保险监督管理机构提出申请，并提交下列资料：

（1）设立申请书。申请书应当载明拟设立的保险公司的名称、注册资本、业务范围等；

（2）可行性研究报告；

（3）筹建方案；

（4）投资人的营业执照或其他背景资料，经会计事务所审计的上一年度财务会计报告；

（5）投资人认可的筹备组负责人和拟任董事长、经理名单及本人认可证明；

（6）国务院保险监督管理机构规定的其他材料。

（二）批准筹建

国务院保险监督管理机构应当对设立保险公司的申请进行审查，自受理之日起6个月内作出批准或不批准筹建的决定，并书面通知申请人。决定不批准的，应当书面说明理由。

（三）筹建

申请人应当自收到筹建通知之日起1年内完成筹建工作；筹建期间不得从事保险经营活动。

（四）开业申请及批准

筹建工作完成后，可以向国务院保险监督机构提出开业申请。国务院保险监督管理机构应当自受理开业申请之日起60日内，作出批准或不批准开业的决定。决定批准的，颁发经营保险业务许可证；决定不批准的，应当书面通知申请人并说明理由。

（五）登记

经批准设立的保险公司及其分支机构，凭经营保险业务许可证向工商行政管理机关办理登记，领取营业执照。保险公司及其分支机构自取得经营保险业务许可证之日起6个月内，无正当理由未向工商行政管理机关办理登记的，其经营保险业务许可证失效。

三、保险公司的变更与终止

（一）保险公司的变更

保险公司有下列情形之一的，应当经保险监督管理机构批准：

（1）变更名称；

（2）变更注册资本；

(3) 变更公司或分支机构的营业场所；

(4) 撤销分支机构；

(5) 公司分立或合并；

(6) 修改公司章程；

(7) 变更出资额占有限责任公司资本总额5%以上的股东，或者变更持有股份有限公司股份5%以上的股东；

(8) 国务院保险监督管理机构规定的其他情形。

(二) 保险公司的终止

保险公司因法定原因或经保险监督管理机构批准，关闭其营业而停止从事保险业务。

(1) 经保险监督管理机构批准后解散；

(2) 被保险监督管理机构吊销经营保险业务许可证而依法撤销；

(3) 被依法宣告破产。

保险公司被依法宣告破产的，破产财产在优先清偿破产费用和共益债务后，按照下列顺序清偿：

(1) 所欠职工工资和医疗、伤残补助、抚恤费用，所欠应当划入职工个人账户的基本养老保险、基本医疗保险费用，以及法律、行政法规规定应当支付给职工的补偿金；

(2) 赔偿或者给付保险金；

(3) 保险公司欠缴的除第（1）项规定以外的社会保险费用和所欠税款；

(4) 普通破产债权。

破产财产不足以清偿同一顺序的清偿要求的，按照比例分配。

四、保险公司的经营规则

保险经营规则是指各保险企业及其工作人员在保险经营的各个环节（包括展业、承保、防灾、理赔、投资）和再保险等保险经营活动中应当遵守的行为规范。保险经营规则既是保险监管机构对保险企业经营活动进行监督管理的法律依据，又是保险企业进行自我规范的基本准则。

(一) 保险公司的业务范围

(1) 人身保险业务，包括人寿保险、健康保险、意外伤害保险等保险业务；

(2) 财产保险业务，包括财产损失保险、责任保险、信用保险、保证保险等保险业务范围；

(3) 国务院保险监督管理机构批准的与保险有关的其他业务。

保险人不得兼营人身保险业务和财产保险业务。但是经营财产保险业务的保险公司经国务院保险监督管理机构批准，可以经营短期健康保险业务和意外伤害保险业务。

经国家金融监督管理总局批准，保险公司可以经营《保险法》第九十六条规定的再保险业务，即分出保险和分入保险。

【知识拓展】

再保险是保险公司分散经营风险的一项重要措施，包括再保险的分出和分入机制。所谓再保险的分出，是指保险公司将自己所承保的业务转移一部分给别的保险公司，从而将自己所承保的风险降低到可控范围内的一种法律行为。

在保险公司的经营过程中，总会承保到一定的巨灾风险，如果单独承保的话，一旦出险，将使保险公司遭受到毁灭性的打击。出于控制损失、稳定业务经营的需要，保险公司会把自己所承保的业务分出一部分给其他保险公司。在再保险过程中，最初承保的公司，是再保险的分出公司；别的公司接受业务，是再保险的分入公司。

（二）保险公司偿付能力规则

保险公司的偿付能力是指保险公司对承担的保险责任所应具备的赔偿或给付的能力。保险公司是经营风险的组织，时刻面临赔偿损失与支付保险金的可能，因此，法律要求保险公司必须维持一定程度的偿付能力。根据我国《保险法》规定，保险公司应尽到以下义务，以维持其偿付能力。

（1）保险公司应当按照其注册资本总额的20%提取保证金，存入国务院保险监督管理机构指定的银行，除公司清算时用于清偿债务外，不得动用。

（2）保险公司应当根据保障被保险人利益、保证偿付能力的原则，提取各项责任准备金。

（3）保险公司应当依法提取公积金。

（4）保险公司应当缴纳保险保障基金。

（5）保险公司应当具有与其业务规模和风险程度相适应的最低偿付能力。

（6）经营财产保险业务的保险公司当年自留保险费，不得超过其实有资本金加公积金总和的4倍。

（7）保险公司对每一危险单位，即对一次保险事故可能造成的最大损失范围所承担的责任，不得超过其实有资本加公积金总和的10%；超过部分应当办理再保险。

（8）保险公司对危险单位的划分方法和巨灾风险安排方案，应当报国务院保险监督管理机构备案。

（三）资金运作规则

保险公司的资金运用必须稳健，遵循安全性原则。保险公司的资金运用限于下列形式：

（1）银行存款；

（2）买卖债券、股票、证券投资基金份额等有价证券；

（3）投资不动产；

（4）国务院规定的其他资金运用形式。

（四）保险公司及其工作人员的禁止行为

保险公司及其工作人员在保险业务活动中不得有下列行为：

（1）欺骗投保人、被保险人或受益人；

（2）对投保人隐瞒与保险合同有关的重要情况；

（3）阻碍投保人履行《保险法》规定的如实告知义务，或诱导其不履行《保险法》规定的如实告知义务；

（4）给予或承诺给予投保人、被保险人、受益人保险合同约定以外的保险费回扣或其他利益；

（5）拒不依法履行保险合同约定的赔偿或者给付保险金义务；

(6) 故意编造未曾发生的保险事故、虚构保险合同或者故意夸大已经发生的保险事故的损失程度进行虚假理赔，骗取保险金或牟取其他不正当利益；

(7) 挪用、截留、侵占保险费；

(8) 委托未取得合法资格的机构或者个人从事保险销售活动；

(9) 利用开展保险业务为其他机构或个人牟取不正当利益；

(10) 利用保险代理人、保险经纪人或保险评估机构，从事以虚构保险中介业务或者编造退保等方式套取费用等违法活动；

(11) 以捏造、撒布虚假事实等方式损害竞争对手的商业信誉，或者以其他不正当竞争行为扰乱保险市场秩序；

(12) 泄露在业务活动中知悉的投保人、被保险人的商业秘密；

(13) 违反法律、行政法规和国务院保险监督管理机构规定的其他行为。

模块四

保险的“好帮手”——保险代理人和保险经纪人

【小案例】

张某违法销售保险案

张某是某中职学校二年级学生，为了减轻家里经济负担，在某寿险公司培训一周后，即作为该寿险公司的保险代理人（营销员）向客户销售保险产品。后来，张某发现一家保险公司的产品并不能满足所有客户的需求，于是同时代理了多家寿险公司的保险产品。后因为销售误导问题，被客户投诉至金融监督管理部门。

【思考】

(1) 代理人是否可以同时代理两家或两家以上的寿险公司业务?

(2) 保险代理人销售保险时应遵循哪些规则?

【分析】

(1)《保险法》第一百二十五条规定，个人保险代理人在代为办理人寿保险业务时，不得同时接受两个以上保险人的委托。

(2)《保险销售从业人员监管办法》第二十四条规定，保险公司、保险代理机构应当规范保险销售从业人员的销售行为，严禁保险销售从业人员在保险销售活动中有欺骗投保人、被保险人或者受益人；隐瞒与保险合同有关的重要情况；阻碍投保人履行如实告知义务，或者诱导其不履行如实告知义务；给予或者承诺给予投保人、被保险人或者受益人保险合同约定以外的利益等行为。

一、保险代理人

（一）保险代理人的概念

保险代理人是指根据保险公司的委托，向保险公司收取佣金，在保险公司授权的范围内代为办理保险业务的机构或者个人，包括保险专业代理机构、保险兼业代理机构及个人保险代理人。保险人委托保险代理人代为办理保险业务的，应当与保险代理人签订委托代理协议，依法约定双方的权利和义务及其他代理事项。

保险专业代理机构是指依法设立的专门从事保险代理业务的保险代理公司及其分支机构。

保险兼业代理机构是指利用自身主业与保险的相关便利性，依法兼营保险代理业务的企业，包括保险兼业代理法人机构及其分支机构。

个人保险代理人是指与保险公司签订委托代理合同，从事保险代理业务的人员。

（二）保险代理人的市场准入

保险专业代理公司、保险兼业代理法人机构在中华人民共和国境内经营保险代理业务，应当符合国务院保险监督管理机构规定的条件，取得相关经营保险代理业务的许可证。

1. 保险专业代理公司的准入条件

保险专业代理公司应当采取有限责任公司或股份有限公司的组织形式。除国务院保险监督管理机构另有规定外，保险专业代理公司经营保险代理业务，应当具备下列条件：

（1）股东符合《保险代理人监管规定》的要求，且出资资金自有、真实、合法，不得用银行贷款及各种形式的非自有资金投资；

（2）注册资本符合有关规定，且按照国务院保险监督管理机构的有关规定托管；

（3）营业执照记载的经营范围符合有关规定；

（4）公司章程符合有关规定；

（5）公司名称符合本规定要求；

（6）高级管理人员符合任职资格条件；

（7）有符合国务院保险监督管理机构规定的治理结构和内控制度，商业模式科学合理可行；

（8）有与业务规模相适应的固定住所；

（9）有符合国务院保险监督管理机构规定的业务、财务信息管理系统；

（10）法律、行政法规和国务院保险监督管理机构规定的其他条件。

2. 保险兼业代理机构的准入条件

（1）有市场监督管理部门核发的营业执照，其主营业务依法须经批准的，应取得相关部门的业务许可；

（2）主业经营情况良好，最近二年内无重大行政处罚记录；

（3）有同主业相关的保险代理业务来源；

（4）有便民服务的营业场所或者销售渠道；

（5）具备必要的软硬件设施，保险业务信息系统与保险公司对接，业务、财务数据可独立于主营业务单独查询统计；

（6）有完善的保险代理业务管理制度和机制；

（7）有符合规定条件的保险代理业务责任人；

（8）法律、行政法规和国务院保险监督管理机构规定的其他条件。

保险兼业代理机构因严重失信行为被国家有关单位确定为失信联合惩戒对象且应当在保险领域受到相应惩戒的，或者最近五年内具有其他严重失信不良记录的，不得经营保险代理业务。

3. 个人保险代理人（含保险代理机构从业人员）的准入资格

保险公司应当委托品行良好的个人保险代理人。保险专业代理机构、保险兼业代理机构应当聘任品行良好的保险代理机构从业人员。

有下列情形之一的，保险公司、保险专业代理机构、保险兼业代理机构不得聘任或者委托：

（1）因贪污、受贿、侵占财产、挪用财产或者破坏社会主义市场经济秩序，被判处刑罚，执行期满未逾五年；

（2）被金融监管机构决定在一定期限内禁止进入金融行业，期限未满；

（3）因严重失信行为被国家有关单位确定为失信联合惩戒对象且应当在保险领域受到相应惩戒，或者最近五年内具有其他严重失信不良记录；

（4）法律、行政法规和国务院保险监督管理机构规定的其他情形。

个人保险代理人、保险代理机构从业人员应当具有从事保险代理业务所需的专业能力。保险公司、保险专业代理机构、保险兼业代理机构应当加强对个人保险代理人、保险代理机构从业人员的岗前培训和后续教育。培训内容至少应当包括业务知识、法律知识及职业道德。

保险公司、保险专业代理机构、保险兼业代理机构应当按照规定为其个人保险代理人、保险代理机构从业人员进行执业登记。

个人保险代理人、保险代理机构从业人员只限于通过一家机构进行执业登记。

（三）保险代理人经营规则

保险专业代理机构可以经营下列全部或者部分业务：

（1）代理销售保险产品；

（2）代理收取保险费；

（3）代理相关保险业务的损失勘查和理赔；

（4）国务院保险监督管理机构规定的其他相关业务。

保险兼业代理机构可以经营上述第（1）、（2）项业务及国务院保险监督管理机构批准的其他业务。

保险公司兼营保险代理业务的，除同一保险集团内各保险子公司之间开展保险代理业务外，一家财产保险公司在一个会计年度内只能代理一家人身保险公司业务，一家人身保险公司在一个会计年度内只能代理一家财产保险公司业务。

保险专业代理机构及其从业人员、个人保险代理人不得销售非保险金融产品，经相关金融监管部门审批的非保险金融产品除外。

二、保险经纪人

（一）保险经纪人的概念

保险经纪人是基于投保人的利益，为投保人与保险人订立保险合同提供中介服务，并依法收取佣金的机构。保险经纪人是为保险合同的订立提供中介服务的人，既非投保人的代理人，也非保险公司的代理人。

（二）保险经纪人的设立条件

依据我国《保险法》的规定，保险经纪人以单位为限，个人不得为保险经纪人。保险经纪机构可以采取下列组织形式：合伙企业、有限责任公司、股份有限公司。

（三）保险经纪人的经营规则

保险经纪机构及其分支机构从事保险经纪业务，应当与委托人签订书面委托合同，依法约定双方的权利和义务及其他委托事项。委托合同不得违反法律、行政法规及国家金融监督管理机构的有关规定。

保险经纪人基于投保人的利益开展保险中介活动。无论保险经纪人事实上是否受投保人或保险公司的委托，均以其自己的名义独立承担民事责任。

我国《保险法》第一百二十八条规定，“保险经纪人因过错给投保人、被保险人造成损失的，依法承担赔偿责任。”

【知识拓展】

保险公估人

保险公估人是指依照《保险法》等有关法律、行政法规，经保险监督管理机构批准设立的，接受保险当事人委托，专门从事保险标的的评估、勘验、鉴定、估损、理算等业务的单位。经监管部门批准，保险公估人可以经营下列业务：①保险标的承保前的检验、估价及风险评估；②对保险标的出险后的查勘、检验、估损及理算；③经国家金融监督管理机构批准的其他业务。

三、保险经纪人和保险代理人有关行为禁止规定

《保险法》第一百三十一条规定，保险代理人、保险经纪人及其从业人员在办理保险业务活动中不得有下列行为：

（1）欺骗保险人、投保人、被保险人或者受益人；

（2）隐瞒与保险合同有关的重要情况；

（3）阻碍投保人履行本法规定的如实告知义务，或者诱导其不履行本法规定的如实告知义务；

（4）给予或者承诺给予投保人、被保险人或者受益人保险合同约定以外的利益；

（5）利用行政权力、职务或者职业便利以及其他不正当手段强迫、引诱或者限制投保人订立保险合同；

（6）伪造、擅自变更保险合同，或者为保险合同当事人提供虚假证明材料；

（7）挪用、截留、侵占保险费或者保险金；

（8）利用业务便利为其他机构或者个人牟取不正当利益；

（9）串通投保人、被保险人或者受益人，骗取保险金；

（10）泄露在业务活动中知悉的保险人、投保人、被保险人的商业秘密。

模块五

保险市场的守护——保险业监督管理与法律责任

【小案例】

信美人寿保险相互社违法经营被处罚

2019年年初，中国银行保险监督管理委员会在履行保险监管职责时发现，信美人寿保险相互社（以下简称“信美人寿”）存在以下违法违规行为：

1. 未按照规定使用经批准或者备案的保险条款、保险费率

信美人寿在“相互保”业务中通过产品参数调整的方式改变了产品费率计算方法以及费率计算所需的基础数据。时任董事长杨帆和时任副总经理兼总精算师曾卓对上述违法行为负有直接责任。

2. 欺骗投保人、被保险人或者受益人

信美人寿在“相互保”业务中向保险消费者传达“相互保”产品依法合规的错误信息，以及第一年参与成员分摊金额仅需一两百元的误导信息。时任董事长杨帆和时任副总经理兼总精算师曾卓对上述违法行为负有直接责任。

据此，2019年4月8日中国银行保险监督管理委员会对信美人寿决定作出如下处罚：

一是信美人寿未按照规定使用经批准或者备案的保险条款、保险费率的行为，违反了《中华人民共和国保险法》第一百三十五条规定，根据该法第一百七十条规定，对信美人寿处以罚款40万元；根据该法第一百七十一条规定，对杨帆给予警告并处罚款8万元，对曾卓给予警告并处罚款8万元。

二是信美人寿欺骗投保人、被保险人或者受益人的行为，违反了《中华人民共和国保险法》第一百一十六条规定，根据该法第一百六十一条规定，对信美人寿处以罚款25万元；根据该法第一百七十一条规定，对杨帆给予警告并处罚款5万元，对曾卓给予警告并处罚款7万元。

资料来源：中国银行保险监督管理委员会行政处罚决定书（银保监罚决字〔2019〕3号）。

【思考】

（1）银保监会的监管内容有哪些？

（2）保险公司及其工作人员违法经营，需要承担什么法律责任？

【分析】

（1）银保监会对保险公司经营行为的监管主要体现在保险条款和保险费率制定的监管以及对保险公司偿付能力的监控上。

（2）保险公司及其工作人员违法经营，根据违法情节的轻重程度需要承担相应的民事责任、行政责任，构成犯罪的，需要承担刑事责任。具体如赔偿损失、罚款、限制业务范围、吊销营业许可证、没收违法所得等法律责任形式。

一、我国保险业监管机构和职责

根据银行、保险、证券分业经营、分业监管的原则，为了加大对保险业统一监管力度，1998年11月18日，国务院批准设立了中国保险监督管理委员会，专司保险监管职能。随着混业经营的出现，严格“一行三会”的金融监管体制逐渐不能适应现代金融的发展需要，为了解决“一行三会”体制下存在的监管职责不清晰、交叉监管和监管空白等问题，强化综合监管，优化资源配置，守住不发生系统性金融风险的底线，国务院机构改革方案提出，将中国银行业监督管理委员和中国保险监督管理委员会的职责整合，组建中国银行保险监督管理委员会，作为国务院直属事业单位。

2018年3月，第十三届全国人民代表大会第一次会议表决通过了关于国务院机构改革方案的决定，设立中国银行保险监督管理委员会。2018年4月8日上午，中国银行保险监督管理委员会正式挂牌，中国银监会和中国保监会成为历史。2018年11月14日，中国银行保险监督管理委员会职能配置、内设机构和人员编制规定发布。

根据中国银行保险监督管理委员会最新公布的职能，其对保险业的监管职责主要是：

（1）拟订有关商业保险的政策法规和行业发展规划；

（2）依法对保险企业的经营活动进行监督管理和业务指导，维护保险市场秩序，依法查处保险企业违法违规行为，保护被保险人利益。

（3）培育和发展保险市场，推进保险业改革，完善保险市场体系，促进保险企业公平竞争；

（4）负责统一编制保险业监管数据报表，按照国家有关规定予以发布，履行金融业综合统计相关工作职责。

（5）建立保险业风险的评价与预警系统，防范和化解保险业风险，促进保险企业稳健经营与业务的健康发展。

2023年3月10日全国人大通过的《国务院机构改革方案》，对金融监管机构作出了调整，组建了国家金融监督管理总局，国家金融监督管理总局在中国银行保险监督管理委员会基础上组建，不再保留中国银行保险监督管理委员会。

二、保险业监管内容

（一）保险条款和保险费率的制定和备案

关系社会公众利益的保险险种、依法实行强制保险的险种和新开发的人寿保险险种等的保险条款和保险费率，应当报国务院保险监督管理机构批准。其他保险险种的保险条款和保险费率，应当报保险监督管理机构备案。

保险公司使用的保险条款和保险费率违反法律、行政法规或国家金融监督管理部门有关规定的，由保险监督管理机构责令停止使用，限期修改；情节严重的，可以在一定期限内禁止申报新的保险条款和保险费率。

（二）对保险公司偿付能力监控

保险业稳健经营的一个核心标志就是保险组织具备实际的偿付能力，能够满足被保险人的赔付要求。因此，偿付能力的监管也是现代各国对保险公司进行监管的核心内容。

对偿付能力不足的保险公司，国务院保险监督管理机构应当将其列为重点监管对象，并可以根据具体情况采取下列措施：

（1）责任增加资本金、办理再保险；

（2）限制业务范围；

（3）限制向股东分红；

（4）限制固定资产购置或者经营费用规模；

（5）限制资金运用的形式、比例；

（6）限制增设分支机构；

（7）责令拍卖不良资产、转让保险业务；

（8）限制董事、监事、高级管理人员的薪酬水平；

（9）限制商业性广告；

（10）责令停止接受新业务。

（三）对保险公司整顿

保险公司未按照《保险法》规定提取或结转各项责任准备金，或者未依照《保险法》规定办理再保险，或者严重违反《保险法》关于资金运用的规定的，由保险监督管理机构责令限期改正，并可以责令调整负责人及有关管理人员。

保险公司逾期未改正的，国家金融监督管理部门可以决定选派保险专业人员和指定该保险公司的有关人员组成整顿组，对公司进行整顿。

（四）接管

接管是指监管部门对违反《保险法》的规定，损害社会公共利益，可能严重危及或已经危及公司偿付能力的保险公司所采取的监管方式，其目的是恢复保险公司的正常经营行为，保护被保险人的利益。

接管期限届满，国务院保险监督管理机构可以决定延长接管期限，但接管最长不得超过2年。接管期限届满，被接管的保险公司已恢复正常经营能力的，由国务院保险监督管理机构决定终止接管，并予以公告。

（五）撤销

保险公司因违法经营被依法吊销经营保险业务许可证的，或者偿付能力低于国务院保险监督管理机构规定标准，不予撤销将严重危害保险市场秩序、损害公共利益的，由国务院保险监督管理机构予以撤销并公告，依法及时组织清算组进行清算。

（六）信息披露的监管

国务院保险监督管理机构有权要求保险公司股东、实际控制人在指定的期限内提供有关信息和资料。

三、违反保险业监管法律制度的法律责任

（一）违法从事保险业务活动的法律责任

1. 保险代理人或保险经纪人违法行为的法律责任

保险代理人或保险经纪人有违反《保险法》第一百三十一条规定行为之一的，由保险监督管理机构责任改正，处5万元以上30万元以下的罚款；情节严重的，吊销业务许可证。

保险专业代理机构、保险经纪人违反《保险法》规定，未经批准设立分支机构或变更组织形式的，由保险监督管理机构责令改正，处1万元以上5万元以下的罚款。

2. 擅自设立保险公司或非法从事商业保险业务活动的责任

违反《保险法》的规定，擅自设立保险公司或非法从事商业保险业务活动的，由保险监督管理机构予以取缔，没收违法所得，并处违法所得1倍以上5倍以下的罚款；没有违法所得，或违法所得不足20万元的，处20万元以上100万元以下的罚款。

3. 保险公司违法经营的法律责任

保险公司违反《保险法》的规定，超出批准的业务范围经营的，由保险监督管理机构责令改正，没收违法所得，并处违法所得1倍以上5倍以下的罚款；没有违法所得或违法所得不足10万元的，处10万元以上50万元以下的罚款。逾期不改正或造成严重后果的，责令停业整顿或吊销业务许可证。

保险公司未经批准，擅自变更保险公司名称、章程、注册资本、公司或分支机构的营业场所等事项的，由保险监督管理机构责令改正，并处以1万元以上10万元以下的罚款。

保险公司未按照规定报送有关报告、报表、文件和资料的，或者未按照规定提供有关信息、资料的，未按照规定报送保险条款、保险费率备案的，未按照规定披露信息的，由保险监督管理机构责令改正；逾期不改正的，处1万元以上10万元以下的罚款。

违反《保险法》规定，有下列行为之一的，由保险监督管理机构责令改正，处10万元以上50万元以下的罚款；情节严重的，可以限制其业务范围、责令停止接受新业务或者吊销业务许可证：①编制或者提供虚假的报告、报表、文件、资料的；②拒绝或者妨碍依法监督检查的；③未按照规定使用经批准或者备案的保险条款、保险费率的。

4. 保险公司高级管理人员违法行为的法律责任

对违反《保险法》的规定尚未构成犯罪的行为负有直接责任的保险公司高级管理人员和其他责任人员，保险监督管理机构可以区别不同情况予以警告，责令予以撤换，处以2万元以上10万元以下的罚款。

（二）保险监管机构工作人员的违法责任

保险监督管理机构从事监督管理工作的人员有下列情形之一的，依法给予处分：①违反规定批准机构的设立的；②违反规定进行保险条款、保险费率审批的；③违反规定进行现场检查的；④违反规定查询账户或者冻结资金的；⑤泄露其知悉的有关单位和个人的商业秘密的；⑥违反规定实施行政处罚的；⑦滥用职权、玩忽职守的其他行为。构成犯罪的，依法追究刑事责任。

（三）投保人、被保险人或受益人进行保险欺诈的责任

投保人、被保险人或者受益人有下列行为之一，进行保险诈骗活动，尚不构成犯罪的，依法给予行政处罚：①投保人故意虚构保险标的，骗取保险金的；②编造未曾发生的保险事故，或者编造虚假的事故原因或者夸大损失程度，骗取保险金的；③故意造成保险事故，骗取保险金的。

保险事故的鉴定人、评估人、证明人故意提供虚假的证明文件，为投保人、被保险人或者受益人进行保险诈骗提供条件的，依照前述规定给予处罚。

【知识拓展】

中国银行保险监督管理委员会行政处罚决定书（银保监罚决字〔2019〕10号）

当事人：华海财产保险股份有限公司（以下简称华海财险）

住　所：山东省烟台市开发区长江路

法定代表人：赵小鸣

依据《中华人民共和国保险法》（以下简称《保险法》）的有关规定，我会对华海财险违法案进行了调查、审理，并依法向当事人告知了作出行政处罚的事实、理由、依据以及当事人依法享有的权利。在法定期限内，华海财险、姜南、于晖向我会提出听证申请，姜南、于晖另提交了陈述申辩意见。我会依法公开举行了听证会，对当事人陈述申辩及听证申辩意见进行了复核。本案现已审理终结。

经查，华海财险存在下列违法行为：

一、车险业务虚列费用

2017年1月至7月，华海财险营业总部通过广告费、业务宣传费等费用报销资金后支付中介机构车险代理业务品质奖励合计559.08万元。所涉报销广告费等费用系虚列，财务数据不真实。

时任华海财险营业总部总经理胡国栋对上述违法行为负有直接责任。

二、聘任不具有任职资格人员担任公司高管

华海财险拟任副总经理于晖（2015年11月6日印发分工文件，2017年6月30日免职）、拟任总经理助理唐海明（2017年6月28日印发分工文件），截至检查日均未获得我会的相关批复，但在实际工作中履行相关职务。

时任华海财险董事长赵小鸣、时任华海财险总经理姜南、时任华海财险董事会秘书于晖、时任华海财险有关负责人唐海明对上述违法行为负有直接责任。

三、违规销售投资型保险产品华海康盈

华海康盈产品标准全称为“附加个人生活质量保障津贴保险”，该产品的销售期间为2016年5月至12月，保费收入3.19亿元。根据条款规定及理赔规则，公司应对所有保单给予“保费+固定比例收益”全额赔付，且实务中华海财险对上述几乎所有的附加险都进行了赔付。因此，该附加险具有明显的投资属性，应认定为投资型保险产品。《关于进一步加强财产保险公司投资型保险业务管理的通知》（保监发〔2012〕40号）第三条对财产保险公司经营投资型产品的资质条件作出了规定，华海财险不符合“公司持续经营3

个以上完整的会计年度，最近3个会计年度盈利和亏损相抵后为净盈利”的要求，不具备经营投资型保险产品的资质条件。华海财险上述行为属于超出批准的业务范围经营的行为。

时任华海财险总经理姜南、时任华海财险意健险部负责人李瑞银、时任华海财险营销管理部负责人马超、时任华海财险客服部意外及健康险理赔处经理王强对上述违法行为负有直接责任。

上述事实有现场检查事实确认书、相关人员调查笔录及任职文件等证据证明，足以认定。据此，我会决定作出如下处罚：

一是华海财险车险业务虚列费用的行为，违反《保险法》第八十六条，根据该法第一百七十条，对华海财险罚款50万元，同时责令停止其营业总部接受商业车险新业务3个月；根据该法第一百七十一条，对胡国栋警告并罚款10万元。

二是华海财险聘任不具有任职资格人员担任公司高管的行为，违反《保险法》第八十一条，根据该法第一百六十七条，对华海财险罚款10万元；根据该法第一百七十一条，对赵小鸣警告并罚款10万元，对姜南警告并罚款10万元，对于晖警告并罚款5万元，对唐海明警告并罚款2万元。

三是华海财险违规销售华海康盈投资型产品的行为，违反《保险法》第九十五条，根据该法第一百六十条，对华海财险罚款50万元；根据该法第一百七十一条，对姜南警告并罚款10万元，同时撤销其任职资格；对李瑞银警告并罚款10万元，对马超警告并罚款10万元，对王强警告并罚款10万元。

当事人应当在接到本处罚决定书之日起15日内持缴款码（缴款码将在处罚决定书送达时告知）到财政部指定的12家代理银行中的任一银行进行同行缴款。逾期，将每日按罚款数额的3%加处罚款。

当事人如对本处罚决定不服，可在收到本处罚决定书之日起60日内向中国银行保险监督管理委员会申请行政复议，也可在收到本处罚决定书之日起6个月内直接向有管辖权的人民法院提起行政诉讼。复议和诉讼期间，上述决定不停止执行。

中国银保监会

2019年6月26日

资料来源：《中国银行保险监督管理委员会行政处罚决定书（银保监罚决字〔2019〕10号）》（有删减），见中国银行保险监督管理委员会，网址：http：//www. cbirc. gov. cn/cn/view/pages/ItemDetail. html?docId = 223696&itemId = 4113&generaltype = 9。

【学习互动】

投保人在买保险的时候，为了方便，帮被保险人签字，这种合同是否有效？如果你是保险代理人，面对这样的保单，该如何处理？

项目要点

第一，保险，是指投保人根据合同约定，向保险人支付保险费，保险人对于合同约定的可能发生的事故因其发生所造成的财产损失承担赔偿保险金责任，或者当被保险人死亡、伤残、疾病或者达到合同约定的年龄、期限等条件时承担给付保险金责任的商业保险行为。

第二，保险的要素，又称保险的构成、保险的要件，是指保险得以成立的基本条件。构成保险必须具备以下三个构成要素：一是特定的危险，即可保风险的存在；二是多数人的互助共济；三是对危险事故所致损失进行补偿。

第三，人身保险的投保人在保险合同订立时，对保险人应当具有保险利益。财产保险的被保险人在保险事故发生时，对保险标的应当具有保险利益。

第四，订立保险合同，保险人就保险标的或者被保险人的有关情况提出询问的，投保人应当如实告知。投保人故意或者因重大过失未履行前款规定的如实告知义务，足以影响保险人决定是否同意承保或者提高保险费率的，保险人有权解除合同。自合同成立之日起超过二年的，保险人不得解除合同；发生保险事故的，保险人应当承担赔偿或者给付保险金的责任。

第五，订立保险合同，采用保险人提供的格式条款的，保险人向投保人提供的投保单应当附格式条款，保险人应当向投保人说明合同的内容。

对保险合同中免除保险人责任的条款，保险人在订立合同时应当在投保单、保险单或者其他保险凭证上作出足以引起投保人注意的提示，并对该条款的内容以书面或者口头形式向投保人作出明确说明；未作提示或者明确说明的，该条款不产生效力。

第六，以死亡为给付保险金条件的合同，未经被保险人同意并认可保险金额的，合同无效。

第七，因第三者对保险标的的损害而造成保险事故的，保险人自向被保险人赔偿保险金之日起，在赔偿金额范围内代位行使被保险人对第三者请求赔偿的权利。

第八，保险代理人是根据保险人的委托，向保险人收取佣金，并在保险人授权的范围内代为办理保险业务的机构或个人。

第九，保险业稳健经营的一个核心标志就是保险组织具备实际的偿付能力，能够满足被保险人的赔付要求。因此偿付能力的监管也是现代各国对保险公司进行监管的核心内容。

本项目参考法规

1.《中华人民共和国保险法》（2015 年 4 月 24 日第十二届全国人民代表大会常务委员会第十四次会议第三次修正）。

2.《最高人民法院关于适用〈中华人民共和国保险法〉若干问题的解释（一）》（法释〔2009〕12 号）。

3.《最高人民法院关于适用〈中华人民共和国保险法〉若干问题的解释（二）》（法释〔2013〕14 号）。

4.《最高人民法院关于适用〈中华人民共和国保险法〉若干问题的解释（三）》（法释〔2015〕21 号）。

5.《保险销售从业人员监管办法》（2012 年 12 月 21 日中国保险监督管理委员会主席

办公会审议通过，自2013年7月1日起实施）。

6.《保险代理人监管规定》（2019年12月19日经中国银保监会2019年第13次委务会议通过。自2021年1月1日起施行）。

学习检测

一、不定项选择题

1. 张某到保险公司商谈分别为其62岁的母亲甲和8岁的女儿张乙投保意外伤害险事宜。张某向保险公司详细询问了有关意外伤害保险的具体条件，也如实地回答了保险公司的询问。请回答以下问题：

（1）在张某为其母亲投的意外伤害保险中，下列关于受益人的表述正确的是（　　）。

A. 张某的母亲可以成为受益人

B. 张某的母亲有权指定受益人

C. 张某有权指定受益人，但须征得其母亲的同意

D. 该保险中可以不指定受益人

（2）在张某为其女儿投的意外伤害保险中，受益人如何产生？（　　）。

A. 因其女儿为无民事行为能力人，故张某以其监护人的身份指定受益人

B. 张某女儿虽无民事行为能力人，但因为她是该保险合同的被保险人，故她可以指定受益人

C. 因其女儿无民事行为能力，故她可以委托张某指定受益人

D. 张某作为投保人可以指定受益人，但必须征得被保险人其女儿的同意

（3）张某为其女儿投保的保险合同约定分期支付保险费。张某支付了首期保险费后，因长期外出，第二期超过60天未支付当期保险费。这可能引起什么后果？（　　）。

A. 合同效力中止

B. 合同效力终止

C. 保险人有权立即解除合同

D. 由保险人按照合同约定的条件减少保险金额

（4）根据《保险法》的规定，如果张某没有继续给其女儿的意外伤害保险合同按期缴纳保险费，保险人不得用什么方式要求投保人支付保险费？（　　）。

A. 协商　　B. 调解　　C. 诉讼　　D. 仲裁

（5）三年后，张某的母亲因意外事故死亡，根据张某为其母亲办理的意外伤害保险。该保险公司应向谁支付保险金？（　　）。

A. 如果张某母亲指定自己为受益人的，保险公司可以向其法定继承人支付保险金

B. 如果第三人为受益人的，该保险公司应当向该受益人支付保险金

C. 如未指定受益人，保险公司可以向张某支付保险金

D. 如未指定受益人，保险公司可以向张某母亲的法定继承人支付保险金

2.《保险法》中的保险利益原则是指投保人应当对保险标的具有法律上承认的利益，

否则会导致保险合同无效。下列哪些选项符合保险利益原则？(　　)。

A. 甲经同事乙同意，为其购买一份人寿险

B. 丙为自己刚出生一个月的孩子购买一份人身险

C. 丁公司为其经营管理的风景区内的一颗巨型钟乳石投保一份财产险

D. 戊公司为其一座已经投保的仓库再投保一份财产险

3. 王某将自己居住的房屋向某保险公司投保家庭财产保险。保险合同有效期内，该房屋因邻居家的小孩玩火而被部分毁损，损失10万元。下列哪些选项是错误的？(　　)。

A. 王某应当先向邻居索赔，在邻居无力赔偿的前提下才能向保险公司索赔

B. 王某可以放弃对邻居的赔偿请求权，单独向保险公司索赔

C. 若王某已从邻居处得到10万元的赔偿，其仍可向保险公司索赔

D. 若王某从保险公司得到的赔偿不足10万元，其仍可向邻居索赔

二、简答题

1. 设立保险公司应具备哪些条件？

2. 保险合同具有哪些特征？

3. 保险代理人在办理保险业务活动时禁止从事的行为有哪些？

项目九 反洗钱法律实务

【知识目标】

通过本项目的学习，了解洗钱的概念及危害，掌握《中华人民共和国反洗钱法》（以下简称《反洗钱法》）的主要内容，了解反洗钱的组织架构，掌握我国金融机构反洗钱工作的义务和监管机构的职责，了解反洗钱行为的法律责任。

【德育目标和职业素养】

帮助学生树立正确的金钱观，在金钱诱惑面前要保持清醒，维护好自身利益不受侵害，切莫贪图一时利益，被他人利用而沦为洗钱工具。

【学习任务】

1. 认识洗钱和反洗钱。
2. 阅读反洗钱法律法规。
3. 了解我国反洗钱组织架构。
4. 掌握金融机构反洗钱工作的义务。
5. 熟悉客户身份识别制度、人民币大额交易报告制度和可疑交易报告制度。
6. 了解反洗钱行为的法律责任。

模块一

禁止为“黑钱”披上合法的外衣——反洗钱概述

【导入案例】

月入万元的“好机会”

2017年6月至2018年1月，李某、雷某为获取每月1万元的好处费，配合腾信堂公司结算中心的罗某某（另案处理）等人，通过银行以“同柜取存”、实际取现、转账等方式协助转移非法集资款。经统计，雷某转移犯罪所得共计人民币 7232 万余元，李某转移犯罪所得共计人民币 3281 万余元。

2019 年 9 月 2 日，杭州市拱墅区人民检察院以涉嫌洗钱罪对雷某、李某提起公诉。因朱某丽等人集资诈骗、非法吸收公众存款的犯罪事实已查证属实，结合证据，能够证实雷某、李某明知转移的资金来源于前述源头犯罪所得，且具有协助转移的主观故意。雷某、李某掩饰、隐瞒犯罪所得的行为构成洗钱罪。

2019 年 11 月 19 日，杭州市拱墅区人民法院以洗钱罪判处雷某有期徒刑 3 年 6 个月，并处罚金人民币 360 万元；判处李某有期徒刑 3 年，并处罚金人民币 170 万元。

资料来源：杭州日报，发布时间：2019 年 11 月 21 日。

【思考】

1. 什么样的行为会被认定为“洗钱”？

2. 国家为什么要反洗钱？

一、洗钱的概念及常见方式

（一）洗钱的概念

根据我国《刑法》的有关规定，洗钱是指明知是犯罪所得及其产生的收益，通过各种方法掩饰、隐瞒犯罪所得及其收益的来源和性质，使其在形式上合法化的行为。例如，为犯罪分子提供银行账户、购买有价证券、转移资金等。

所有因犯罪活动获得的收入都是“黑钱”，将这些“黑钱”存入金融机构、进行投资产生的收益，也是“黑钱”。我国《刑法》第一百九十一条规定了与“洗钱”有关的七类严重的“上游犯罪”，分别为：毒品犯罪、黑社会性质的组织犯罪、恐怖活动犯罪、走私犯罪、贪污贿赂犯罪、破坏金融管理秩序犯罪、金融诈骗犯罪。在我国，清洗这七类上游犯罪的“黑钱”，要按洗钱罪论处，情节严重的，处 5 年以上 10 年以下有期徒刑，并处洗钱数额 5% 以上 20% 以下罚金。

【知识拓展】

“洗钱”一词，源于 20 世纪初，美国旧金山一家饭店老板发现肮脏的钱币常常会弄脏顾客漂亮的手套，于是就将在饭店流通的钱币放进洗涤剂中清洗，这就是最初的洗钱。

20 世纪 20 年代，美国芝加哥以阿里·卡彭等为首的有组织犯罪团伙的一名财务总监买了一台投币式洗衣机，开了一家洗衣店。他在每晚计算当天的洗衣收入时，就把那些通过赌博、走私、勒索等非法所得的钱财加入其中，再向税务部门申报纳税。这样，扣去应缴的税款后，剩下的其他非法所得钱财就成了他的合法收入。这就是“洗钱”一词的来历。

（二）常见的洗钱方式

广义的洗钱除了狭义的洗钱含义外，还包括：①把合法资金洗成黑钱用于非法用途，即把白钱洗黑，如把银行贷款通过洗钱而用于走私；②把一种合法的资金洗成另一种表面也合法的资金，以达到占用的目的，即把白钱洗白，如把国有资产通过洗钱转移到个人账户；③把合法收入通过洗钱逃避监管，如外资企业把合法收入通过洗钱转移到境外。

常见的洗钱方式有：①通过境内外银行账户过渡，使非法资金进入金融体系；②通过地下钱庄，实现犯罪所得的跨境转移；③利用现金交易和发达的经济环境，掩盖洗钱行为；④利用别人的账户提现切断洗钱线索；⑤利用网上银行等各种金融服务，避免引起银行关注；⑥设立空壳公司，作为非法资金的“中转站”；⑦通过买卖股票、基金、保险或设立企业等各种投资活动，将非法资金合法化；⑧通过购买彩票、房产进行洗钱；⑨通过珠宝古董交易和虚假拍卖进行洗钱等。

【知识拓展】

保险“洗钱”

保险“洗钱”常见几种方式：利用团体寿险洗钱、利用地下保单洗钱、利用长期寿险洗钱，即“长险短做”、利用外汇保单、离岸保单洗钱、利用新型保险洗钱、利用银行保险洗钱、利用行贿保单洗钱、财产保险中的洗钱。

保险“洗钱”主要集中在寿险领域，尤其是在团体寿险中。例如：①少数企业领导或全体职工私分国有、集体资产的洗钱。投保企业将巨额保费分散到员工名下，以单位的名义购买团险，保单生效后，投保企业就“长险短做”，要求退保，保险公司将退还的保费汇入企业领导的个人账户。②企业以“团购”的方式为职工购买个人保险，即“个险团做”。多以“职工出小头，企业出大头”的方式间接地获得职工的同意。③洗钱者一般用大额现金趸缴保费，或在短期内完成期缴。短期内投保者会使保单的现金价值达到很高的水平，然后要求退保或质押贷款并听任保单被注销。因此，保险“洗钱”更像个令人不齿的多边交易。

（三）洗钱犯罪的危害

洗钱犯罪对经济、社会稳定和国家安全产生严重的破坏作用。

1. 影响政府的声誉，威胁社会的稳定和安全

洗钱是一种犯罪活动，通常与贩毒、贪污、贿赂等违法犯罪行为联系在一起。洗钱活动在一国的大量存在，不仅说明该国在管理体制上存在种种漏洞，而且还说明该国政府机构对犯罪活动的追查打击行动不力。同时，大量洗钱活动的存在，将使一国潜在的和现实的犯罪因素增多，威胁该国社会的稳定和安全。

2. 扰乱经济秩序，威胁国家经济和金融安全

洗钱活动的日益猖獗扭曲了资源在一国甚至世界范围的配置。犯罪分子通过走私、贪污贿赂等犯罪活动侵占了大量合法的资金和资本，他们一方面通过洗钱活动将其转移至境外，使这些资金不能被本国用于生产和建设，另一方面将这些违法所得继续投入到犯罪活动中去，不仅掩盖和助长犯罪，而且使合法经济活动的资源被大量挤占，不利于生产效率的提高，威胁所在国经济和金融安全。

3. 滋生腐败，损害社会公平和正义

洗钱者为了将洗钱等犯罪活动完成，往往会利用贿赂等手段收买金融机构工作人员和政府官员。一旦成功，不仅可以使洗钱犯罪行为顺利进行，而且还会产生新的腐败犯罪行

为。洗钱犯罪分子及其受益人利用犯罪活动所得过着奢侈糜烂的生活，损害了社会正义和公平，不利于先进文化的形成和传播。

在一般人眼里，“洗钱”一直与黄赌毒、走私、贩卖军火等行径联系在一起，而时下我国的洗钱犯罪活动主要是把“自产”的黑钱洗白和资金外逃。另外，国际上被纳入洗钱的还有把合法资金变成黑钱用于非法用途；把一种合法资金变成另一种表面也合法的资金以侵占；把合法收入通过洗钱以逃避监管和税收。

二、金融机构是反洗钱的第一道防线

（一）反洗钱的概念

《反洗钱法》第二条规定，反洗钱是指为了预防通过各种方式掩饰、隐瞒毒品犯罪、黑社会性质的组织犯罪、恐怖活动犯罪、走私犯罪、贪污贿赂犯罪、破坏金融管理秩序犯罪、金融诈骗犯罪等犯罪所得及其收益的来源和性质的洗钱活动，依照《反洗钱法》规定采取相关措施的行为。

（二）反洗钱的法律法规体系

我国反洗钱立法体系，从不完善到逐渐完善的过程。目前有关反洗钱规定的主要法律文件如下：

（1）法律：主要有《中华人民共和国刑法》《中华人民共和国刑事诉讼法》《中华人民共和国中国人民银行法》《中华人民共和国反洗钱法》。

（2）行政法规：主要有《个人存款账户实名制度规定》《非法金融机构和非法金融业务活动取缔办法》《金融违法行为处罚办法》《外汇管理条例》《携带现金、无记名有价证券以及贵重金属出入境管理制度》。

（3）部门规章：主要有《金融机构反洗钱规定》《金融机构大额交易和可疑交易报告管理办法》《金融机构客户身份识别和客户身份资料及交易记录保存管理办法》《涉及恐怖活动资产冻结管理办法》《互联网金融从业机构反洗钱和反恐怖融资管理办法（试行）》等。

（4）重要文件：主要有《中国人民银行关于进一步加强金融机构反法钱工作的通知》《中国人民银行关于加强金融从业人员反洗钱履职管理及相关反洗钱内控建设的通知》《证券期货业反洗钱工作实施办法》等文件。

（三）反洗钱的第一道防线

金融机构是反洗钱的第一道防线，这是因为洗钱一般分为三个阶段，一是放置阶段，即把非法资金投入经济体系，这主要是银行业金融机构完成；二是离析阶段，即通过复杂的交易，使资金的来源和性质变得模糊，非法资金的性质得以掩饰，而金融机构正是提供各种交易服务的机构；三是归并阶段，即被清洗的资金以所谓合法的形式加以使用。

洗钱行为三阶段的特点表明，金融机构作为资金融通、转移、运用的中转站和集散地，客观上容易成为洗钱的渠道。然而，随着金融服务智能化的发展，任何通过金融机构洗钱的活动都会留下蛛丝马迹。因此，金融机构是监测和打击洗钱活动的第一站。

【小案例】

“银行卡四件套”诈骗洗钱

“银行卡四件套”就是居民身份证件复印件、实名注册手机卡、银行卡及配套网银U盾。如果您看到有人在网上高价收购银行卡、身份证信息，可要多留个心眼了，这些东西可能成为诈骗分子洗钱的工具。

2018年5月，警方为期半年辗转17个省市追溯到某诈骗“黑产业链”的上游，破获一个从收集“银行卡四件套”到制造假证卖给诈骗分子用于转账，最终由“水房”（洗钱嫌疑人）将诈骗账款洗白的特大诈骗“黑产业链”犯罪网络，刑拘110名犯罪嫌疑人。

资料来源：广西东兴农村商业银行，2019年最新洗钱案例精选（02“银行卡四件套”诈骗洗钱），网址：https：//www. xrqh. com/aspx/ch/show. aspx?classid＝44&id＝465，发布时间：2019年10月28日。

【思考】

以上案例给了你怎样的启示？生活中你是否遇到过相似的经历？

【知识拓展】

警惕跨境诈骗洗钱风险

【四不要】

（1）不要在未经核实的网站上输入个人信息；

（2）不要泄露个人身份证、银行卡、手机号等重要信息；

（3）不要出卖、出借居民身份证复印件，已经实名注册手机卡、银行卡和配套网银U盾；

（4）不要贪图利益，给不熟悉的人员汇款、预付定金、刷单、刷“红包”等。

【快报案】

一旦受骗，立即报案；警方已经与银行建立平台，可以快速冻结被骗资金，避免受害人损失。但前提是一定要：快报案！快报案！快报案！

模块二

洗钱行为的“紧箍咒”——反洗钱法律法规的主要内容

一、反洗钱的组织架构

（一）反洗钱监管机构

《金融机构反洗钱规定》第三条规定：中国人民银行作为国务院反洗钱行政主管部门，负责全国的反洗钱监督管理工作。同时，金融监督管理机构以及其他有关部门根据自己的职责负责某一方面的反洗钱监督管理工作。

（二）反洗钱专门机构

《反洗钱法》第三条规定：在中华人民共和国境内设立的金融机构和按照规定应当履行反洗钱义务的特定非金融机构，应当依法采取预防、监控措施，建立健全客户身份识别制度、客户身份资料和交易记录保存制度、大额交易和可疑交易报告制度，履行反洗钱义务。

（三）反洗钱司法机构

反洗钱司法机构包括侦查机关、检察机关和审判机关等。《反洗钱法》第四条规定国务院反洗钱行政主管部门负责全国的反洗钱监督管理工作。国务院有关部门、机构在各自的职责范围内履行反洗钱监督管理职责。国务院反洗钱行政主管部门、国务院有关部门、机构和司法机关在反洗钱工作中应当相互配合。

（四）反洗钱行业自律组织

反洗钱行业自律组织主要有银行业协会、证券业协会、期货业协会、保险业协会等。《金融机构反洗钱法》第十二条规定，中国人民银行会同中国银行保险监督管理委员会、中国证券监督管理委员会指导金融行业自律组织制定本行业的反洗钱工作指引。

二、中国人民银行反洗钱监督管理职责

（1）制定或者会同国务院有关金融监督管理机构制定金融机构反洗钱规章；

（2）负责人民币和外币反洗钱的资金监测；

（3）监督、检查金融机构履行反洗钱义务的情况；

（4）在职责范围内调查可疑交易活动；

（5）向侦查机关报告涉嫌洗钱犯罪的交易活动；

（6）按照有关法律、行政法规的规定，与境外反洗钱机构交换与反洗钱有关的信息和资料；

（7）国务院规定的其他有关职责。

【知识拓展】

中国银行业监督管理委员会和中国保险监督管理委员会合并于2018年3月，合并后的监管机构名称为：中国银行保险监督管理委员会，不再保留中国银监会和保监会，2023年3月10日，第十四届全国人民代表大会通过的《国务院机构改革方案》确定组建国家金融监督管理总局。由该局统一负责除证券业之外的金融业监管，不再保留中国银行保险监督管理委员会。

三、金融机构的反洗钱义务

根据《反洗钱法》的规定，金融机构在反洗钱方面的义务主要有：

（一）建立健全反洗钱内控制度

金融机构应当依照规定建立健全反洗钱内部控制制度，金融机构的负责人应当对反洗钱内部控制制度的有效实施负责。金融机构应当设立反洗钱专门机构或者指定内设机构负责反洗钱工作。

（二）建立客户身份识别制度

《反洗钱法》第十六条规定：金融机构在与客户建立业务关系或者为客户提供规定金额以上的现金汇款、现钞兑换、票据兑付等一次性金融服务时，应当要求客户出示真实有效的身份证件或者其他身份证明文件，进行核对并登记。客户由他人代理办理业务的，金融机构应当同时对代理人和被代理人的身份证件或者其他身份证明文件进行核对并登记。与客户建立人身保险、信托等业务关系，合同的受益人不是客户本人的，金融机构还应当对受益人的身份证件或者其他身份证明文件进行核对并登记。金融机构不得为身份不明的客户提供服务或者与其进行交易，不得为客户开立匿名账户或者假名账户。金融机构对先前获得的客户身份资料的真实性、有效性或者完整性有疑问的，应当重新识别客户身份。任何单位和个人在与金融机构建立业务关系或者要求金融机构为其提供一次性金融服务时，都应当提供真实有效的身份证件或者其他身份证明文件。

（三）履行客户身份识别义务

金融机构通过第三方识别客户身份的，应当确保第三方已经采取符合《反洗钱法》要求的客户身份识别措施；第三方未采取符合本法要求的客户身份识别措施的，由该金融机构承担未履行客户身份识别义务的责任。金融机构进行客户身份识别，认为必要时，可以向公安、工商行政管理等部门核实客户的有关身份信息。

（四）建立客户身份资料和交易记录保存制度

金融机构建立客户身份识别制度、客户身份资料和交易记录保存制度的具体办法，由国务院反洗钱行政主管部门会同国务院有关金融监督管理机构制定。金融机构大额交易和可疑交易报告的具体办法，由国务院反洗钱行政主管部门制定。在业务关系存续期间，客户身份资料发生变更的，应当及时更新客户身份资料。客户身份资料在业务关系结束后、客户交易信息在交易结束后，应当至少保存五年。金融机构破产和解散时，应当将客户身份资料和客户交易信息移交国务院有关部门指定的机构。

（五）执行大额交易和可疑交易报告制度

金融机构办理的单笔交易或者在规定期限内的累计交易超过规定金额或者发现可疑交易的，应当及时向反洗钱信息中心报告。履行客户身份识别义务、履行大额交易和可疑交易报告义务和履行大额交易和可疑交易报告义务，是金融机构履行反洗钱义务的最核心的义务。

【知识拓展】

《金融机构大额交易和可疑交易报告管理办法》重点内容

1. 大额交易标准

（1）当日单笔或者累计交易人民币5万元以上（含5万元）、外币等值1万美元以上（含1万美元）的现金缴存、现金支取、现金结售汇、现钞兑换、现金汇款、现金票据解付及其他形式的现金收支。

（2）非自然人客户银行账户与其他的银行账户发生当日单笔或者累计交易人民币200万元以上（含200万元）、外币等值20万美元以上（含20万美元）的款项划转。

（3）自然人客户银行账户与其他的银行账户发生当日单笔或者累计交易人民币50万

元以上（含50万元）、外币等值10万美元以上（含10万美元）的境内款项划转。

（4）自然人客户银行账户与其他的银行账户发生当日单笔或者累计交易人民币20万元以上（含20万元）、外币等值1万美元以上（含1万美元）的跨境款项划转。

累计交易金额以客户为单位，按资金收入或者支出单边累计计算并报告。中国人民银行另有规定的除外。

中国人民银行根据需要可以调整本条第一款规定的大额交易报告标准。

2. 可疑交易，重在甄别

金融机构应当制定本机构的交易监测标准，并对其有效性负责。交易监测标准包括并不限于客户的身份、行为，交易的资金来源、金额、频率、流向、性质等存在异常的情形，并应当参考以下因素：

（1）中国人民银行及其分支机构发布的反洗钱、反恐怖融资规定及指引、风险提示、洗钱类型分析报告和风险评估报告。

（2）公安机关、司法机关发布的犯罪形势分析、风险提示、犯罪类型报告和工作报告。

（3）本机构的资产规模、地域分布、业务特点、客户群体、交易特征，洗钱和恐怖融资风险评估结论。

（4）中国人民银行及其分支机构出具的反洗钱监管意见。

（5）中国人民银行要求关注的其他因素。

（六）配合反洗钱行政调查

《反洗钱法》第二十三条规定，国务院反洗钱行政主管部门或者其省一级派出机构发现可疑交易活动，需要调查核实的，可以向金融机构进行调查，金融机构应当予以配合，如实提供有关文件和资料。调查可疑交易活动时，调查人员不得少于二人，并出示合法证件和国务院反洗钱行政主管部门或者其省一级派出机构出具的调查通知书。调查人员少于二人或者未出示合法证件和调查通知书的，金融机构有权拒绝调查。

（七）开展反洗钱培训和宣传

《反洗钱法》第二十二条规定，金融机构应当按照反洗钱预防、监控制度的要求，开展反洗钱培训和宣传工作。

（八）履行反恐怖融资义务

《金融机构报告涉嫌恐怖融资的可疑交易管理办法》（以下简称《办法》）第二条规定，本办法所称的恐怖融资是指下列行为：①恐怖组织、恐怖分子募集、占有、使用资金或者其他形式财产；②以资金或者其他形式财产协助恐怖组织、恐怖分子以及恐怖主义、恐怖活动犯罪；③为恐怖主义和实施恐怖活动犯罪占有、使用以及募集资金或者其他形式财产；④为恐怖组织、恐怖分子占有、使用以及募集资金或者其他形式财产。

《办法》第七条规定，金融机构应当将涉嫌恐怖融资的可疑交易报告报其总部，由金融机构总部或者由总部指定的一个机构，在相关情况发生后的10个工作日内以电子方式报送中国反洗钱监测分析中心。没有总部或者无法通过总部及总部指定的机构向中国反洗钱监测分析中心报送可疑交易报告的，其报告方式由中国人民银行另行确定。

（九）履行反洗钱保密义务

《反洗钱法》第五条规定，依法履行反洗钱职责或者义务获得的客户身份资料和交易信息，应当予以保密；非依法律规定，不得向任何单位和个人提供。反洗钱行政主管部门和其他依法负有反洗钱监督管理职责的部门、机构履行反洗钱职责获得的客户身份资料和交易信息，只能用于反洗钱行政调查。司法机关依照本法获得的客户身份资料和交易信息，只能用于反洗钱刑事诉讼。

（十）按规定报送有关报表、材料

《金融机构反洗钱规定》第十七条规定，金融机构应当按照中国人民银行的规定，报送反洗钱统计报表、信息资料以及稽核审计报告中与反洗钱工作有关的内容。

（十一）法律法规规定的其他义务

四、违反反洗钱规定的法律责任

（一）对反洗钱行政主管部门和其他依法负有反洗钱监督管理职责的部门、机构从事反洗钱工作的人员的责任追究

《反洗钱法》第三十条规定，反洗钱行政主管部门和其他依法负有反洗钱监督管理职责的部门、机构从事反洗钱工作的人员有下列行为之一的，依法给予行政处分：

（1）违反规定进行检查、调查或者采取临时冻结措施的；

（2）泄露因反洗钱知悉的国家秘密、商业秘密或者个人隐私的；

（3）违反规定对有关机构和人员实施行政处罚的；

（4）其他不依法履行职责的行为。

（二）对金融机构的责任追究

《反洗钱法》第三十一条规定，金融机构有下列行为之一的，由国务院反洗钱行政主管部门或者其授权的设区的市一级以上派出机构责令限期改正；情节严重的，建议有关金融监督管理机构依法责令金融机构对直接负责的董事、高级管理人员和其他直接责任人员给予纪律处分：

（1）未按照规定建立反洗钱内部控制制度的；

（2）未按照规定设立反洗钱专门机构或者指定内设机构负责反洗钱工作的；

（3）未按照规定对职工进行反洗钱培训的。

另外，《反洗钱法》第三十二条还规定，金融机构有下列行为之一的，由国务院反洗钱行政主管部门或者其授权的设区的市一级以上派出机构责令限期改正；情节严重的，处20万元以上50万元以下罚款，并对直接负责的董事、高级管理人员和其他直接责任人员，处1万元以上5万元以下罚款：

（1）未按照规定履行客户身份识别义务的；

（2）未按照规定保存客户身份资料和交易记录的；

（3）未按照规定报送大额交易报告或者可疑交易报告的；

（4）与身份不明的客户进行交易或者为客户开立匿名账户、假名账户的；

（5）违反保密规定，泄露有关信息的；

（6）拒绝、阻碍反洗钱检查、调查的；

（7）拒绝提供调查材料或者故意提供虚假材料的。

金融机构有前款行为，致使洗钱后果发生的，处50万元以上500万元以下罚款，并对直接负责的董事、高级管理人员和其他直接责任人员处5万元以上50万元以下罚款；情节特别严重的，反洗钱行政主管部门可以建议有关金融监督管理机构责令停业整顿或者吊销其经营许可证。对有前两款规定情形的金融机构直接负责的董事、高级管理人员和其他直接责任人员，反洗钱行政主管部门可以建议有关金融监督管理机构依法责令金融机构给予纪律处分，或者建议依法取消其任职资格、禁止其从事有关金融行业工作。

违反《反洗钱法》，构成犯罪的，依法追究刑事责任。

【小案例】

自然人客户账户资产与年龄不相符监测

此监测具体指标设计为：①自然人年龄≤22岁，且资产≥200万；②自然人年龄≥70岁，且资产≥500万。

客户A在某金融机构开立交易账户，开户所留身份识别资料中年龄为20岁，个人年收入为人民币10万元。客户A最初入金5万元，交易一段时间后，一次性入金500万元。因客户A账户资产数额与其个人年龄及个人收入差距较大，触发了“自然人客户账户资产与年龄不相符”的监测指标，反洗钱系统筛查出该信息，该金融机构工作人员开始对此信息进行人工甄别是否存在可疑情况。

【思考】

上述金融机构工作人员在进行可疑交易甄别时，应如何开展工作？

【分析】

客户年龄与账户资产不相匹配，该金融机构认为符合《可疑交易报告办法》第十二条“金额有异常情形”的规定，存在洗钱的可疑特征。

针对该行为，金融机构工作人员在人工甄别过程中，要以审慎的态度核实客户的身份信息，可以从客户本人及其家庭背景、家庭成员收入、家庭成员的工作状态等角度进行了解，并根据工作要求与客户本人、客户经理取得联系，询问相关信息，将得到的信息通过客户预留的身份识别资料、网络查询等方式进行复核。金融机构应当对通过交易监测标准筛选出的交易进行人工分析、识别，并记录分析过程；不作为可疑交易报告的，应当记录分析排除的合理理由；确认为可疑交易的，应当在可疑交易报告理由中完整记录对客户身份特征、交易特征或行为特征的分析过程。

金融机构应当在按本机构可疑交易报告内部操作规程确认为可疑交易后，及时以电子方式提交可疑交易报告，最迟不超过5个工作日。

【学习互动】

登录中国人民银行网（网址 http://www.pbc.gov.cn/）→反洗钱→反洗钱宣传教育→中国反洗钱十年磨一剑——《中华人民共和国反洗钱法》颁布十周年宣传专栏→查阅反洗钱知识问答、反洗钱法律法规、反洗钱案例漫画。结合近年来发生在校园内或身边的某一洗钱案例，用反洗钱知识和法律法规谈谈自己的想法。

项目要点

第一，洗钱是指明知是犯罪所得及其产生的收益，通过各种方法掩饰、隐瞒犯罪所得及其收益的来源和性质，使其在形式上合法化的行为。

第二，金融机构在反洗钱方面的义务主要有：建立客户身份识别制度；健全反洗钱内控制度；履行客户身份识别义务；履行客户身份资料和交易记录保存义务；履行大额交易和可疑交易报告义务；配合反洗钱行政调查；开展反洗钱培训和宣传；履行反恐怖融资义务；履行反洗钱保密义务；按规定报送有关报表、材料等。

本项目参考法规

1.《中华人民共和国反洗钱法》。
2.《金融机构反洗钱规定》。
3.《金融机构大额交易和可疑交易报告管理办法》。
4.《金融机构客户身份识别和客户身份资料及交易记录保存管理办法》。

学习检测

一、单项选择题

1. 我国反洗钱的第一道防线是（　　）。
A. 中国银行业监督管理委员会　　B. 金融机构
C. 中国银行业协会　　D. 中国反洗钱监测分析中心

2.（　　）组织协调全国的反洗钱工作，负责反洗钱资金监测。
A. 中国人民银行　　B. 银监会　　C. 金融机构　　D. 国家外汇管理局

3. 金融机构有下列（　　）行为的，由国务院反洗钱行政主管部门或者其授权的设区的市一级以上派出机构责令限期改正；情节严重的，处20万元以上50万元以下罚款，并对直接负责的董事、高级管理人员和其他直接责任人员，处1万元以上5万元以下罚款。
A. 未按照规定履行客户身份识别义务的
B. 未按照规定建立反洗钱内部控制制度的
C. 未按照规定设立反洗钱专门机构或者指定内设机构负责反洗钱工作的
D. 未按照规定对职工进行反洗钱培训的

二、多项选择题

1. 下列关于反洗钱叙述正确的是（　　）。

A. 金融机构应当依法履行建立健全客户身份识别制度的反洗钱义务

B. 各地银行业协会负责各地的反洗钱监督管理工作

C. 对依法履行反洗钱职责或者义务获得的客户身份资料和交易信息，应当予以保密

D. 只有金融机构及其工作人员有权向反洗钱行政主管部门或者公安机关举报，其他单位和个人无权举报

2. 金融机构最核心的反洗钱义务有（　　）。

A. 建立健全反洗钱内控制度　　B. 履行客户身份识别义务

C. 履行客户身份资料和交易记录保存义务　D. 履行大额交易和可疑交易报告义务

E. 配合反洗钱行政调查

3. 常见的洗钱方式包括（　　）。

A. 通过地下钱庄，实现犯罪所得的跨境转移

B. 利用现金交易和发达的经济环境，掩盖洗钱行为

C. 利用别人的账户提现切断洗钱线索

D. 利用网上银行等各种金融服务，避免引起银行关注

三、判断题

1. 单位银行账户之间当日累计人民币 100 万元以上的转账属于大额交易。（　　）

2. 按照我国反洗钱法律法规的有关规定，只要是大额交易，都应当报告。（　　）

3. 金融机构反洗钱义务不包括开展反洗钱培训和宣传工作。（　　）

4. 金融机构不需要向中国反洗钱监测分析中心报告外币大额交易，只需向外汇管理局汇报即可。（　　）

项目十 互联网金融法律实务

【知识目标】

了解互联网金融的业务形态、作用和特点，掌握互联网金融的监管原则；熟悉网络借贷法律规制和股权众筹融资基本运作流程和规范。

【德育目标与职业素养】

跟上时代发展的步伐，学会在生活中充分利用互联网金融带来的便利，并懂得规避互联网金融带来的风险，在工作中引导客户理性利用互联网金融。

【学习任务】

1. 了解互联网金融的概念和特点。
2. 了解互联网金融的主要业务形态。
3. 掌握互联网金融的监管原则。
4. 熟悉网络借贷和网络借贷平台。
5. 了解网络借贷的法律关系。
6. 掌握网络借贷的法律规制。
7. 了解众筹股权融资基本流程和法律规制。

【导入案例】

网联清算有限公司日前发布数据显示，2020年6月1日至18日，网联平台处理资金类跨机构网络支付交易261.78亿笔、金额达16.91万亿元，分别同比增长52%和42%。2020年“618”购物节期间，网联平台支付交易数据较往年显著增长。网联平台数据显示，6月1日的单日交易处理规模达15.99亿笔，创历史新高。网联平台相关人士介绍，新冠肺炎疫情影响下，保健、养护等成为消费偏好迁移的重点方向，并进一步培养了用户线上购物习惯。网联平台数据显示，“618”购物节期间医药保健、美妆护肤等消费品类的电商交易量分别同比增长147%和92%，交易金额分别同比增长97%和202%。

资料来源：《“618”活动期间网联平台支付交易笔数同比增长52%》，2020年6月19日《证券时

报》，转引自搜狐网站：https：//www. sohu. com/a/402969077 _115433，浏览日期：2020 年 6 月 19 日。

【思考】

互联网金融的优势体现在哪些方面？

【分析】

互联网金融能够填补传统金融服务的“盲区”，其优势主要体现在以下三个方面：

第一，具有“草根”特征。传统金融服务具有“嫌贫爱富”的特点：对大资金客户往往给予 VIP、私人理财通道的便利，对大企业授信则会提供优惠利率；而对普通民众理财服务往往设置额度门槛，对小微企业贷款则收取较高的利率。

第二，拥有大数据特征。大数据就是海量数据，大数据的战略意义在于对数据信息进行挖掘、再造，使其具有价值，在这方面，互联网金融具有先天优势。

第三，以客户为中心。以客户为中心主要体现在两个方面：一是互联网金融打破了传统金融服务中物理网点、营业时间的限制，实现了对客户 24 小时跨市场、跨地区的服务；二是强调客户体验，互联网金融强调交互式营销，突出了客户在享受服务过程中的主动性，针对不同客户推出个性化产品和服务。

模块一

足不出户的理财——认识互联网金融

一、互联网金融的概念和特点

互联网金融是传统金融机构与互联网企业（以下统称“从业机构”）利用互联网技术和信息通信技术实现资金融通、支付、投资和信息中介服务的新型金融业务模式。

互联网金融的本质仍属于金融，其功能主要还是资金融通、价格发现、支付清算等，与传统金融不同的是，互联网金融是金融机构利用互联网技术和信息通信技术实现资金融通、支付、投资和信息中介服务的新型金融业务模式，其具有成本低、效率高、覆盖广、发展快等优势，可以更好地服务于社会经济，并从根本上改变了金融功能的实现方式。

互联网金融具有以下四个主要特点：

（一）金融科技性

互联网金融是充分运用以互联网为代表的现代化信息科技，特别是移动支付、社交网络、搜索引擎和云计算等高新技术手段的资金融通方式，从而大大降低了交易成本。金融科技的核心要旨在利用互联网信息科技来创新金融产品和金融服务模式。

（二）革新性

得益于大数据、云计算、移动互联网等信息技术创新的互联网金融必然对人类金融模式产生革新性的影响，并进而影响社会经济的发展乃至整个社会生活。比如支付宝等互联网金融模式下的支付方式以移动支付为基础，通过移动通信设备，利用无线通信技术来转移货币价值以清偿债权债务。随着智能手机和掌上电脑的普及，以及身份认证技术和数字签名技术等安全防范软件的发展，移动支付不仅能解决日常生活中的小额支付，也能解决企业之间的大额支付，完全替代了现金、信用卡等银行结算支付手段。移动支付是支付领域的一场深刻革命。

（三）民主性

在互联网金融模式下，现行金融业的分工和专业化被互联网及其相关软件技术替代，各种金融交易甚至是风险定价、期限匹配等复杂交易都变得手续简便，易于操作。市场参与者更加大众化，不仅是企业家，普通百姓也可以通过互联网进行各种金融交易，互联网金融市场交易所引致出的巨大效益更加普惠于普通老百姓。总之，互联网金融不是少数专业精英控制的金融模式，而是一种民主的、普惠于民的金融新通道。

（四）合作共赢性

互联网金融旨在满足交易多方主体的金融需求，强调合作共赢。例如，在借贷交易中，平等满足资金端和借贷端的需求，再如，在不良资产处理中，协商解决债权端要求拿回资金，律师端希望先取得融资再调查，平台端则要求利用信息优势和数据分析帮助取回资金后合理取酬等各方需求。这些都充分彰显出开发、共享、平等、共赢的互联网精神。

二、互联网金融的主要业务形态

根据《关于促进互联网金融健康发展的指导意见》《互联网保险业务监管暂行办法》《非金融机构支付服务管理办法》的规定和行业发展实际情况，互联网金融的主要业务形态或模式包括互联网支付、网络借贷、股权众筹融资、互联网基金销售、互联网保险、互联网信托、互联网消费金融、供应链金融和互联网货币等。

（一）互联网支付

互联网支付是指通过计算机、手机等设备，依托互联网发起支付指令、转移货币资金的服务。互联网支付的运作原理是，支付机构为客户提供互联网访问渠道、客户通过注册并向互联网支付账户转入资金后，可以向其他持有同样账户的个人或企业转移资金。互联网支付的主要表现形式为网络银行支付、第三方支付和移动支付。

（二）网络借贷

网络借贷包括个体网络借贷（即P2P网络借贷）和网络小额贷款。个体网络借贷是指个体和个体之间通过互联网平台实现的直接借贷。具体指贷款人和借款人通过P2P网络借贷平台订立电子借贷合同，对借贷资金的金额、利率、期限等因素进行匹配，从而实现借贷双方需求的新型小额借贷模式。P2P网络借贷平台在其中起到信息中介的作用。网络小额贷款是指互联网企业通过其控制的小额贷款公司，利用互联网向客户提供的小额贷款。网络小额贷款实际上是小额贷款公司业务的互联网化。

（三）股权众筹融资

股权众筹融资主要是指通过互联网形式进行公开小额股权融资的活动，具体而言，是指创新创业者或小微企业通过股权众筹融资中介机构的互联网平台公开募集股本的活动。在股权众筹中，投资者通过股权众筹平台，将资金投入初创公司并取得该公司的相应股权，并最终分享投资公司的未来盈利。

（四）互联网基金销售

互联网基金销售是指基金公司以互联网平台为渠道销售基金产品，具体包括宣传推介基金、发售基金份额、办理基金份额申购、赎回等业务。互联网基金销售是传统金融模式采取网络技术的创新成果，其主要模式包括基金公司自建网络平台销售与第三方平台合作销售两种类型。

（五）互联网保险

互联网保险是指保险机构依托互联网和移动通信托技术。通过自营网络平台、第三方网络平台等订立保险合同、提供保险服务的业务。互联网保险实现了网上投保、承保、核保、保全和理赔等保险业务流程，并通过第三方支付平台实现保险相关费用的电子支付。

（六）互联网信托

互联网信托是指运用互联网技术并结合信托法律工具，实现信托财产转移与信托财产管理的互联网金融服务模式。互联网信托依托互联网技术创新成果，推动了信托产品创新与经营模式变革。从互联网技术对信托业影响的角度对互联网信托进行分类，可将其分为信托业的互联网化和互联网企业的信托金融业务。互联网企业的信托金融业务按照产品和商业模式的不同，又有收益权转让模式、信托小额贷款模式、金融资产增信模式和消费信托模式等。

（七）互联网消费金融

消费金融是为满足个人、家庭对商品和服务的消费需求而提供消费贷款的金融服务模式。互联网消费金融是指消费金融公司、互联网企业和商业银行等市场主体，依托互联网信息技术和互联网平台，以满足个人或家庭对除住房、汽车之外的其他商品和服务需求为目的，向其发放贷款并分期偿还的金融模式。

（八）供应链金融

供应链金融是一种旨在降低供应链融资成本以解决供应链节点资金供给的金融资源整合模式。供应链金融具有通过整合资金、信息、物流等资源来提高资金使用效率并为各方创造价值、降低风险的作用。从供应链金融市场来看，供应链金融属于短期期货市场，货币供求双方主要是商业银行和工商业企业，或者是供应链中的上下游企业。

（九）互联网货币

互联网货币是互联网金融发展到一定阶段的必然产物，也是互联网金融与人类日常实体经济的联系日益紧密的结果。互联网货币是指依托互联网信息技术而出现的不通过银行机构发行的、以数字形式存在的、具有购买力的虚拟兑换工具。互联网货币也被称为数字货币或虚拟货币。从互联网货币的流通形式来看，互联网货币主要分为三种类型：一是封闭型互联网货币，该种货币只用于某封闭系统内部的单一用途，如某款网络游戏中通过任务所获得的游戏币；二是单向型互联网货币，该种货币可使用现实货币单向兑换得到，但不能兑换为现实货币，主要用于购买互联网服务商的虚拟服务，如腾讯 Q 币；三是双向型互联网货币，该种货币可以同现实货币进行双向兑换，并可以购买虚拟服务与实体商品，典型代表是比特币（Bit coin）。

三、互联网金融的监管原则

互联网金融作为新兴的金融业态，具有开放性、普惠性和跨业性等特征，其对我国传统的金融业分业监管体制提出了挑战。互联网金融的可持续规范发展，既需要互联网金融技术的进步与行业自律，也需要法律法规和监管机构的规范引导。对于互联网金融行业的监管，金融监管总体上应体现开放性、包容性和创新性，坚持防范金融风险和鼓励金融创新并举的基本思路，兼顾金融创新与金融安全、金融效率与金融公平，切实保护金融消费者利益，维护金融体系稳健运行。根据《关于促进互联网金融健康发展的指导意见》精神，我国互联网金融监管的基本原则如下。

（一）依法监管

依法监管要求金融监管机关的监管行为必须依据法律的规定并遵守相应的程序，监管行为受法律监督，违法监管行为应承担法律责任。立法机关应加强立法工作，尽快制定覆盖互联网金融各领域的监管规则，为金融监管机关的依法监管创造有法可依的前提条件。金融监管机关应树立依法监管的理念，提供依法行政能力，以服务互联网金融的发展与创新作为依法监管的重要目标。

（二）适度监管

适度监管要求监管机关尊重市场的自身调节作用，尊重互联网金融行业发展的客观规律，监管行为不干涉市场主体的自主权和企业的微观经营活动。针对目前我国互联网金融行为处于发展初期的法制不健全的阶段，适度监管原则要求行政监管与市场约束相结合，行政监管侧重于强化互联网金融的市场准入制度，市场约束应发挥市场机制对互联网金融企业的优胜劣汰功能。

（三）分类监管

分类监管是指监管机关在对监管对象进行评价分类的基础上，针对不同类型的监管对象，采取差异化的监管措施，其中，监管是手段，差异化监管是目的。分类监管的首要前提是对互联网金融产品设置科学化、标准化、可操作化、动态化的监管评价指标。分类监管应以风险监管为导向，突出监管措施的差异性，对于风险较低的互联网金融产品应立足于市场自治，强化监管的正向激励；对于风险较高的互联网金融产品应坚持防控结合，综合治理。

（四）协同监管

从互联网金融产品的性质上看，不同互联网金融业态之间的边界流动性空间增强，互联网金融业务呈现交叉发展的趋势。如蚂蚁金服几乎拥有所有的金融牌照，各种余额宝、招财宝等产品具备链接传统存、贷、结算等不同金融机构所具备的功能，在此背景下，分业监管会导致重复监管或监管真空。因此，互联网金融需要协调监管，才能实现监管的全面性和有效性。

（五）创新监管

互联网金融的创新监管是指通过建立更加科学、有效的监管体制，使监管体制更加适应互联网金融创新的发展。创新监管包括监管手段和监管思维的创新。监管手段创新要求监管机关针对不同性质的互联网金融产品实施差异化的创新监管手段，并建立与互联网金融企业之间的沟通机制，推动企业内部风险控制与监管规则要求的匹配性与适应性，降低企业合规成本。监管思维创新要求监管机关改变过去“被动式监管”的传统思维，树立行政监管与市场自律相结合的新理念，提升行业协会与互联网企业在互联网金融行业规范治理中的主动性与积极性，注重市场约束与信息披露的力量。

模块二

万象丛生，欲迎还拒——网络借贷法律制度

【小案例】

“鑫合汇”等中新力合关联公司非法吸收公众存款的13人被起诉

2020年6月18日，杭州市拱墅区检察院以非法吸收公众存款罪，依法对杨某、史某、李某等13人提起公诉。经依法审查查明：2014年3月，中新力合股份有限公司关联公司成立杭州鑫合汇互联网金融服务有限公司，开发“鑫合汇”网贷平台。鑫合汇在未经国家金融管理部门批准的情况下违反P2P管理规定，通过发布虚假标的、拆分标等形式，以年化7%—12%不等的利率为诱饵，通过手机应用推广、百度付费推广、口口相传、发放宣传资料等方式承诺保本付息向社会不特定对象吸收资金。鑫合汇（线上）、中新力合关联公司（线下）等吸收资金绝大部分用于还本付息、偿还债务、对外放贷、经营成本等。13名被告在上述公司中分别担任总裁、副总裁等管理职务。至案发，鑫合汇（线上）共向社会不特定对象吸收资金332亿余元，涉及投资人58万余人，造成1.6万余名投资人损失近17亿元；中新力合关联公司（线下）共向社会不特定对象吸收资金84亿余元，涉及投资人3700余名，造成1000余名投资人损失16亿余元。

【思考】

国家关于P2P网络借贷平台开展业务经营活动有哪些禁止性的规定？

【解析】

参见《网络借贷信息中介机构业务活动管理暂行办法》第十条的规定。

一、网络借贷和网络借贷平台

网络借贷包括个体网络借贷（即P2P网络借贷）和网络小额贷款。

个体网络借贷是指个体和个体之间通过互联网平台实现的直接借贷。在个体网络借贷平台上发生的直接借贷行为属于民间借贷范畴，受《民法典》等法律法规以及最高人民法院相关司法解释规范。

网络小额贷款是指互联网企业通过其控制的小额贷款公司，利用互联网向客户提供的小额贷款。网络小额贷款应遵守现有小额贷款公司监管规定，发挥网络贷款优势，努力降低客户融资成本。网络借贷业务由银保监会负责监管。

网络借贷平台，即网络借贷信息中介机构是指依法设立，专门从事网络借贷信息中介业务活动的金融信息中介公司（简称“P2P”）。该类机构以互联网为主要渠道，为借款人与出借人（即贷款人）实现直接借贷提供信息搜集、信息公布、资信评估、信息交互、借贷撮合等服务。

二、P2P网络借贷法律关系

在P2P网络借贷模式中，参与的主体主要有借款人、出借人、P2P网贷平台、担保公司和资金存管机构等，它们之间的法律关系如下。

（一）P2P网络借贷平台与借款人、出借人的法律关系

P2P网络借贷平台的本质是信息中介，其开展的网贷业务是金融信息中介业务。作为借款人与出借人之间的信息中介，P2P网贷平台根据借款人的委托，将其借款需求发布在平台之上，为借款人的资金需求寻求出借人，再由出借人在浏览借款信息后选择投资对象，从而促成借款合同的达成。在这一过程中，一方面，P2P网贷平台接受了出借人为其提供出借资金机会的委托，并收取相应服务费用；另一方面，P2P网贷平台为借款人提供满足其借款需求的服务，提供订立借款合同机会并促成合同的订立，且从借款金额中收取一定比例的服务费用。

根据《民法典》合同编关于居间合同的规定，P2P网贷平台与借款人、出借人之间为居间合同法律关系。

（二）借款人与出借人的法律关系

P2P网贷，实质上是对线下的民间借贷活动进行“线上化”的转化。出借人与借款人通过在P2P平台进行投标，满足民间借贷资金的需求与供给，签订借款合同并完成借款交易。双方须根据借款标发布的借款数额、借款期限、承诺利息等约定内容，履行各自义务并享有相应权利。因此，借款人与出借人之间属于民间借贷法律关系。

（三）担保法律关系

P2P平台引入第三方担保公司对出借人的借款本息进行担保，成为国内多数P2P平台采取的增信手段，出借人与第三方担保公司形成担保法律关系。在实践中，第三方担保多为一般责任保证，即当发生借款人不能履行债务的情形时，只有在确认出借人完成没有偿还能力时，才由担保公司承担对出借人的保证责任。担保公司按照业务类型分为融资性担保公司与一般担保公司，目前只有融资性担保公司有资格为P2P平台提供第三方担保。

（四）资金托管关系

P2P平台引入第三方资金存管机构管理平台账户和客户账户，有助于防范网贷平台设立资金池和欺诈、挪用客户资金的风险，有利于资金的安全与隔离。银行业金融机构应该按照托管合同的约定，履行交易资金划付、资金核算和监管等职责，将网贷平台的资金与客户的资金分账管理、分开存放，确保资金流向符合出借人的真实意愿，有效防范风险。

三、P2P网络借贷的法律规制

网络借贷信息中介机构按照依法、诚信、自愿、公平的原则为借款人和出借人提供信息服务，维护出借人与借款人合法权益，不得提供增信服务，不得直接或间接归集资金，不得非法集资，不得损害国家利益和社会公共利益。

国务院银行业监督管理机构及其派出机构负责制定网络借贷信息中介机构业务活动监督管理制度，并实施行为监管。各省级人民政府负责本辖区网络借贷信息中介机构的机构监管。工业和信息化部负责对网络借贷信息中介机构业务活动涉及的电信业务进行监管。

公安部牵头负责对网络借贷信息中介机构的互联网服务进行安全监管，依法查处违反网络安全监管的违法违规活动，打击网络借贷涉及的金融犯罪及相关犯罪。国家互联网信息办公室负责对金融信息服务、互联网信息内容等业务进行监管。

拟开展网络借贷信息中介服务的网络借贷信息中介机构及其分支机构，应当在领取营业执照后，于10个工作日以内携带有关材料向工商登记注册地的金融监管部门备案登记。

（一）P2P网络借贷平台的义务

（1）依据法律法规及合同约定为出借人与借款人提供直接借贷信息的采集整理、甄别筛选、网上发布，以及资信评估、借贷撮合、融资咨询、在线争议解决等相关服务。

（2）对出借人与借款人的资格条件、信息的真实性、融资项目的真实性、合法性进行必要审核。

（3）采取措施防范欺诈行为，发现欺诈行为或其他损害出借人利益的情形，及时公告并终止相关网络借贷活动。

（4）持续开展网络借贷知识普及和风险教育活动，加强信息披露工作，引导出借人以小额分散的方式参与网络借贷，确保出借人充分知悉借贷风险。

（5）按照法律法规和网络借贷有关监管规定要求报送相关信息，其中网络借贷有关债权债务信息要及时向有关数据统计部门报送并登记。

（6）妥善保管出借人与借款人的资料和交易信息，不得删除、篡改，不得非法买卖、泄露出借人与借款人的基本信息和交易信息。

（7）依法履行客户身份识别、可疑交易报告、客户身份资料和交易记录保存等反洗钱和反恐怖融资义务。

（8）配合相关部门做好防范查处金融违法犯罪相关工作。

（9）按照相关要求做好互联网信息内容管理、网络与信息安全相关工作；

（10）国务院银行业监督管理机构、工商登记注册地省级人民政府规定的其他义务。

（二）P2P网络借贷平台的禁止性业务

网络借贷信息中介机构不得从事或者接受委托从事下列活动：

（1）为自身或变相为自身融资；

（2）直接或间接接受、归集出借人的资金；

（3）直接或变相向出借人提供担保或者承诺保本保息；

（4）自行或委托、授权第三方在互联网、固定电话、移动电话等电子渠道以外的物理场所进行宣传或推介融资项目；

（5）发放贷款，但法律法规另有规定的除外；

（6）将融资项目的期限进行拆分；

（7）自行发售理财等金融产品募集资金，代销银行理财、券商资管、基金、保险或信托产品等金融产品；

（8）开展类资产证券化业务或实现以打包资产、证券化资产、信托资产、基金份额等形式的债权转让行为；

（9）除法律法规和网络借贷有关监管规定允许外，与其他机构投资、代理销售、经纪等业务进行任何形式的混合、捆绑、代理；

(10) 虚构、夸大融资项目的真实性、收益前景，隐瞒融资项目的瑕疵及风险，以歧义性语言或其他欺骗性手段等进行虚假片面宣传或促销等，捏造、散布虚假信息或不完整信息损害他人商业信誉，误导出借人或借款人；

(11) 向借款用途为投资股票、场外配资、期货合约、结构化产品及其他衍生品等高风险的融资提供信息中介服务；

(12) 从事股权众筹等业务；

(13) 法律法规、网络借贷有关监管规定禁止的其他活动。

(三) 网络借贷借款人的义务

网络借贷的借款人应当履行下列义务：

(1) 提供真实、准确、完整的用户信息及融资信息；

(2) 提供在所有网络借贷信息中介机构未偿还借款信息；

(3) 保证融资项目真实、合法，并按照约定用途使用借贷资金，不得用于出借等其他目的；

(4) 按照约定向出借人如实报告影响或可能影响出借人权益的重大信息；

(5) 确保自身具有与借款金额相匹配的还款能力并按照合同约定还款；

(6) 借贷合同及有关协议约定的其他义务。

(四) 网络借贷借款人的禁止性行为

网络借贷借款人不得从事下列行为：

(1) 通过故意变换身份、虚构融资项目、夸大融资项目收益前景等形式的欺诈借款；

(2) 同时通过多个网络借贷信息中介机构，或者通过变换项目名称、对项目内容进行非实质性变更等方式，就同一融资项目进行重复融资；

(3) 在网络借贷信息中介机构以外的公开场所发布同一融资项目的信息；

(4) 已发现网络借贷信息中介机构提供的服务中含有《网络借贷信息中介机构业务活动管理暂行办法》第十条所列内容，仍进行交易；

(5) 法律法规和网络借贷有关监管规定禁止从事的其他活动。

(五) 网络借贷出借人的义务

参与网络借贷的出借人，应当具备投资风险意识、风险识别能力、拥有非保本类金融产品投资的经历并熟悉互联网。参与网络借贷的出借人应当履行下列义务：

(1) 向网络借贷信息中介机构提供真实、准确、完整的身份等信息；

(2) 出借资金为来源合法的自有资金；

(3) 了解融资项目信贷风险，确认具有相应的风险认知和承受能力；

(4) 自行承担借贷产生的本息损失；

(5) 借贷合同及有关协议约定的其他义务。

(六) 对出借人与借款人保护规定

(1) 未经出借人授权，网络借贷信息中介机构不得以任何形式代出借人行使决策。

(2) 网络借贷信息中介机构应当向出借人以醒目方式提示网络借贷风险和禁止性行为，并经出借人确认。

(3) 网络借贷信息中介机构应当对出借人的年龄、财务状况、投资经验、风险偏好、风险承受能力等进行尽职评估，不得向未进行风险评估的出借人提供交易服务。

(4) 网络借贷信息中介机构应当根据风险评估结果对出借人实行分级管理，设置可动态调整的出借限额和出借标的限制。

(5) 网络借贷信息中介机构应当加强出借人与借款人信息管理，确保出借人与借款人信息采集、处理及使用的合法性和安全性。

(6) 网络借贷信息中介机构及其资金存管机构、其他各类外包服务机构等应当为业务开展过程中收集的出借人与借款人信息保密，未经出借人与借款人同意，不得将出借人与借款人提供的信息用于所提供服务之外的目的。

在中国境内收集的出借人与借款人信息的储存、处理和分析应当在中国境内进行。除法律法规另有规定外，网络借贷信息中介机构不得向境外提供境内出借人和借款人信息。

网络借贷信息中介机构应当实行自身资金与出借人和借款人资金的隔离管理，并选择符合条件的银行业金融机构作为出借人与借款人的资金存管机构。

模块三

众人拾柴——股权众筹法律制度

一、股权众筹的概念与运作流程

(一) 众筹的概念与类型

“众筹”一词源于英文“Crowd Funding”，意为面向公众筹集资金。众筹项目发起者利用互联网平台向投资人公开发出融资申请，并承诺项目成功后向投资者提供产品、服务、股权或债权等作为回报。根据回报方式的不同，众筹可以划分为以下四种类型：

1. 捐赠式众筹

捐赠式众筹也称公益众筹，是指投资人通过众筹平台对特定项目捐赠款项或物品，不以取得回报或收益为目的的融资制度。捐赠式众筹多为非政府组织（NGO）所采用，为教育、医疗、环境、社会扶助等公益项目吸引募捐。捐赠式众筹以小额募捐为主，具有公益性、无偿性的特点。

2. 奖励式众筹

奖励式众筹也称为回报式众筹或预购式众筹，是指融资人在筹集款项时，投资人可获得非金融性奖励作为回报。在奖励式众筹中，投资人不取得财务性收益，而是获得一定的产品作为回报。奖励式众筹常用于创新技术产品、电影、音乐的融资。奖励式众筹的预购特征体现在，融资人通过众筹平台发布新产品或服务的信息，对该产品或服务有兴趣的投资人可以事先支付或预订，融资人从而取得投资人的众筹款项并再进行投入生产。

3. 债权式众筹

债权式众筹是指融资人通过众筹平台发布有融资需求的项目，投资人在向融资人出借资金后获得一定比例的债权，融资人承诺在一定期限内给予投资人相应利息，并到期归还借款本金。在我国，债权式众筹的表现形式包括个体网络借贷（P2P网贷）和网络小额贷款。

4. 股权式众筹

股权式众筹是指融资人向不特定的投资人出让融资项目一定比例的股份（份额），投资人支付对价后取得股权（份额）并享有相应权益的一种以非公开发行方式进行的股权融资模式。股权式众筹常见于初创企业或中小企业的起步阶段，尤其在IT、通信、媒体等企业中应用广泛。

（二）股权众筹的运作流程

股权众筹平台目前主要存在“快速合投”与“领投+跟投”两种融资模式。“快速合投”模式的特点是为合投设置了时间期限，即对每个融资项目都设置了一定的投资周期。“领投+跟投”模式的特点在于拥有一定领域投资经验和风险承担能力的投资人通过股权众筹平台审核后，成为该融资项目的“领投人”。“领投人”利用自身的投资经验和投资知识，带领“跟投人”进行合投，领投人因此获得跟投人的利益分成以及项目方的股份奖励。但无论是“快速合投”模式还是“领投+跟投”模式，都需要遵循以下基本的运作流程：

（1）投资者审核。平台审核投资人的真实身份和投资资质。其中，领投人不仅需要符合一般投资人的认证标准，还要求在某个领域具有丰富的投资经验和较强的风险承担能力。领投人负责对融资项目进行前期尽职调查和协助完成跟投融资。

（2）项目审核。平台通过项目基本介绍、商业计划书和项目团队信息，对融资项目进行线上审核。

（3）投资人和融资人达成投融资协议。平台通过线下活动，组织投资人和融资人进行线下项目展示和交流，促成投融资协议的达成。

（4）有限合伙企业的成立。平台在项目融资成功后，依据领投人和跟投人的委托，代办有限合伙企业成立所需要的工商登记、税务登记、银行开户注资等相关手续。

二、股权众筹的法律关系

股权众筹涉及投资人、融资人和股权众筹平台等多个法律主体，构成投资人与融资人、投资人与股权众筹平台、融资人与股权众筹平台、领投人与跟投人等多个不同的法律关系。

（一）投资人与融资人

在股权众筹融资中，依据设立的商事主体性质的不同，投资人与融资人之间分别成立股东法律关系和合伙法律关系，即当投资人与融资人设立的商事主体为有限公司或股份有限公司时，投资人通过让渡财产给融资人以换取公司股权，投资人与融资人之间成立股东法律关系。当投资人与融资人设立的商事主体为合伙企业时，投资人让渡财产给融资人而取得的是合伙企业的权益份额，投资人与融资人之间成立合伙法律关系。在实践中，目前我国股权众筹融资项目在落地时，多采用有限合伙企业的形式。

（二）投资人与股权众筹平台

股权众筹平台通过在平台上发布项目融资信息，为投资人提供订立合同的机会，促成投资人和融资人之间的投融资协议的达成，并收取一定比例的服务费。股权众筹平台为投融资协议的签订提供了中介服务，起到居间人的作用。因此，投资人与股权众筹平台之间成立居间合同法律关系。在实践中，部分股权众筹平台在项目融资成功后会继续跟进，为投资人创立有限合伙企业（股份公司）提供服务。在这一阶段，股权众筹平台接受投资人的委托，作为受托人为实现有限合伙企业（股份公司）成立所需要的工商登记、税务登记、银行开户注资等相关手续提供服务。投资人与股权众筹平台之间成立委托合同关系。

（三）融资人与股权众筹平台

股权众筹平台依据融资人的委托，将融资人的融资项目发布于平台上，为融资项目提供宣传并寻找投资人。平台此时承担了为投融资双方提供订立合同机会的义务，并从中收取一定比例的服务费。平台仅作为居间人促成投融资双方的投资意向的达成，不直接参与双方的交易过程。融资人与股权众筹平台之间成立居间和法律关系。

（四）领投人与跟投人

领投人是存在于股权众筹融资中的合伙众筹模式下的特定主体。领投人作为某一领域具有丰富投资经验和较强风险承担能力的投资者，负责对融资人发布的项目进行可行性分析、尽职调查，估值定价以及投后管理等工作，并向跟投人介绍融资项目，由跟投人自行决定跟投与否。当项目融资成功后，由股权众筹平台线下代理投资人办理有限合伙企业的设立手续，依法成立有限合伙企业的设立手续，依法成立有限合伙企业。其中，领投人作为普通合伙人直接参与合伙企业的经营管理，并对合作企业的债务承担无限连带责任；跟投人作为有限合伙人，不负责投资管理，也不参与合伙企业的重大决策，仅以其出资额为限对合伙企业债务承担责任。因此，领投人与跟投人之间根据合伙协议，成立合伙法律关系。

三、股权众筹的法律规制

股权众筹融资具有公开、小额、大众的特征，涉及社会公共利益与经济金融安全。股权众筹融资属于新兴的社会融资形式，存在较大的法律风险，主要表现在股权众筹与非法发行证券之间的界限不清、股权众筹存在合同诈骗风险等，因此，需要对股权众筹作出必要的法律规制。①

（一）投资者适当性原则

股权众筹的显著特点在于投资门槛较低和广大普通投资者的广泛参与，小规模投资者成为股权众筹的投资主力群体。但广大普通投资者往往缺乏对股权众筹融资风险的必要的识别能力和承受能力。为保护投资者，必须在股权众筹中建立投资者适当性制度（Suitability）。

我国在构建股权众筹的投资者适当性制度时，可根据投资水平、资金实力、风险识别

① 目前我国尚未有关于股权众筹融资的专项立法。关于股权众筹的一些规定级别较低，主要体现在2015年《关于促进互联网金融健康发展的指导意见》和2016中国证监会联合十五部门公布的《股权众筹风险专项整治工作实施方案》上。

能力、风险承受能力等指标，将投资者划分为一般投资者和专业投资者，对于一般投资者应设立相应的投资限额，对于专业投资者可以豁免相应的投资限额。在投资限额的设置上，可参考美国股权众筹投资者标准的经验，采取绝对数额与收入比例相结合的方式，规定一般投资者的最高投资额度。针对我国各地经济发展水平差异较大的现状，在投资限额的位置上，应结合各地区平均工资水平、消费水平、物价水平等因素，制定符合我国国情的股权众筹投资者适当性制度。

（二）融资人信息披露制度

信息披露的范围在本质上体现的是一国对股权众筹监管的宽严程度，监管部门必须在平衡投资者保护与资本形成的原则下，合理谨慎地确定信息披露义务的范围。

一方面，股权众筹中的广大普通投资者，缺乏有效的信息获取和分析能力，加之初创企业普遍缺少透明的信息披露，这就加剧了投资者和融资人之间的信息不对称以及投资者遭受欺诈的风险。另一方面，若信息披露要求过高，则又增加了实力薄弱的初创企业的合规成本，给本就资金紧张的初创企业造成更大的困难。过高的信息披露义务会加大融资人的成本，不利于初创企业的资本形成；但过低的信息披露义务则会降低投资者对融资人的信任感，影响股权众筹融资的成功率，因此股权众筹中的融资人信息披露义务应保持合理限度。

在借鉴国外经验的基础上，就我国股权众筹的融资人信息披露而言，可将披露信息分为强制披露信息和补充披露信息。其中，强制披露信息包括公司及项目基本情况、融资用途和资金使用计划，以及每月定期披露的公司经营情况，从而为投资人了解股权众筹项目的投资价值、作出正确投资决定打下基础。补充披露信息是融资人为了增进投资人对融资项目的了解而自愿披露的信息，包括但不限于可能影响投资人权益的经营变动信息、股权结构信息、公司董事和高管的信息，以及其他投资人要求披露的信息。

（三）股权众筹平台的运作规制

1. 投融资人审查制度

股权众筹平台通过建立投资人适当性制度，甄选合格的一般投资人和专业投资人进入股权众筹融资项目，确保投资人的收入水平、风险识别能力、风险承受能力和投资金额符合相应要求。对于融资人和融资项目的审核，股权众筹平台的审核范围包括但不限于融资人的基本信息核实、项目背景、公司高管和大股东信息、主营业务、公司财务状况等。平台对投融资人的审核为形式审查，并对审核标准进行严格把握，如果因为平台的主观过错导致投资人遭受不必要的损失，则应当追究平台的责任。

2. 平台中立性

股权众筹平台作为中介机构，应保持自身的独立性，不得与投资人或融资人存在利益关系。平台不得为自身或关联方融资，不得对众筹项目提供对外担保或进行股权代持，不得对融资人进行广告宣传，并通过建立内控制度，防止内部员工与融资人形成利益关系或进行利益输送，确保股权众筹平台的中立性。

3. 资金第三方存管

股权众筹平台应当选择符合条件的银行业金融机构作为资金存管机构，对客户资金进行管理和监管，实现客户资金与平台自身资金分账管理。客户资金存管账户应接受独立审计并向客户公开审计结果。

（四）股权众筹平台及融资者的禁止性行为

一是擅自公开发行股票。向不特定对象发行股票或向特定对象发行股票后股东累计超过200人的，为公开发行，应依法报经证监会核准。未经核准擅自发行的，属于非法发行股票。

二是变相公开发行股票。向特定对象发行股票后股东累计不超过200人的，为非公开发行。非公开发行股票及其股权转让，不得采用广告、公告、广播、电话、传真、信函、推介会、说明会、网络、短信、公开劝诱等公开方式或变相公开方式向社会公众发行，不得通过手机APP、微信公众号、QQ群和微信群等方式进行宣传推介。严禁任何公司股东自行或委托他人以公开方式向社会公众转让股票。向特定对象转让股票，未依法报经证监会核准的，股票转让后公司股东累计不得超过200人。

三是非法开展私募基金管理业务。根据《中华人民共和国证券投资基金法》《私募投资基金监督管理暂行办法》等有关规定，私募基金管理人不得向合格投资者之外的单位和个人募集资金，不得变相乱集资，不得向不特定对象宣传推介，不得通过分拆、分期、与资产管理计划嵌套等方式变相增加投资者数量，合格投资者累计不得超过200人，合格投资者的标准应当符合私募投资基金监督管理暂行办法的规定。

四是非法经营证券业务。股票承销、经纪（代理买卖）、证券投资咨询等证券业务由证监会依法批准设立的证券机构经营，未经证监会批准，其他任何机构和个人不得经营证券业务，不得向投资人提供购买建议。

五是对金融产品和业务进行虚假违法广告宣传。平台及融资者发布的信息应当真实准确，不得违反相关法律法规规定，不得虚构项目误导或欺诈投资者，不得进行虚假陈述和误导性宣传。宣传内容涉及的事项需要经有权部门许可的，应当与许可的内容相符合。

六是挪用或占用投资者资金。根据《关于促进互联网金融健康发展的指导意见》（银行〔2015〕221号），互联网金融从业机构应当严格落实客户资金第三方存管制度，对客户资金进行管理和监督，实现客户资金与自身资金分账管理，平台应严格落实客户资金第三方存管制度。平台及其工作人员，不得利用职务上的便利，将投资者资金非法占为己有，或挪用归个人使用、借贷给他人、进行营利或非法活动。

此外，对于证券公司、基金公司和期货公司等持牌金融机构与互联网企业合作开展业务的情况进行排查，持牌金融机构不得与未取得相应业务资质的互联网金融从业机构开展合作，持牌金融机构与互联网企业合作开展业务不得违反相关法律法规规定，不得通过互联网跨界开展金融活动进行监管套利。

项目要点

第一，互联网金融是传统金融机构与互联网企业利用互联网技术和信息通信技术实现资金融通、支付、投资和信息中介服务的新型金融业务模式。互联网金融具有金融科技性、革新性、民主性、合作共赢性。

第二，互联网金融的主要业务形态包括互联网支付、网络借贷、股权众筹融资、互联网基金销售、互联网保险、互联网信托、互联网消费金融、供应链金融和互联网货币等。

第三，互联网金融的监管原则基本原则包括依法监管、适度监管、分类监管、协调监管和创新监管。

第四，网络借贷是指个体和个体之间通过互联网平台实现的直接借贷。个体包含自然人、法人及其他组织。网络借贷信息中介机构是指依法设立，专门从事网络借贷信息中介业务活动的金融信息中介公司。该类机构以互联网为主要渠道，为借款人与出借人（即贷款人）实现直接借贷提供信息搜集、信息公布、资信评估、信息交互、借贷撮合等服务。

第五，网络借贷信息中介机构按照依法、诚信、自愿、公平的原则为借款人和出借人提供信息服务，维护出借人与借款人合法权益，不得提供增信服务，不得直接或间接归集资金，不得非法集资，不得损害国家利益和社会公共利益。

第六，股权众筹，是指众筹项目发起者利用互联网平台向投资人公开发出融资申请，并承诺项目成功后向投资者提供产品、服务、股权或债权等作为回报。

第七，股权众筹融资具有公开、小额、大众的特征，涉及社会公共利益与经济金融安全。股权众筹融资属于新兴的社会融资形式，存在较大的法律风险，主要表现在股权众筹与非法发行证券之间的界限不清、股权众筹存在合同诈骗风险等，因此，需要对股权众筹作出必要的法律规制。如建立投资者适当性制度、融资人信息披露制度、融资平台规范运作制度以及相关业务禁止制度等。

【学习互动】

P2P，曾几何时是财富的神话，如今成为金融风险的代名词。自2015年7月央行等部门发布《关于促进互联网金融健康发展的指导意见》以来，转型、整改，甚至被淘汰成为P2P网贷机构既定的命运。据2020年4月召开的互联网金融和网络借贷风险专项整治工作电视电话会议透露，截至2020年3月31日，全国实际在运营网络借贷机构139家，比2019年初下降86%；借贷余额下降75%；出借人数下降80%；借款人数下降62%。机构数量、借贷规模及参与人数连续21个月下降。整治工作开展以来，累计已有近5000家机构退出。

会议还强调，按照国务院金融委的总体要求和两个领导小组的工作部署，争取2020年基本完成互联网金融和网贷风险专项整治的主要目标任务。如今，“清退”成为网络借贷整治的主流。据澎湃新闻记者不完全统计，2019年，山东、湖南、四川、重庆、河南、河北、云南、甘肃、山西九省份取缔P2P网贷业务；2020年以来，又有内蒙古、陕西、黑龙江、安徽、湖北、江苏六省份宣布取缔辖内所有网贷机构。目前，共有16个省级行政区宣布取缔P2P网贷业务，数量占二分之一。

2020年5月29日，湖北省地方金融监督管理局发布公告称，全省纳入专项整治的147家法人网贷机构，没有一家完全合规并通过验收，所有P2P网贷业务也未经过金融监管部门审批或备案。截至目前，147家法人网贷机构已全部停业。

互动问题：

（1）分析P2P网络借贷的利弊？

（2）P2P网络借贷是否该发展？如何规范发展？

本项目参考法规

1.《网络借贷信息中介机构业务活动管理暂行办法》（中国银行业监督管理委员会 中华人民共和国工业和信息化部 中华人民共和国公安部 国家互联网信息办公室令2016年第1号）。

2. 中国人民银行等十部门发布《关于促进互联网金融健康发展的指导意见》（银发〔2015〕221号）。

3. 证监会 中央宣传部 中央维稳办 国家发展改革委 工业和信息化部 公安部 财政部 住房城乡建设部 中国人民银行 工商总局 国务院法制办 国家网信办 国家信访局 最高人民法院 最高人民检察院关于印发《股权众筹风险专项整治工作实施方案》的通知（证监发〔2016〕29号）。

学习检测

一、多项选择题

1. 互联网金融具有的特点包括（　　）。

A. 金融科技性　B. 革新性　C. 民主性　D. 合作共赢性

2. 下列各项中，属于互联网金融业务的是（　　）。

A. 吸收公众存款　B. 互联网支付　C. 网络借贷　D. 股权众筹

3. 互联网金融的监管原则基本原则包括（　　）。

A. 依法监管　B. 适度监管　C. 分类监管　D. 协调监管

E. 创新监管

4. 网络借贷信息中介机构不得从事（　　）。

A. 为自身或变相为自身融资

B. 直接或间接接受、归集出借人的资金

C. 开展类资产证券化业务或实现以打包资产、证券化资产、信托资产、基金份额等形式的债权转让行为

D. 为出借人与借款人提供直接借贷信息的采集整理、甄别筛选、网上发布，以及资信评估、借贷撮合、融资咨询、在线争议解决等相关服务

二、简答题

1. 互联网金融包括哪些业务形态？

2. 网络借贷法律关系有哪些？

3. P2P网络借贷平台的义务有哪些？

4. 法律对P2P网络借贷出借人与借款人保护是如何规定的？

5. 对股权众筹平台及融资者的禁止性规定包括哪些？

项目十一 金融职业道德实务

【知识目标】

通过本项目的学习，了解和掌握法律和道德的基本范畴、学理含义和相互关系。明确我国新时期公民道德建设的内涵。培养银行、证券和保险从业人员的金融职业道德素养，以及运用相关的法律、法规以及金融职业素养分析、解决经济生活中金融职业道德具体问题的能力。

【德育目标和职业素养】

通过对本项目的学习，引导学生树立正确的知法、守法观念，培养学生进入金融行业的基本职业道德素养，树立守法合规的执业理念。

【学习任务】

1. 认识道德与法律。
2. 了解我国新时期公民道德建设内涵。
3. 掌握金融职业道德内涵。
4. 掌握银行、证券和保险从业人员的职业道德素养。
5. 运用金融职业素养解决相关实际问题。

【导入案例】

儿子卖假口罩诈骗，母亲送他自首

2020年2月，有一段不足1分钟的视频刷爆了网络，各大媒体争相转发，引来网友热议。视频内容是：一位母亲带自己的儿子到派出所自首，转身后面对民警大声痛哭。她的儿子以卖假口罩为名，诈骗数十万钱财，她得知后气得每天晚上都睡不着觉！

经民警调查，该男子自2020年2月1日开始在网上发布出售口罩的假消息，与其他人不同的是，他以大额订单为诱饵，不卖散货，造成他有大量货源的假象，从而诱骗各地买家汇款。据他交代，共有6名被害人先后向其转账了69.5万元。而他之所以要铤而走险行诈骗之举，是因为自己先前欠下了高达几十万元的外债，看到趁疫情暴发，口罩紧缺，便想出此举来骗取钱财。让他没想到的是，自从母亲得知此事后，把他大骂了一通，说国难财不能发！还要他自首。看到母亲为自己茶饭不思，晚上连觉都睡不好，他才鼓起勇气在母亲的带领下到派出所自首。

资料来源：百姓故事荟，网址：https：//baijiahao. baidu. com/s？id = 1659064683010932813&wfr = spider&for = pc，发布时间：2020 年 2 月 20 日。

【思考】

（1）你怎么看待这件事情？

（2）当法律与道德发生激烈碰撞时，我们该如何选择？

【分析】

法律与道德的关系是一个古老而又常新的话题，而法律与道德冲突的矛盾在中国法治进程的实践中变得更加交错复杂和日益凸显，所谓“合理不合法”“合法不合理”的现象不再个别。法律与道德之间的冲突若长期得不到缓解，将会导致日益严重的社会问题。所以，正确处理道德与法律的关系具有重要的现实意义。

模块一

约束人“心与行”的天平——区分道德与法律

一、法律与道德的学理含义

道德和法律都是调整人们之间关系的社会规范，二者从来就是相辅相成的，我国历史上就有“以德辅法”“以法彰德”的传统。在建立和完善社会主义市场经济体制条件下的今天，探讨社会主义道德与法律之间的关系，从而加强道德建设和法治建设，使二者结合起来，共同养成和规范人们的道德习惯，约束和制止不文明行为，具有重大而紧迫的现实意义。

（一）认识道德

【小案例】

藏在鞋里的钱

居民李某，在打扫卫生时，把一双破旅游鞋扔了。清洁工樊某觉得这双鞋补一下还能穿，于是就捡回家去。回家试鞋的时候，发现鞋里有一只袜子，拿来一看，里面竟有 6 张存折，共计人民币 28700 元。这位清洁工虽然每月只有 300 元钱的工资，家里经济状况很拮据，但他还是立即赶到当地派出所，在民警同志的协助下，把存折全部送还到失主的手中。

【思考】

谈一谈自己的感想。

【分析】

道德作为一种行为规范，约束人们最基本的行为，促使人们在是与非、善与恶、公正与偏私、荣誉与耻辱等方面作出选择。

在中国伦理思想史上，“道”和“德”原本是两个概念。“道”是人之为人的根本，一般是指个体行为应遵循的准则；“德”是个体在遵循准则的活动中有所得的“道”。其追求的目标是“内得于己，外施于人”，即道德于己于人都是有益的。古人有“德”“得”相通之说，故在中国文化中，道德即“得道”，得宇宙之道、得人伦之道。所以，中国文化中的道德也指个体在心性上对宇宙人生奥秘的领悟和把握，以及由此而形成的德行与德性等。

1. 道德的含义

道德是社会意识形态之一，是人类社会特有的现象，是人们共同生活及其行为的准则和规范。马克思主义伦理学认为，道德是由一定社会的经济关系所决定的特殊意识形态，是以善恶评价为标准，依靠社会舆论、传统习惯和内心信念所维持的调整人们之间以及个人和社会之间关系的行为规范的总和。

2. 道德的基本功能

（1）自律功能。道德是人类自律的道德行为规范和准则。它具有两个特点：第一，它是自觉的而非强加的。这种自觉性源于人的自我意识，即它是人们意识到并心甘情愿、积极主动地去实现的一种要求。第二，它是内在的而非外部的。这种内在性虽然要经过一个由外向内的转化，但是一旦成为个人的内在要求，它就具有主体意识。从这一意义上说，道德是人们内在的自主选择，是个体自我完善的自律追求。

（2）教化功能。道德是通过社会舆论、传统习惯、内心信念，来达到帮助人们明辨是非善恶，自觉地去恶的目的。在现实社会中，道德是积极促进社会联系、增强社会感情的行业准则和规范，它有提高人们社会责任感的作用。因此，努力形成一个良好的道德环境系统，对社会个体自始至终施加影响，使社会个体在新的道德环境系统的作用下，经过自身的思想矛盾运动，提高或深化原来的道德认识，形成新的道德观念，这正是发挥道德教化功能的体现。

（3）调节功能。道德是调节人与人之间行为规范的总和。人们在社会生活中不可避免地会发生这样或那样的利益冲突或矛盾，就必然要求有一定的准则或规范来调整人们的行为，以维护人们的利益，保证人们共同生活的正常运行。道德正具备这一功能，它在本质上与人的创造精神、自我实现、自我发展的内在需要是一致的。

（4）评价功能。道德是公正的评判者。道德评价是一种巨大的社会力量和人们内在的意志力量，它是通过评价来把握现实的一种方式，它是通过对周围时间的善恶评判实现的。通过评价等方式，指导和纠正人们的行为和实践活动，协调人们之间关系。

3. 道德的属性

（1）社会性。社会经济关系的发展变化，终将引起道德观念的发展变化。社会制度的更替，终将或迟或早地引起道德体系的更替。

（2）历史性。道德具有历史性，每一种社会形态都有其相应的道德。

（3）继承性和共同性。一方面，各个时代的先进阶级，他们的道德观念都有一定的进步内容，这些内容常为以后的先进阶级所继承和发展。另一方面，人类也存在着共同的客观的道德标准，即“公共道德”。

(4) 多元性。即道德是一个多层次的范畴。

4. 道德的构成

道德由道德意识、道德规范、道德实践三个部分组成。三者并不完全统一，有两两交集，也有三者交集，而只有三者完全交集的才是完善的道德素质如图 11 -1 所示。

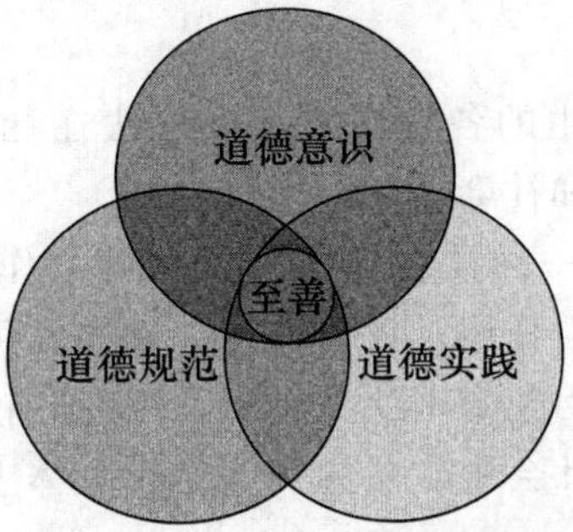

图 11 -1 道德构成示意图

(二) 认识法

【小案例】

出纳的贪污之路

22 岁的汪伟，毕业后被分配到某市人民出版社财务科当出纳员。一次，他核对账目总差八元钱，于是他随手拿起一张已经报销过的发票充抵，这样不仅平了账面，还多出了几元钱零花，就此汪伟产生了歹念。这钱来得容易，何不自筹资金出国？于是他采用将旧发票重复报销、直接开支票提取现金等手段，在短短一年里贪污 3 万多元。可好景不长，单位对他经手的账目进行清查，这时汪伟才明白自己走的是一条错误的道路。

【思考】

汪伟的行为，是道德失范还是触犯了法律？为什么？

【分析】

首先，汪伟将已经报销过的发票充抵账目的行为是不诚信的表现，违反了“诚实守信”的职业道德要求。诚实守信，就是要做到真诚无欺，真实无妄，不自欺欺人，不弄虚作假。其次，汪伟触犯了法律。我国《刑法》第三百八十二条规定：“国家工作人员利用职务上的便利，侵吞、窃取、骗取或者其他手段非法占有公共财物的，是贪污罪。受国家机关、国有公司、企业、事业单位、人民团体委托管理、经营国有财产的人员，利用职务上的便利，侵吞、窃取、骗取或者以其他手段非法占有国有财物的，以贪污论。”贪污罪的处罚，参见我国《刑法》第三百八十三条。

1. 法的概念

法是由国家制定或认可的，并由国家强制力保证实施的行为规范。法律是最典型的一种社会规范，它以权利和义务为内容。

2. 法的特征

法的特征，是指法所表现出来的区别于其他事物的独特的倾向和标志。区别于宗教、道德、习惯、权力、政策、舆论等，法具有自己的特征：①法是调整人们的行为或社会关系的规范，具有规范性；②法是由国家制定或认可的社会规范，具有国家意志性；③法是以权利和义务为内容的社会规范；④法是依靠国家强制力来保障实施的规范，具有国家强制性。

3. 法的作用

法的作用是指法对社会产生的各种影响。根据法在社会生活中发挥作用的形式和内容，法的作用可分为规范作用和社会作用。

（1）法的规范作用。法是一种社会规范，具有规范作用。这是法作用于社会的特殊形式。法的规范作用可分为指引作用、评价作用、预测作用、教育作用和强制作用。

（2）法的社会作用。法的社会作用是指法具有维护有利于统治阶级的社会关系和社会秩序的作用。在阶级对立的社会中，法的社会作用大体上可归纳为两大方面：维护阶级统治和执行社会公共事务。

维护统治阶级的统治是法的社会作用的核心。统治阶级用法律在经济上确认和维护以生产资料私有制为基础的社会经济制度；在政治上维护统治阶级对被统治阶级的政治统治；在思想道德方面，维护统治阶级意识形态的支配地位。

执行社会公共事务的作用。社会公共事务是指与阶级统治相对称的活动。在阶级对立的社会中，这种社会公共事务及有关法律的性质、作用和规范是很不相同的。它大体包括维护人类社会基本生活条件的法律、有关生产力和科学技术的法律、有关技术规范的法律和有关一般文化事务的法律。

二、道德与法律的辩证关系

道德与法律是社会规范最主要的两种存在形式，是既有区别又有联系的两个范畴。

【小案例】

虐待母亲的小英，结局会怎样？

阿珍中年守寡，含辛茹苦把女儿小英抚养成人。小英成家后阿珍又拖着病体为她操持家务，照看孙子。孙子长大后参加了工作，小英却把母亲当成了累赘，稍不如意就破口大骂，母亲生病也不闻不问。老人悲愤难忍，走上了悬梁自尽的绝路。小英虐待母亲的行为激起了公愤。司法部门经查证实，以遗弃罪判处小英有期徒刑4年。

【思考】

浅淡法律与道德之间的关系和相互作用。

【分析】

一方面，我国法律体现并维护社会主义道德。我国的法律体现了社会主义道德的基本要求，并以各种形式将社会主义道德的基本要求和重要原则予以确认，还对某些严重违背社会主义道德的行为予以约束和制裁。根据《民法典》的相关规定，对遗弃家庭成员的，受害人可以请求村民委员会、居民委员会以及所在单位予以调解；对遗弃家庭成员的，受害人可以请求人民法院依法作出支付扶养费、抚养费、赡养费的判决。子女对年老体弱、丧失劳动能力或生活困难的父母，不履行赡养和扶助的义务，将老人赶出家门，或对老人不闻不问，对老人提出的合理的赡养要求也不予理睬，导致老人生活困难的行为，都是法律不允许的。对于遗弃老人的行为，情节轻微的，可以由当地的居民委员会或村民委员会做子女的思想工作，说服教育，促使其悔改；对于情节恶劣，在当地造成很坏的影响，造成老年人生存困难的，应依法追究子女遗弃的刑事责任。另一方面，社会主义道德能够弥补我国法律的不足，支持、促进法律的贯彻实施。人们的道德水平提高了，有助于人们自觉做到守法、护法，道德的落脚点在于人心，在于人的思想，而且道德可以渗透到社会的每个角落，影响到社会的各个层次，约束整个社会的各种行为。所以说，法律与道德是相互配合，相互促进，互相补充的。

（一）道德和法律的区别

1. 产生的条件不同

原始社会没有现代意义上的法律，只有道德规范或宗教禁忌，或者说氏族习惯。法律是在原始社会末期，随着氏族制度的解体以及私有制、阶级的出现，与国家同时产生的。而道德的产生则与人类社会的形成同步，道德是维系一个社会的最基本的规范体系，没有道德规范，整个社会就会分崩离析。

2. 表现形式不同

法律是国家制定或认可的一种行为规范，它具有明确的内容，通常要以各种法律渊源的形式表现出来，如国家制定法、习惯法、判例法等。而道德规范的内容存在于人们的意识之中，并通过人们的言行表现出来。它一般不诉诸文字，内容比较原则、抽象、模糊。

3. 调整范围不尽相同

从深度上看，道德不仅调整人们的外部行为，还调整人们的动机和内心活动，它要求人们根据高尚的意图而作出行为，要求人们为了善而去追求善。从广度上看，由法律调整的，一般也由道德调整。当然，也有些由法律调整的领域几乎不包括任何道德判断，如专门的程序规则、票据的流通规则、政府的组织规则等。在这些领域，法律的指导观念是便利与效率，而非道德。

4. 作用机制不同

法律是靠国家强制力保障实施的；而道德主要靠社会舆论和传统的力量以及人们的自律来维持。

5. 内容不同

法律是以权利义务为内容的，一般要求权利义务对等，没有无权利的义务，也没有无义务的权利。而道德一般只规定了义务，并不要求对等的权利。比如说，面对一个落水者，道德要求你有救人的义务，却未赋予你向其索要报酬的权利，向被救起的落水者索要报酬往往被视为不道德。

（二）道德与法律的相互联系

道德和法律都是重要的社会规范，两者都属于上层建筑，都是为一定的经济基础服务的。两者相辅相成、相互促进、相互推动。其关系具体表现在：

1. 法律是传播道德的有效手段

道德可分为两类：第一类是社会有序化要求的道德，即社会要维系下去所必不可少的“最低限度的道德”，如不得暴力伤害他人、不得用欺诈手段谋取利益、不得危害公共安全等；第二类包括那些有助于提高生活质量、增进人与人之间紧密关系的原则，如博爱、无私等。其中，第一类道德通常上升为法律，通过制裁或奖励的方法得以推行。而第二类道德是较高要求的道德，一般不宜转化为法律，否则就会混淆法律与道德，结果是“法将不法，德将不德”。法律的实施，本身就是一个惩恶扬善的过程，不但有助于人们法律意识的形成，还有助于人们道德的培养。

2. 道德是法律的评价标准和推动力量，是法律的有益补充

第一，法律应包含最低限度的道德。没有道德基础的法律，是一种“恶法”，是无法获得人们的尊重和自觉遵守的。第二，道德对法的实施有保障作用。“徒善不足以为政，徒法不足以自行”。执法者职业道德的提高，守法者法律意识、道德观念的加强，都对法的实施起着积极的作用。第三，道德对法有补充作用。有些不宜由法律调整的，或本应由法律调整但因立法的滞后而尚“无法可依”的，道德调整就起了补充作用。

3. 道德和法律在某些情况下会相互转化

一些道德，随社会的发展，逐渐凸显出来，被认为是对社会非常重要的并有被经常违反的危险，立法者就有可能将之纳入法律的范畴。反之，某些过去曾被视为不道德的因而需用法律加以禁止的行为，则有可能退出法律领域而转为道德调整。

总之，法律与道德是相互区别的，不能相互替代、混为一谈，也不可偏废，所以单一的法治模式或单一的德治模式不免有缺陷；同时，法律与道德又是相互联系的，在功能上是互补的，都是社会调控的重要手段，这就使德法并治模式有了可能。

【知识拓展】

法治与德治

在中国古代历史文献中，“德治”往往和“礼治”相通，主要指的是指引、教育和感化。而“法治”又与“刑罚”相通，主要讲的是惩罚。古语有云“礼者禁于将然之步”“法者禁于已然之后”，也就是说，礼、德侧重于教化劝善，防患于未然；而法、刑则惩戒于后，侧重于惩恶。在两者的关系上，儒家主张德治，“德主刑辅”“以德去刑”。而法家则针锋相对，提倡法治，反对德治，主张“以刑去刑”，反对“以德去刑”。韩非子说：“威势可以禁暴，而厚德之不足以治乱也。”而自荀子以后的诸多思想家则不是将德治和法治对立起来，而是主张“刑德二柄”“宽猛相济”“隆礼重法”。

三、新时代公民道德建设

公民的道德建设，不仅指的是公共领域的公民道德素质水平的提升（如社会公德建设），还包括各种各样的非公共领域的公民道德素质水平的提升（如职业道德、家庭美德和个人品德建设），是一种终身教育、全民教育和自我教育。

加强公民道德建设，就是要培养、弘扬和依靠公民自律精神，通过传统道德传承、道德舆论、道德文化、道德机制建设和建立，积极提高公民的道德素质、道德情操、道德修

养、道德觉悟，约束或完善在现实生活中不规范的伦理行为和道德规范，使其自我激励、规范、遵守积极健康向上的伦理行为和准则，自我调整现实生活、生产发展、市场经济中的利益关系，促进人的全面发展，要把社会公德、职业道德、家庭美德、个人品德建设作为着力点。

【小案例】

全国道德模范杨善洲

原任云南保山地委书记的杨善洲，已于2010年10月因病逝世。他从事革命工作近40年，两袖清风，清廉履职，忘我工作，一心为民。1988年退休后，他主动放弃进省城安享晚年的机会，扎根大亮山，义务植树造林，一干就是22个春秋，带领大家植树造林5.6万亩。不仅如此，他还带领群众修建了18公里的林区公路，架设了4余公里的输电线路，使深居大亮山村寨农户通电通路。去世前，他把当地20万元特别贡献奖全部捐出，价值3亿元的林场也无偿上交给国家。

绿了荒山，白了头发，他志在造福百姓；老骥伏枥，意气风发，他心向未来。清廉，自上任时起；奉献，直到最后一天。60年里的一切作为，就是为了不辜负人民的期望。

由于杨善洲的优秀表现，被授予了“全国环境保护杰出贡献者”、全国优秀共产党员、2011感动中国十大人物称号、第三届全国道德模范中全国敬业奉献模范。

【思考】

（1）请说说杨善洲为何能当选全国道德模范？

（2）评选“全国道德模范”“感动中国十大人物”等，有何现实意义？

【分析】

（1）道德模范就是具有牺牲小我的利益（或幸福），而维护了大我的利益（或幸福）的言行，且事迹典型和突出的人或集体。杨善洲同志一辈子忠于党的事业，一辈子全心全意为群众谋利益。他的模范事迹和崇高精神感人至深。

（2）公民的道德水平，体现着一个民族的基本素质，反映着一个社会的文明程度。通过评选“全国道德模范”“感动中国十大人物”等，用他们的先进事迹感召群众，对于在全社会大力弘扬社会公德、职业道德、家庭美德，营造知荣辱、树正气、促和谐的社会风尚，促进社会主义核心价值体系建设，为经济社会发展提供强有力的思想道德保障，具有十分重要的意义和作用。

公民道德建设的指导思想和建设内容如下：

1. 指导思想

坚持马克思主义道德观、社会主义道德观，倡导共产主义道德，以为人民服务为核心，以集体主义为原则，以爱祖国、爱人民、爱劳动、爱科学、爱社会主义为基本要求，始终保持公民道德建设的社会主义方向。

坚持以社会主义核心价值观为引领，将国家、社会、个人层面的价值要求贯穿到道德建设各方面，以主流价值建构道德规范、强化道德认同、指引道德实践，引导人们明大德、守公德、严私德。

坚持在继承传统中创新发展，自觉传承中华传统美德，继承我们党领导人民在长期实践中形成的优良传统和革命道德，适应新时代改革开放和社会主义市场经济发展要求，积极推动创造性转化、创新性发展，不断增强道德建设的时代性和实效性。

坚持提升道德认知与推动道德实践相结合，尊重人民群众的主体地位，激发人们形成善良的道德意愿、道德情感，培育正确的道德判断和道德责任，提高道德实践能力尤其是自觉实践能力，引导人们向往和追求讲道德、尊道德、守道德的生活。

坚持发挥社会主义法治的促进和保障作用，以法治承载道德理念、鲜明道德导向、弘扬美德义行，把社会主义道德要求体现到立法、执法、司法、守法之中，以法治的力量引导人们向上向善。

2. 新时代公民道德建设的内容

一是筑牢理想信念之基。人民有信仰，国家有力量，民族有希望。信仰信念指引人生方向，引领道德追求。要坚持不懈用习近平新时代中国特色社会主义思想武装全党、教育人民，引导人们把握丰富内涵、精神实质、实践要求，打牢信仰信念的思想理论根基。在全社会广泛开展理想信念教育，深化社会主义和共产主义宣传教育，深化中国特色社会主义和中国梦宣传教育，引导人们不断增强道路自信、理论自信、制度自信、文化自信，把共产主义远大理想与中国特色社会主义共同理想统一起来，把实现个人理想融入实现国家富强、民族振兴、人民幸福的伟大梦想之中。

二是培育和践行社会主义核心价值观。社会主义核心价值观是当代中国精神的集中体现，是凝聚中国力量的思想道德基础。要持续深化社会主义核心价值观宣传教育，增进认知认同、树立鲜明导向、强化示范带动，引导人们把社会主义核心价值观作为明德修身、立德树人的根本遵循。坚持贯穿结合融入、落细落小落实，把社会主义核心价值观要求融入日常生活，使之成为人们日用而不觉的道德规范和行为准则。

三是传承中华传统美德。中华传统美德是中华文化精髓，是道德建设的不竭源泉。要以礼敬自豪的态度对待中华优秀传统文化，充分发掘文化经典、历史遗存、文物古迹承载的丰厚道德资源，弘扬古圣先贤、民族英雄、志士仁人的嘉言懿行，让中华文化基因更好植根于人们的思想意识和道德观念。

四是弘扬民族精神和时代精神。以爱国主义为核心的民族精神和以改革创新为核心的时代精神，是中华民族生生不息、发展壮大的坚实精神支撑和强大道德力量。要深化改革开放史、新中国历史、中国共产党历史、中华民族近代史、中华文明史教育，弘扬中国人民伟大创造精神、伟大奋斗精神、伟大团结精神、伟大梦想精神，倡导一切有利于团结统一、爱好和平、勤劳勇敢、自强不息的思想和观念，构筑中华民族共有精神家园。弘扬改革开放精神、劳动精神、劳模精神、工匠精神、优秀企业家精神、科学家精神，使全体人民保持昂扬向上、奋发有为的精神状态。

【小案例】

时代先锋

在青岛，“微尘”是一个家喻户晓的名字。起初，它曾是青岛市一位数次捐款不留姓名的普通市民；现在，它代表着一个不留姓名无私援助公益事业的群体。从援助印度洋海啸灾区，到为湖南、贵州、江西灾区募款，再到为心脏病儿童、贫困白内障患者复明救助，到处都出现了“微尘”的身影。其中，既有白发苍苍的老者，又有母亲抱在怀中的三岁孩子，还有为了捐款救助他人而节衣缩食的大学生们。

在湖南，30多万元，对一个下岗工人来说无疑是一笔巨款。然而，沅江下岗工人邓立民不为金钱所惑，将一笔巨额彩票大奖主动交给委托他购买的买主。

在山东，抢救过19名落水者的老艄公，寒冬腊月跳入水中勇救落水儿童的老人，多年如一日精心照料老人的好媳妇……山东肥城评选的“民选英雄”，在社会上产生了强烈的反响。

在宁波市江东区，百丈街道舟孟社区推出了“邻里守望卡”，这张卡片上有社区住户的联系电话，居民之间对车辆入库、门窗是否关好等方面相互提醒，整个社区建立起了一张知心网、互助网……

【思考】

（1）这些时代先锋都具备哪些优秀的道德品质？

（2）说一说你身边的时代先锋。

【分析】

“时代先锋”具备了恪尽职守、无私奉献、淡泊名利的政治品质；具备了服务人民奉献社会的高尚情怀，以及不求索取，生命不息，奉献不止的人生境界。

3. 我国公民基本道德规范

2001年，中共中央印发了《公民道德建设实施纲要》，提出了我国公民的基本道德规范为：爱国守法、明礼诚信、团结友善、勤俭自强、敬业奉献。它涵盖了社会生活各个领域，适用于不同的社会群体，是每一个公民都应该遵守的行为准则。《新时代公民道德建设实施纲要》进一步要求公民要遵守社会公德，恪守职业道德、弘扬家庭美德、锤炼个人品德。

要把社会公德、职业道德、家庭美德、个人品德建设作为着力点。推动践行以文明礼貌、助人为乐、爱护公物、保护环境、遵纪守法为主要内容的社会公德，鼓励人们在社会上做一个好公民；推动践行以爱岗敬业、诚实守信、办事公道、热情服务、奉献社会为主要内容的职业道德，鼓励人们在工作中做一个好建设者；推动践行以尊老爱幼、男女平等、夫妻和睦、勤俭持家、邻里互助为主要内容的家庭美德，鼓励人们在家庭里做一个好成员；推动践行以爱国奉献、明礼遵规、勤劳善良、宽厚正直、自强自律为主要内容的个人品德，鼓励人们在日常生活中养成好品行。

4. 新时代公民道德实践养成路径

（1）广泛开展弘扬时代新风行动。良好社会风尚是社会文明程度的重要标志，涵育着公民美德善行，推动着社会和谐有序运转。要紧密结合社会发展实际，广泛开展文明出行、文明交通、文明旅游、文明就餐、文明观赛等活动，引导人们自觉遵守社会交往、公共场所中的文明规范。着眼完善社会治理、规范社会秩序，推动街道社区、交通设施、医疗场所、景区景点、文体场馆等的精细管理、规范运营，优化公共空间、提升服务水平，为人们增强公共意识、规则意识创造良好环境。

（2）深化群众性创建活动。各类群众性创建活动是人民群众自我教育、自我提高的生动实践。群众性精神文明创建活动要突出道德要求，充实道德内容，将社会公德、职业道德、家庭美德、个人品德建设贯穿创建全过程。文明城市、文明村镇创建要坚持为民利民惠民，突出文明和谐、宜居宜业，不断提升基层社会治理水平和群众文明素质。

（3）深入推进学雷锋志愿服务。学雷锋和志愿服务是践行社会主义道德的重要途径。要弘扬雷锋精神和奉献、友爱、互助、进步的志愿精神，围绕重大活动、扶贫救灾、敬老救孤、恤病助残、法律援助、文化支教、环境保护、健康指导等，广泛开展学雷锋和志愿服务活动，引导人们把学雷锋和志愿服务作为生活方式、生活习惯。推动志愿服务组织发展，完善激励褒奖制度，推进学雷锋志愿服务制度化常态化，使“我为人人、人人为我”蔚然成风。

（4）持续推进诚信建设。诚信是社会和谐的基石和重要特征。要继承发扬中华民族重信守诺的传统美德，弘扬与社会主义市场经济相适应的诚信理念、诚信文化、契约精神，推动各行业各领域制定诚信公约，加快个人诚信、政务诚信、商务诚信、社会诚信和司法公信建设，构建覆盖全社会的征信体系，健全守信联合激励和失信联合惩戒机制，开展诚信缺失突出问题专项治理，提高全社会诚信水平。重视学术、科研诚信建设，严肃查处违背学术科研诚信要求的行为。深入开展“诚信建设万里行”“诚信兴商宣传月”等活动，评选发布“诚信之星”，宣传推介诚信先进集体，激励人们更好地讲诚实、守信用。

（5）充分发挥礼仪礼节的教化作用。礼仪礼节是道德素养的体现，也是道德实践的载体。要制定国家礼仪规程，完善党和国家功勋荣誉表彰制度，规范开展升国旗、奏唱国歌、入党入团入队等仪式，强化仪式感、参与感、现代感，增强人们对党和国家、对组织集体的认同感和归属感。充分利用重要传统节日、重大节庆和纪念日，组织开展群众性主题实践活动，丰富道德体验，增进道德情感。

【学习互动】

上网查找杭州保姆纵火案的新闻，同学们相互讨论莫某的行为到底是道德的沦丧还是人性的扭曲？说说自己的理由。

模块二

“金融梦”的主旋律——金融职业道德

一、认识金融职业道德

金融是现代经济的核心。金融业作为国民经济中极为重要的经济领域，具有垄断性、指标性、高负债性、高风险性和效益依赖性等特点。

现代金融业是指经营金融商品的特殊行业，除银行外，还包括财务公司、保险公司、证券公司、期货公司、小额贷款公司、典当行、金融交易所、各种互助合作性金融组织等金融机构。

金融企业的良性运行与发展，与金融机构的信誉和形象密切相关，金融从业人员的职业道德的修养是金融机构整体素质和形象的根本。

（一）职业道德

职业道德是指在职业范围内形成的比较稳定的道德观念、行为规范和习俗的总和，是与人们的职业活动紧密联系的符合职业特点要求的道德准则、道德情操与道德品质的总和。它是调节职业集团内部人们之间的关系以及职业集团与社会各方面关系的行为准则，是评价从业人员的职业行为善恶、荣辱的标准，对该行业的从业人员具有特殊的约束力。如教师要遵守教书育人、为人师表的职业道德，医生要遵守救死扶伤的职业道德等。

职业行为对职业道德的制约作用，使职业道德具有以下突出特点：

（1）在规范的内容上，职业道德总是反映社会对某一具体职业活动的特定要求。

（2）在调节范围上，职业道德仅仅限于规范本职业的从业人员及其相关的职业活动。

（3）在表现形式上，职业道德具有多样、灵活、具体的特点。

（4）职业道德具有较强的稳定性和连续性。

（二）金融职业道德

金融职业道德，顾名思义就是指从事金融职业的人员，在金融活动中处理和调整社会有关部门、服务对象、金融行业内部人际之间和部门之间的关系及所应遵循的行为准则和道德规范。金融职业道德是以银行、证券、保险等具体的金融行业从业人员的职业道德规范和行业具体准则为基石，以金融职业道德评价与行为为落脚点，诠释了金融行业的职业意识、道德修养和职业责任。

首先，良好的职业道德可以提高职工的职业素质、职业技能和工作效率。

其次，良好的职业道德能够降低金融风险，增强职工法律意识，提高职业素养是降低金融风险，稳定金融环境的有效途径。

最后，良好的职业道德能够保证金融业的良性发展，提高金融业自主创新能力，促进金融业更好地发展。

二、金融职业道德的核心理念

【小案例】

七旬老人险遭诈骗，深圳农行成功堵截

年末，各类诈骗案件高发，近日，深圳农行再堵截一起冒充公检法国家机关的诈骗案件，保证了客户的资金安全。

事发当天上午10点30分，一位70岁左右的谢姓客户到深圳农行龙城支行咨询如何操作个人转账，因客户神色慌张，大堂经理判断事态有异，便耐心询问来龙去脉。客户表示，他于近日收到一份含国家财政部文件和银行卡的可疑快递及一条短信，文件要求其将一笔资金存入短信里提供的某警官个人账户中，并将15万元打入快递所附的银行卡，以配合完成非法藏品赔付工作。

根据经验，网点工作人员判断客户极有可能遭遇诈骗，第一时间联系周边警区工作人员，同时劝说客户不要轻易向陌生人转账。经查询，客户所收快递件中的文件与银行卡均为伪造，发送短信的手机号码为外地个人手机号码，警银双方紧密配合，向客户分析了该案

件的可疑点，并普及了相关诈骗案件知识。经耐心劝导，客户恍然大悟，意识到自己差点遭遇诈骗，对农行工作人员专业敏锐地识别诈骗案件及认真负责的工作表示认可，连连道谢。

资料来源：深圳特区报，发布时间：2016年12月28日。

【思考】

银行工作人员需要具备哪些素质？

【分析】

作为一名金融从业人员，对防诈骗工作有着义不容辞的责任。金融工作者应该坚守自己的职业道德，提高职业敏感度，杜绝各种形式诈骗案的发生。

作为社会经济的重要一员，金融从业人员应当树立正确的思想道德，加强道德修养，自觉地遵守金融职业道德的行为规范和准则。

（一）顾全大局

确立“顾全大局”为金融职业道德主要规范，是金融行业的性质、社会职责、社会作用、服务手段等因素决定的，是人们金融职业活动的客观要求，是金融职业活动的客观要求，是金融职业活动在道德上的反映。

（二）严守信用

金融工作者凡是与金融职业活动相关的一切个体行为，都应当把重合同、守信用、维护和增进金融及金融职业群体的声誉放在首位，自觉地以严守信用的原则指导自己的行为。

（三）竭诚服务

这是金融工作者最重要的道德规范，是全心全意为人民服务的具体体现。金融工作是一项直接而且十分重要的社会性服务，这就决定了广大金融从业人员都要忠诚，全心全意为国家、为企事业、为人民服务。

（四）廉洁奉公

这是金融从业人员道德的基本行为规范。金融业是一个特殊的行业，长期与金钱打交道，要求金融从业人员拒腐蚀，防微杜渐，要经得起金钱和物质的诱惑，做遵纪守法的公民，始终保持洁身自好、节俭不贪、持权不乱的高尚人格。

三、金融职业道德建设

加强金融从业人员职业道德建设的主要对策包括：

（1）重视金融伦理道德教育，加强金融从业人员职业道德建设。

（2）加强诚信教育，树立信誉意识，打造诚信金融环境。

（3）树立“服务至上、客户至上”观念。

（4）培养良好的金融企业文化，为防范金融道德风险提供有利的外部条件。

（5）加强金融道德理想教育，塑造金融人员现代人格。

四、金融法规与金融职业道德携手共建

（一）金融法规与金融职业道德的关系

金融法规与金融职业道德是相互联系、相互作用、相辅相成、互为补充的，两者同属于金融行为规范的范畴，都起着调节人们之间关系的作用。其调整的对象、目标等方面存

在着一定程度的共同性、一致性。

两者的总目标基本一致。金融法规是国家为调整金融活动中各种社会关系制定的一系列法律、条例、规定的总称。金融职业道德，是金融工作者在长期的金融活动和金融职业生活中积累起来的有金融职业特征的习惯、道德要求、行为规范和行为准则的总和。大体上讲，它们都是为了规范金融活动的程序，以便取得更好的经济效益。

两者都对金融活动行为发生作用。只不过金融法规对金融行为的制约是直接的惩罚，而金融职业道德对金融行为的制约需要社会舆论的监督和谴责。

两者都要求金融工作者作出必要的自我节制和牺牲。在处理金融机构之间个人与顾客之间，个人与个人之间的关系时，无论金融法规还是金融职业道德，首先维护的是他人、顾客和整个金融系统的利益，乃至整个国民经济的整体利益，因此，两者要求金融工作者有较高的素质。

（二）金融法规对金融职业道德建设的引领作用

在计划经济体制向市场经济体制转换的经济转型时期，传统的金融职业道德观被冲击，而社会主义市场经济条件下的新的金融职业道德观尚未完全树立起来，人们的道德行为，除了需要教育培养的过程外，更需要有一个从硬性约束到自觉形成习惯的过程，这个硬性约束的机制，正是金融法规。

金融法规与金融职业道德有极为密切的相通关系，金融法规所支持、鼓励的和禁止、惩罚的正是金融职业道德所提倡、褒扬的和劝阻、谴责的。金融法规所具有的倡导性、强制性等特征，正是金融职业道德建设所需要的保障与推动力量。

（三）金融职业道德对金融法规的补充作用

1. 金融法规制定受到金融职业道德的影响

一定程度上说，法律及行政命令是从道德这个基础规范中派生出来的规范。因此，金融法规的制定也应该体现金融职业道德的基本原则和准则，也就是说，金融道德确立的价值取向和行为准则应该是金融立法活动的目标。

2. 金融法规的实施有赖于金融职业道德的内化

法律的实施主要依靠国家强制力，但是，法律需要道德促使整个社会对法律规定的行为规范的底线达成普遍的共识和信仰。金融职业道德通过内化，变成金融从业人员的一种自觉行为，并上升为一种职业精神，从而使金融工作者能够自觉地遵守金融职业道德，提高维护金融法治、执行金融法规的自觉性。

3. 金融职业道德对金融法规调整范围的补充作用

金融职业道德所调整的对象与范围总体而言比金融法规所调整的对象与范围要广泛得多，它所适用的范围几乎涉及金融活动中的一切道德关系与道德行为，既包括金融法规调整到的东西，也包括金融法规所调整不到的东西。

金融职业道德与金融法规相辅相成、互相促进，才能共同构建良好的金融运作秩序，两者就如鸟之两翼，车之两轮，缺一不可。

【学习互动】

请你实地走访所在城市的金融机构，了解该金融机构从业人员相关岗位的职业道德要求和法律规范，并在课堂进行分享。

模块三

个人与团队双赢的基石——银行从业人员职业道德

银行从业人员的职业道德直接关系到银行业的健康发展。对银行从业人员而言，了解银行从业人员应该遵守的职业道德的基本原则和行为规范，理解银行职业道德建设的重要意义是从事银行业务的一个基本条件。加强银行从业人员的职业道德建设对于促进现阶段我国银行改革以及社会主义市场经济的健康发展都具有十分重要的意义。

一、认识银行从业人员职业道德

银行职业道德是指在银行职业活动中应遵循的、体现银行职业特征的、调整银行职业关系的职业行为准则和规范，是银行从业人员在进行银行活动、处理银行业务关系时所形成的职业规律、职业观念和职业原则的行为规范的总和。

银行职业道德，既是银行从业人员在本行业职业活动中行为的规范，也是银行业对社会所应负的责任和义务。

加强银行从业人员职业道德建设的意义在于：

（1）银行是现代经济发展的核心，银行业又是一个特殊的服务行业，社会影响大，客观上要求银行从业人员必须具备良好的职业道德。

（2）银行业作为经营货币业务的高风险行业，其面临的风险既有外部的也有内部的，银行防范外部风险应以提高自身的科学决策及管理水平、经营实力和市场应变能力为重要手段；防范内部风险应在防止员工操作风险和道德风险。

（3）银行所发生的案件中，绝大多数都隐藏着各种各样的道德风险，银行大案、要案的发生无不与银行员工的道德风险有关，防范员工道德风险的发生是银行防止违法违规违纪案件发生、减少资产损失的有效途径。

【小案例】

零钞超300张要收点钞费

刘华在永清街经营一家小超市。昨日上午，他将长期积累的700多张1元、5元、10元面额的零钞拿到附近一家银行，打算集中存起来。大约10分钟后，柜员把所有零钞全部清点出来，其中1元面额纸币215张、5元面额纸币311张、10元面额纸币174张，一共700张，总额3510元。存款完毕后，银行称要收6元点钞费。

“存钱还要收费？”刘华质疑。对此，银行工作人员解释，清点大量小面额人民币非常费工费时，无法用点钞机来点，只能人工数，费时费力。该行相关负责人称，存零钞超过一定数量收取点钞费的规定去年开始执行，主要是为鼓励用户非现金结算，降低银行运营成本，分流储蓄网点柜台压力等。

据了解，现在很多家银行对于客户零钞都有反感，有的银行对存大量零钞的客户收费，有的银行干脆把这样的客户拒之门外。

【思考】

银行此举正确与否？为什么？

【分析】

银行拒收零钞不但违法而且会导致零钞的流通受到影响，浪费了国家生产人民币的资源。《中华人民共和国人民币管理条例》规定，任何单位和个人不得以任何理由拒收人民币，作为专门经营货币的银行更不能拒收零钞。市民若发现银行有拒收零钞情况，可向监管部门举报。另外，根据中国银行保险业监督管理委员会与国家发展和改革委员会联合发布的《商业银行服务价格管理暂行办法》，经过物价部门批准后，银行可以收取大额零钞清点费，但该费用必须在营业场所醒目位置标示出来。

二、银行从业人员道德的基本原则

"诚实信用"是银行从业人员道德的基本原则，它贯穿于整个银行职业道德体系，始终制约和影响着其一系列职业道德规范。将"诚实信用"融入到职业道德的各个领域和各个方面，使银行的从业人员都能在各自的岗位中培养诚实守信的观念，忠诚于自己从事的职业，信守自己的承诺。只有银行从业人员都严格遵循银行职业道德基本原则和基本规范，才能合情合理、规范有序、科学高效地服务于社会主义市场经济的良性发展。

【小案例】

客户存款金额与柜台机核点金额不符

2010年7月中旬，深圳市民余先生从家里携带2.4万元，来到北大医院后面的某银行莲花北支行的自助存取款一体机前存钱。可柜员机前一番操作后，余先生发现总款数已由2.4万元变为21800元。余先生当即拨通了该银行客服热线。银行方面当晚回复：柜员机未见差错，拒担责任。

2010年8月27日下午，羊城晚报记者陪同余先生前往银行，调取了当日余先生存款流水账单及柜员机监控录像查看。经对比，流水账单显示的余先生第二次存款操作所放入柜员机的款数与监控录像所显示的款数明显存在偏差。对此，银行方面却表示，"眼见不一定为实"，坚持以柜员机数据为准。

【思考】

银行该如何处理本案？

【分析】

此银行的客户服务是失败的。建议银行：

(1) 应立即受理，真诚道歉，缓和气氛，让客户感到受重视，减少不必要的误会。

(2) 应就此事对余先生所造成的不便表示同情和理解。

(3) 迅速对此事件作出合理的解释，说明原因，争取客户的理解。

(4) 告知客户解决方案，并付诸行动。

(5) 再次向客户表示歉意和今后改进服务的诚意和决心，最后感谢客户对本银行的惠顾。

（一）“诚实信用”是银行职业道德的“立足点”

“职业道德”总的要求是“爱岗敬业、诚实守信、办事公道、服务群众、奉献社会”，而“诚实信用”是其中的“立足点”。在银行职业道德建设中，应把“诚实信用”融入职业道德的各个领域和各个方面，使银行的从业人员都能在各自的岗位中培养诚实守信的观念，忠诚于自己从事的职业，信守自己的承诺。

（二）“诚实信用”是建立银行经济秩序的基石

银行业市场发展中的消极因素，如拜金主义、享乐主义和极端个人主义的滋生，已经对我国银行业的市场经济秩序，产生了不可忽视的影响。由于欺骗欺诈现象屡禁不止和不断蔓延，已经出现了所谓“信用缺失”“信用危机”的现象，成为银行业职业道德健康发展的一大“公害”。这种情况是不可能仅仅靠“法治”来解决的，它还必须通过“诚实守信”教育和正确价值导向来引导和克服。

（三）“诚实信用”是银行道德建设的重点

道德建设和道德教育的最终目的，就是要使道德核心、道德原则和道德规范，转化为人们的内心信念，并能把它付诸实践。在当前，我国一些地方的道德失范现象，归根到底，都是同失去了“诚实守信”有重要关系，而要改变这种现象，就必须从加强“诚实守信”的建设入手。

三、银行从业人员道德的基本规范

对于银行业从业人员个人来说，遵守职业道德规范是人人必备的必修课。无论是作为银行的行长，还是一个普通的从业人员，都必须明确自己的职业角色，在职业活动中既要为自己负责，又要为事业负责。

防范道德风险重在加强道德规范，重在培养爱岗敬业，诚实守信，遵纪守法，无私奉献的职业道德修养。

（一）爱岗敬业，忠于职守

首先，爱岗敬业是银行职业道德的基本要求。它要求每个银行从业人员都要热爱自己所从事的职业，以恭敬、虔诚的态度对待自己的工作岗位，自觉地承担起对社会、对他人的责任和义务，以高度的责任感和使命感为社会提供服务。概括起来说，要做到爱岗敬业必须树立为人民服务的思想，要忠于职守、清正廉洁、勤奋工作、尽职尽责；要做到爱岗敬业还要钻研业务、不断提高。

（二）遵守法规，依法办事

银行从业人员应以国家相关法律法规为行为准绳，遵守社会道德规范，遵守所属机构的管理规定和道德操守准则。

在市场经济中，任何单位的经济业务都要直接或间接地受到有关法律、法规的约束。银行业是一个高风险的行业，从业人员面对来自各方面的诱惑，稍有不慎，很容易跌进犯罪的深渊，给社会、单位和个人带来很大的损失。随着我国金融业的发展，法律法规体系越来越完善，要求每个银行从业人员都要认真学习法律知识，加强法律意识，做到学法、知法、懂法、守法，保证金融业的安全高效运行。

（三）廉洁奉公，不谋私利

廉洁奉公，不谋私利是银行职业道德的重要特征，也是银行从业人员职业道德的基本尺度。银行从业人员不谋私利，一心为公，才能处理好各方面的利益关系。银行工作天天要与钱打交道，如果没有廉洁奉公的品质和良好的职业道德，就可能禁不住“金钱”的诱惑，还可能走上犯罪的道路。因此，银行从业人员必须以廉洁奉公、不谋私利作为自己的行为准则，敢于抵制、揭发各种损公肥私的不良行为和不正之风，大胆维护国家的财经纪律及企业的规章制度，做到“手提万贯，一尘不染”。

（四）恪尽职守，专业胜任

银行工作是一项专业性、技术性很强的工作，要求银行人员必须具备必要的专业知识和专业技能，而且随着社会主义市场经济体制的建立，改革开放的不断深入，经济生活中提出了许多过去不曾遇到的新问题，银行也面临着许多全新的课题，理论和知识都以前所未有的速度更新。因此，银行从业人员必须在实践中不断地学习，认真钻研业务技能，精通现代科学技术，以适应银行工作发展的需要。

（五）客观公正，无私奉献

要讲究诚实守信，客观公正，为所有客户提供同等水平和质量的服务，不能因国籍、信仰、性别、经济水平和社会地位等差异歧视客户。银行业务就是为客户提供有偿服务，只有服务得好，才能体现出银行的价值，只要做到了自己信任自己，诚实地对待自己的工作，以严谨守信的态度来善待客户，就不愁业务不发展，就不怕激烈的市场竞争。无私奉献是一个人的道德观、价值观在行为中的体现。

【知识拓展】

银行业从业人员职业操守如表 11－1 所示。

表 11－1　　银行业从业人员职业操守

与同事	与所在机构	与同业人员	与监管者	与客户
尊重同事 团结合作 互相监督	忠于职守 爱护机构财产 举报违法行为	互相尊重 交流合作 同业竞争 商业保密与知识产权保护	银行业从业人员 接受监督 配合现场调查 配合非现场监管 禁止贿赂及不当便利	熟知业务，监管规避 岗位职责，信息保密 利益冲突，内幕交易 了解客户，守信尽职 礼貌服务，公平对待

资料来源：《银行业从业人员职业操守》（中国银行业协会，2007 年 2 月 9 日）。

【学习互动】

登录中国银行的网站，查找《中国银行股份有限公司 2019 年度社会责任报告》，分析银行从哪几个角度阐述了企业社会责任。

（https：//pic. bankofchina. com/bocappd/report/202003/P020200327593784296950. pdf）

模块四

从普通到卓越的行为准则——证券从业人员职业道德

【小案例】

证券从业人员结构变化

《中国证券业发展报告（2019）》报告指出，2018年证券行业已注册从业人员为34.43万人，较2017年下降6321人，虽然降幅微弱，但这是近年来的首次下降。

2018年，在整体从业人员减少的格局下，人员结构也发生了明显变化。基础性从业人员减少，而“含金量”高的岗位在继续稳定增加，说明证券公司前些年普遍使用的“人海战术”告一段落，随着科技的进步、人工智能对证券行业的渗透和冲击，证券行业的转型倒逼着从业人员队伍结构的优化。

资料来源：中国证券报，发布时间：2019年8月28日。

【思考】

你认为证券从业人员应该遵循哪些的职业道德?

在我国，证券业作为一种新兴的行业，正处在日益发展壮大的历史时期。证券市场交易日成交额数以亿元计，键盘一敲，便可使巨额资金物易其主；证券价格跌宕起伏，盈亏转瞬即变，这是其他行业所不可想象的。作为一个高风险行业，又面临着证券市场起步晚，发展快，各项管理监督制度不甚健全，相应的立法还不完善，证券监管工作以及对证券从业人员的思想教育工作还比较薄弱的现状，因此，加强证券从业人员的从业道德建设与证券市场的健康发展息息相关，对维护公正高效的管理秩序、维护证券投资者的投资信心和利益起到非常重要的作用。

证券业从业人员的职业道德不仅包括一般性的职业道德原则和一般性的职业道德规范，同时还包括相应的职业道德规范和行为准则。

一、证券从业人员

（一）证券从业人员的范围

证券从业人员是指被中国证监会依法批准的证券从业机构正式聘用或与其签订劳务协议的人员。证券从业人员必须按照有关规定在中国证监会取得证券从业人员资格证书后方可在各项证券专业岗位上工作；证券中介机构的正副总经理高级管理人员中至少应有三分之二以上应获得证券从业资格证书；未取得证券业从业资格，除符合豁免规定的人员外，任何人不得在各类证券专业岗位上工作。

（二）证券从业人员的职业特点

证券从业人员的职业特点，表现在以下几个方面：

（1）风险性。证券工作是在高投机、高风险的证券市场中展开的，其工作的每一步都直接或间接地与自己所属机构或其他投资团体和个人有关，稍有失误，就会招致现实的亏损。

（2）信用性。证券市场运作的核心是一个“信”字，全部证券和证券市场的活动，都是在信用的基础上产生的。证券从业人员的工作，是在为投资者提供服务的同时，提供信用保证。

（3）“三公”性。即公开性、公平性、公正性。证券从业人员都是为所有投资者服务的，其行为都必须符合国家提出的“三公”要求，都有责任监督筹资主体连续公开自己的财产及经营情况，杜绝信息私下交易，使任何一个投资者都能在平等的起跑线上机会均等地参与竞争。

（4）技术性。证券行情起伏大、波动快，证券品种多、推陈出新率高，这些都要求证券工作人员既能熟练掌握基本分析技能，又能熟练掌握技术分析技能。

二、证券从业人员职业道德的基本规范

证券职业道德就是证券从业人员在从事与证券业务相关的活动时，所应遵循的道德原则、规范与行为守则的总和。

证券从业人员的职业道德规范是行业自律监管的准绳，它表明了证券行业自觉接受社会各界人士监督的决心，有利于健全证券业务活动的内部监督和社会监督机制，树立起证券业良好的社会形象。

证券从业人员的道德规范是：维护客户和其他相关方的合法利益，诚实守信，勤勉尽责，维护行业声誉。

证券从业人员应主动倡导理性成熟的投资理念，坚持长期投资、价值投资导向，自觉弘扬行业文化，加强自身职业道德修养，规范自身行为，履行社会责任，遵守社会公德，服务社会和投资者。

【知识拓展】

诚信信息管理

《中国证券业协会诚信管理办法》规定，中国证券业协会建立诚信信息管理系统、诚信状况评估和检查制度，对会员和从业人员的诚信建设进行日常管理。诚信信息包括：基本信息、奖励信息、处罚处分信息及协会自律规则规定的其他信息。基本信息长期有效；奖励信息、处罚处分信息效力期限为三年，但因证券期货违法行为被行政处罚、市场禁入的信息，效力期限为五年。

勤勉对于职业工作而言，也就是自觉主动地完成自己所担负的任务。它是职业责任心的体现。没有职业责任心，没有一定的职业理想，也就不可能有勤奋工作的精神和态度。同时，证券业从业人员在一定的职业责任与义务的要求下，自觉主动地完成自己所担负的任务，并长期持之以恒，这种责任心就转化为一种工作态度、一种职业习惯。尽责与勤勉在本质上是一致的，是对一种职业行为的不同方面的描述。

【知识拓展】

廉洁从业

证券期货经营机构及其工作人员在开展证券期货业务及相关活动中，不得以下列方式向公职人员、客户、正在洽谈的潜在客户或者其他利益关系人输送不正当利益：

（1）提供礼金、礼品、房产、汽车、有价证券、股权、佣金返还等财物，或者为上述行为提供代持等便利；

（2）提供旅游、宴请、娱乐健身、工作安排等利益；

（3）安排显著偏离公允价格的结构化、高收益、保本理财产品等交易；

（4）直接或者间接向他人提供内幕信息、未公开信息、商业秘密和客户信息，明示或者暗示他人从事相关交易活动；

（5）其他输送不正当利益的情形。

资料来源：《证券期货经营机构及其工作人员廉洁从业规定》，发布时间：2018年6月27日。

三、证券从业人员的从业行为准则

（一）证券从业人员应当遵守的准则

证券从业人员的行为准则，是指证券从业人员在从事证券业务的过程中应当遵循的行为标准。这些行为标准最初是在证券业的发展过程中逐步地、自发地形成的自律规则，是证券市场的参与者在经过长期的实践后总结出来的标准，随着证券市场和证券管理的发展，逐步由国家颁布法令确立了一些强制性的行为标准。

（1）从业人员应自觉遵守法律、行政法规，接受并配合中国证监会的监督与管理，接受并配合协会的自律管理，遵守交易场所有关规则、所在机构的规章制度以及行业公认的职业道德和行为准则。

（2）从业人员应依照相应的业务规范和执业标准为客户提供专业服务，了解客户需求、财务状况及风险承受能力，为客户推荐合适的产品或服务，充分揭示其推荐产品或服务涉及的责任、义务及相关风险，包括但不限于法律风险、政策风险、市场风险等。

【小案例】

违规销售产品

A证券公司营业部客户经理张某，在向多名老年客户销售该公司代销的某高风险等级信托产品时，擅自向客户作出保本保息承诺，并表示即使信托产品亏损，该证券公司也会弥补投资者的损失。另外，张某为取得销售奖励，诱导多位客户不客观地填写“风险评估表”，使风险承受能力较低的客户购买该产品。最终，该信托产品投资失败，投资者的本金遭受损失，张某的多名老年客户上门要求该公司赔偿并向当地监管部门投诉，严重影响了该证券公司的正常经营。

【思考】

张某违反了哪些执业准则？

【分析】

诱导客户不客观地填写“风险评估表”，使风险承受能力较低的客户购买高风险等级信托产品销售，擅自向客户作出保本保息承诺，张某的这些行为违反了职业道德和从业人员行为准则。事发后该公司及时向证券业协会报告，对张某予以处罚并告知投资者可以通过法律途径向张某主张权利。

上述案例说明，从业人员任何漠视、无视、违反法律法规、《证券业从业人员执业行为准则》的规定和监管机构要求的行为，都可能对个人、机构、客户造成不可挽回的损失和巨大影响。警钟长鸣，从业人员应当时刻谨慎自重。

（3）从业人员应具备从事相关业务活动所需的专业知识和技能，取得相应的从业资格，通过所在机构向协会申请执业注册，接受协会和所在机构组织的后续职业培训，维持专业胜任能力。

（4）从业人员应保守国家秘密、所在机构的商业秘密、客户的商业秘密及个人隐私，对客户服务结束或者离开所在机构后，仍应按照有关规定或合同约定承担上述保密义务。

（5）从业人员应当公平对待所有客户，不得从事与履行职责有利益冲突的业务。遇到自身利益或相关方利益与客户的利益发生冲突或可能发生冲突时，应及时向所在机构报告；当无法避免时，应确保客户的利益得到公平的对待。

（6）机构或者其管理人员对从业人员发出指令涉嫌违法违规的，从业人员应及时按照所在机构内部程序向高级管理人员或者董事会报告。机构未妥善处理的，从业人员应及时向中国证监会或者中国证券业协会报告。

（7）从业人员应当尊重同业人员，公平竞争，不得贬损同行或以其他不正当竞争手段争揽业务。

（二）从业人员不得从事以下活动

证券业从业人员不得从事以下活动：

（1）从事内幕交易或利用未公开信息交易活动，泄露利用工作便利获取的内幕信息或其他未公开信息，或明示、暗示他人从事内幕交易活动；

（2）利用资金优势、持股优势和信息优势，单独或者合谋串通，影响证券交易价格或交易量，误导和干扰市场；

（3）编造、传播虚假信息或作出虚假陈述或信息误导，扰乱证券市场；

（4）损害社会公共利益、所在机构或者他人的合法权益；

（5）从事与其履行职责有利益冲突的业务；

（6）接受利益相关方的贿赂或对其进行贿赂，如接受或赠送礼物、回扣、补偿或报酬等，或从事可能导致与投资者或所在机构之间产生利益冲突的活动；

（7）买卖法律明文禁止买卖的证券；

（8）利用工作之便向任何机构和个人输送利益，损害客户和所在机构利益；

（9）违规向客户作出投资不受损失或保证最低收益的承诺；

（10）隐匿、伪造、篡改或者毁损交易记录；

（11）中国证监会、中国证券业协会禁止的其他行为。

【学习互动】

登录中国证券业协会官网（https：//www. sac. net. cn/cyry/kspt/kstz/），进入“登记从业人员查询”，选择某一家证券公司的从业人员进行了解。

模块五

做最好的保险“职业人”——保险从业人员职业道德

保险从业人员职业道德伴随着保险业的产生、存在和发展，并服务于保险。保险从业人员职业道德水平的高低对保险业务的发展具有较大影响。本节从保险从业人员职业道德的概念、基本原则、基本规范三个方面讲述如何做好保险的“职业人”。

一、保险从业人员职业道德的概念

保险从业人员职业道德是指从事保险行业的工作者，在其职业活动中形成并为大家共同遵守的道德原则和规范；这些道德原则和道德规范除了反映了社会道德与阶级道德的共性，也反映了保险行业的特性。保险职业道德使用范围只在保险从业人员内部，只对保险从业人员起到道德规范和约束的作用。

（一）保险从业人员职业道德形成和发展

人类社会从开始就面临着自然灾害和意外事故的侵扰。在与大自然抗争的过程中，古代人们就萌生了对付灾害事故的保险思想和原始形态的保险方法。而商品经济和市场经济的发展促生了保险这样一种经济制度和商业行为。近年来，我国保险业得到迅速发展，保险从业人员的职业道德的要求也逐步提高，由最初的行政命令走向自律与自觉，并在社会主义道德思想的指导下，逐步形成了具有中国特色的保险职业道德体系。

根据《中华人民共和国保险法》等法律法规，中国保险业协会先后发布了《中国保险行业公约》《保险经纪从业人员执业行为守则》《保险公估从业人员执业行为守则》《保险代理从业人员执业行为守则》。保险业各部门从业人员的职业道德指引以及在此基础上制定的行为守则，标志着我国保险职业道德标准的基本形成。

（二）保险从业人员职业道德的地位和作用

保险职业道德的作用，就在于调整保险经营活动中内部和外部各个方面之间的行为关系。

首先，在保险企业内部，每个员工的职业道德素质就是其内在的含金量，职业道德素质的高低就决定了该从业人员在企业中不同岗位上的地位与作用。对于在职员工而言，团结和谐的工作关系是其稳定工作情绪、激发工作热情的必要条件。

其次，从保险行业整体情况看，多数从业人员是遵纪守法、遵章守制的。但与实现跨世纪的经营目标和保险市场的现实需要相比，还有不少问题。只有通过职业道德素质的提高，才能有效解决这些问题。

二、保险从业人员职业道德的基本理念

保险职业道德是保险从业人员的从业之本，是保险行业生存和发展的客观要求。保险职业道德的内涵包括三个层次：第一层次是保险从业人员在处理职业活动各种利益冲突时应当遵循的基本理念及规范体系；第二层次是保险业内部不同领域的特殊道德要求；第三层次包括为保证保险职业道德能有效实现而制定的实施、评价、监督等机制。

保险从业人员职业道德原则是保险行业中最根本、最具普遍性的道德规则，对建立和评价保险从业人员职业道德规范具有重要的指导意义。同时，保险从业人员职业道德是保险从业人员在从事保险业务活动中处理和解决各种问题，进行道德修养必须遵循的主要规则，对从业人员的道德行为具有广泛的引导功能和规范功能。

保险职业道德的基本理念包括以人为本、以诚取信、以和为贵。

三、保险从业人员职业道德的基本规范

保险职业道德的基本规范是保险从业人员在职业活动中应当遵守的行为标准的总和。保险代理从业人员在执业活动中应当做到：守法遵规、诚实信用、专业胜任、客户至上、勤勉尽责、公平竞争、保守秘密。

（一）守法遵规

（1）以《中华人民共和国保险法》为行为准绳，遵守有关法律和行政法规，遵守社会公德。

（2）遵守保险监管部门的相关规章和规范性文件，服从保险监管部门的监督与管理。

（3）遵守保险行业自律组织的规则。

（4）遵守所属机构的管理规定。

【小案例】

杨女士在参加某保险公司的“答谢会”时，被推荐购买“理财产品”，该产品保底收益7%，最高可达13%，每年存款6000元，存够5年即可取出。后来，杨女士的女儿发现，所谓的“理财产品”其实是该保险公司终身寿险（万能型）保险，被保险人是其女儿，被保险人签字并非本人所签，而是由代理人伪造。

【思考】

保险代理人伪造签字，该保险合同是否有效？

【分析】

根据《保险法》第三十四条规定：以死亡为给付保险金条件的合同，未经被保险人同意并认可保险金额的，合同无效。父母为其未成年子女投保的人身保险，不受这一条款规定限制。根据《保险销售从业人员监管办法》第二十四条规定，保险销售从业人员在保险销售活动中严禁欺骗投保人、被保险人或者受益人以及代替投保人签订保险合同等十三条行为，违反者将对代理人及其所在机构予以处罚。杨女士购买保险时，其女儿已经是成年人，所以该保险合同无效。

（二）诚实信用

（1）在执业活动的各个方面和各个环节中恪守诚实信用原则。

（2）在执业活动中主动出示法定执业证件并将本人或所属机构与保险公司的关系如实告知客户。

（3）客观、全面地向客户介绍有关保险产品与服务的信息，不误导客户；如实告知所属机构与投保有关的客户信息。

（4）向客户推荐的保险产品应符合客户的需求，不强迫或诱骗客户购买保险产品。当客户拟购买的保险产品不适合客户需要时，应主动提示并给予适当的建议。

（三）专业胜任

（1）执业前取得法定资格并具备足够的专业知识与能力。

（2）在执业活动中加强业务学习，不断提高业务技能。

（3）参加保险监管部门、保险行业自律组织和所属机构组织的考试和持续教育，使自身能够不断适应保险市场的发展。

（四）客户至上

（1）为客户提供热情、周到和优质的专业服务。

（2）不影响客户的正常生活和工作，言谈举止文明礼貌，时刻维护职业形象。

（3）在执业活动中主动避免利益冲突。不能避免时，应向客户或所属机构作出说明，并确保客户和所属机构的利益不受损害。

（五）勤勉尽责

（1）秉持勤勉的工作态度，努力避免执业活动中的失误。

（2）忠诚服务，不侵害所属机构利益；切实履行对所属机构的责任和义务，接受所属机构的管理。

（3）不挪用、侵占保费，不擅自超越代理合同的代理权限或所属机构授权。

（六）公平竞争

（1）尊重竞争对手，不诋毁、贬低或负面评价保险公司、其他保险中介机构及其从业人员。

（2）依靠专业技能和服务质量展开竞争，竞争手段正当、合规、合法，不借助行政力量或其他非正当手段开展业务，不向客户给予或承诺给予保险合同以外的经济利益。

（3）加强同业人员间的交流与合作，实现优势互补、共同进步。

（七）保守秘密

保险代理从业人员对客户和所属机构负有保密义务。

市场经济的一个根本特征是公平竞争，而竞争的焦点是产品和服务的质量，保险行业要生存和发展事务所要具有一定的竞争力靠的就是从业者强烈的职业道德意识。而一些从业人员不道德的行为问题既伤害了客户又严重败坏了行业的声誉。因此，保险道德建设要从每一位保险从业人员做起，遵循一定职业道德原则，养成良好的职业道德意识。

【学习互动】

咨询身边购买过保险的家人或者亲戚，让他们说说当初购买该份保险的原因，以及保险代理人应具有哪些职业道德？

项目要点

第一，道德是由一定社会的经济关系所决定的特殊意识形态，是以善恶评价为标准，依靠社会舆论、传统习惯和内心信念所维持的调整人们之间以及个人和社会之间关系的行为规范的总和，具有自律、教化、调节和评价功能。

第二，法是由国家制定或认可，由国家强制力保证实施社会规范，具有规范性、国家意志性、国家强制性、普遍性和程序性特征。

第三，公民基本道德规范为爱国守法、明礼诚信、团结友善、勤俭自强、敬业奉献。

第四，金融是现代经济的核心。金融职业道德，顾名思义就是指从事金融职业的人员，在金融活动中处理和调整社会有关部门、服务对象、金融行业内部人际之间和部门之间的关系及所应遵循的行为准则和道德规范。

第五，银行从业人员职业道德中，诚实守信为基本原则，具体规范为爱岗敬业，忠于职守；遵守法规，依法办事；廉洁奉公，不谋私利；恪尽职守，专业胜任；客观公正，无私奉献。

第六，证券业从业人员的道德规范为正直诚信、勤勉尽责、廉洁保密、自律守法。

第七，保险职业道德的基本规范为遵规守法、诚实守信、专业胜任、客户至上、公平竞争、勤勉尽责、保守秘密。

本项目参考法规

1.《银行业金融机构从业人员职业操守指引》(2011 年修订版)。
2.《证券业从业人员执业行为准则》(2014 年)。
3.《保险代理人监督规定》(2021 年)。

学习检测

一、单项选择题

1. 某银行储蓄为了方便残疾人办理业务，特地开设了一个“残疾人优先”窗口。该行的行为特别符合《职业操守》中（　　）对银行从业人员的要求。

A. 勤勉尽职　　B. 公平对待　　C. 礼貌服务　　D. 公平竞争

2. 保险代理从业人员不能强迫或诱骗客户购买保险产品，是职业道德中（　　）的要求。

A. 诚实信用　　B. 客户至上　　C. 勤勉尽责　　D. 保守秘密

3. 保险代理从业人员职业道德原则的核心是（　　）。

A. 诚实信用　　B. 客户至上　　C. 勤勉尽责　　D. 保守秘密

4. 下列符合“守法合规”要求的做法包括（　　）。

A. 遵守法律法规　　B. 遵守行业自律规范

C. 遵守所在机构的规章制度　　D. 以上都应遵守

5. 证券从业人员的道德规范是（　　）。

A. 团结互助、文明礼貌、爱岗敬业、开拓创新

B. 正直诚信、勤勉尽责、廉洁保密、自律守法

C. 遵纪守法、诚实守信、专业胜任、客户至上

D. 公平竞争、勤勉尽责、保守秘密、团结互助

二、多项选择题

1. 制定《银行业从业人员职业操守》的目的是（　　）。

A. 规范银行业从业人员的职业行为

B. 提高中国银行业从业人员整体素质和职业道德水准

C. 维护银行业良好信誉和促进银行业的健康发展

D. 建立健康的银行业企业文化和信用文化

2. 银行业从业人员应当遵守《职业操守》，并接受（　　）的监督。

A. 社会公众　　B. 银行业自律组织　　C. 所在机构　　D. 银行业监管机构

3. 职业道德保守秘密，要求保险代理从业人员对（　　）要负有保密义务。

A. 客户　　B. 金融机构　　C. 法院　　D. 所属机构

三、案例分析

金融向善，科技赋能让银行服务更有温度

从新冠肺炎疫情发生至今，金融机构不断采取各项举措助力经济社会平稳运行。平安银行联合平安好医生在平安口袋银行App推出了24小时免费在线问诊服务，为用户保驾护航。通过AI客服，平安银行为客户提供7×24小时全产品咨询，减少客户无法前往银行网点咨询带来的不便。而平安银行员工则充分利用口袋银行、口袋银行家等线上工具，及时有效地与客户保持联系，还为客户提供线上理财教育及咨询服务，让客户能够轻松在线操作。

平安私人银行通过AI智能视讯、AI签名审核等科技，持续为合格投资者提供资产配置服务。平安信用卡则针对感染新冠病毒的客户和战斗在医疗一线的客户提供关怀政策，对于参与救灾的医护人员、警察、部队、政府工作人员、患病无法正常还款的客户，可拨打服务热线95511进行反馈，平安信用卡会根据客户情况适当延期还款，减免利息费用等。

撬动社会力量广泛参与公益。数据统计显示，在平安口袋银行App上公益慈善类交易流水在2020年春节期间同比提升335%，节后两周环比节前提升了138%，累计收到捐款金额共727万元，捐款人数为2.3万人。

正如谢永林所言，新冠肺炎疫情是一个危机，但其中也是提升管理能力和客户服务能

力的机遇。抗击新冠肺炎疫情为银行业践行“金融向善”提供了新思路，提供更智能、更开放的线上化服务是大势所趋。平安银行表示，下阶段将继续加强数据化经营、线上化服务，将银行服务嵌入各类生态场景中，实现从金融服务端到生活服务端的闭环，尽最大可能满足客户的全方位金融生活需求。

资料来源：中国财经网，网址：https：//www. fecn. net/finance/yinhang/2020/0415/0415241495241495. html，发布时间：2020 年 4 月 15 日。

【思考】

平安银行的行动，体现了企业哪些社会责任？

主要参考文献

[1] 吴志攀．金融法概论（第5版）[M]．北京：北京大学出版社，2011.
[2] 刘亚天．金融法 [M]．北京：中国政法大学出版社，2009.
[3] 陶广峰．金融法 [M]．北京：中国人民大学出版社，2008.
[4] 朱崇实，刘志云．金融法教程（第5版）[M]．北京：法律出版社，2022.
[5] 李有星．金融法教程（第2版）[M]．杭州：浙江大学出版社，2009.
[6] 王连洲，董华春．《证券投资基金法》条文释义与法理精析 [M]．北京：中国方正出版社，2004.
[7] 韦柳玲．金融法规与金融职业道德 [M]．上海：立信会计出版社，2012.
[8] 邢海宝．证券法原理与案例教程 [M]．北京：中国人民大学出版社，2010.
[9] 叶林．证券法教程 [M]．北京：法律出版社，2010.
[10] 万国华．证券法学 [M]．北京：中国民主法制出版社，2005.
[11] 中国法制出版社．中华人民共和国担保法（实用版）[M]．北京：中国法制出版社，2010.
[12] 中国法制出版社．中华人民共和国担保法配套解读与案例注释——配套解读与案例注释系列 [M]．北京：中国法制出版社，2013.
[13] 孙鹏．担保法精要与依据指引（增订版）[M]．北京：北京大学出版社，2011.
[14] 法律出版社法规中心．中华人民共和国担保法案例解读本 [M]．北京：法律出版社，2009.
[15] 郭明瑞，房绍坤．担保法 [M]．北京：中国政法大学出版社，2012.
[16] 李荣．银行与客户法律关系 [M]．北京：中国金融出版社，2013.
[17] 侯福宁．商业银行法律合规手册 [M]．上海：复旦大学出版社，2013.
[18] 中国法制出版社．储蓄管理条例及其配套规定——法律及其配套规定丛书 [M]．北京：中国法制出版社，2003.
[19] 宾爱琪．商业银行信贷法律风险精析（第四版）[M]．北京：中国金融出版社，2011.
[20] 李玉泉．保险法学案例教程 [M]．北京：知识产权出版社，2005.
[21] 任自立．保险法学 [M]．北京：清华大学出版社，2010.
[22] 詹昭，柳军，柳杰．反洗钱解读与操作实务 [M]．北京：中国人民公安大学

出版社，2008.

［23］中国法制出版社．中华人民共和国反洗钱法［M］．北京：中国法制出版社，2013.

［24］严立新．银行业反洗钱机制研究［M］．上海：复旦大学出版社，2010.

［25］何萍．洗钱与反洗钱动态研究［M］．北京：法律出版社，2012.

［26］邢运凯．保险职业道德修养［M］．北京：中国金融出版社，2008.

［27］王琦．金融职业道德概况［M］．北京：中国金融出版社，2008.

［28］吴青．金融法律法规与职业道德［M］．北京：清华大学出版社，2011.

［29］周伟，陈晖．金融职业道德与服务礼仪［M］．北京：清华大学出版社，2013.

［30］国务院法制办公室．中华人民共和国金融法典［M］．北京：中国法制出版社，2014.

［31］中国证券业协会．证券市场基本法律法规［M］．北京：中国财政经济出版社，2019.

［32］中国证券业协会．金融市场基础知识［M］．北京：中国财政经济出版社，2019.

［33］陈笑影，束景明，王燕华．金融法［M］．上海：上海大学出版社，2016.

［34］法律出版社法规中心．2014 中华人民共和国银行、金融业务法规全书［M］．北京：法律出版社，2014.

［35］牛丽．公民实用法律百问丛书——担保法百问［M］．长春：吉林人民出版社，2009.

［36］徐海燕．英美担保法——英美法案例精选系列丛书［M］．北京：对外经济贸易大学出版社，2006.

［37］中国银行业协会银行业专业人员职业资格考试办公室．银行业法律法规与综合能力［M］．北京：中国金融出版社，2019.

［38］周伟，陈晖．金融职业道德与服务礼仪［M］．北京：清华大学出版社，2013.

［39］吴定富．保险职业道德教育读本［M］．北京：人民出版社，2006.

［40］李芳，李金萍．金融法规（第 3 版）［M］．北京：经济管理出版社，2018.

主编简介

盘长丽（1979—）：广西贺州人，法学博士、高级讲师、高级经济师，律师，广西律师协会金融、证券和保险专业委员会副会长。作者长期从事金融法学教学、研究和实践，主讲“金融法规与职业道德”“经济法”“企业法律实务”“法律基础”等课程。参加多部教材的和专著的撰写，在专业学术刊物发表论文二十余篇，多次主持和参与国家、省部级重点科研课题，曾荣获广西壮族自治区职业教育教学成果一等等次奖，是广西壮族自治区优秀教师。

沈立君（1963—）：天津人，硕士研究生，教授。1982年起从事金融教育工作，曾就读于华东师范大学经济系，曾任广西金融职业技术学院书记、广西银行学校校长、广西经济贸易职业教育集团理事长。是中国金融教育基金会优秀教师，广西金融教育优秀教师、优秀教育工作者，广西职业教育先进工作者等。在《金融研究》《浙江金融》《广西金融研究》《区域金融研究》等刊物发表专业论文十多篇，主编、参编大中专教材五部，为多家省级金融学会常务理事或理事。其教学成果多次荣获国家级、省级一等等次奖。